1
20 km
Lemanak River
SARAWAK
N. San Semanju
Kuching
Batang Ai
Stausee
Kaong
Hilton Batang Ai
Lubok Antu
INDONESIEN

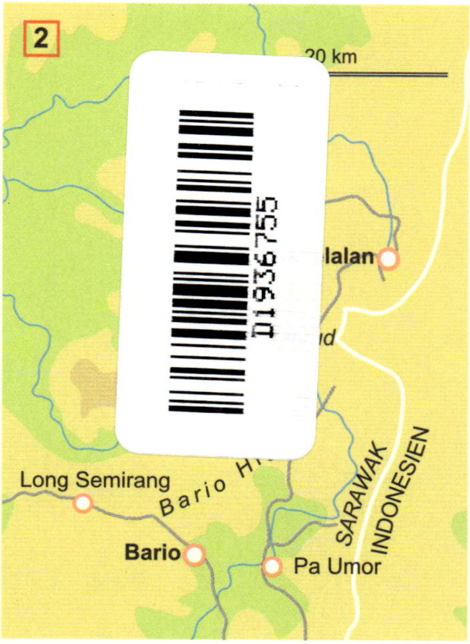
2
20 km
Long Semirang
Bario
Bario
Pa Umor
SARAWAK
INDONESIEN

3
Miri
Miri River
Baram River
20 km
BRUNEI
Marudi
SARAWAK
Bekenu
R. Nandong
Tutoh River
Beluru
Long Terawan

4
Santubong
Muara Tebas
Kuching
Sarawak River
Kota Samarahan
Bau
Semenggoh
Wildlife
Center
20 km

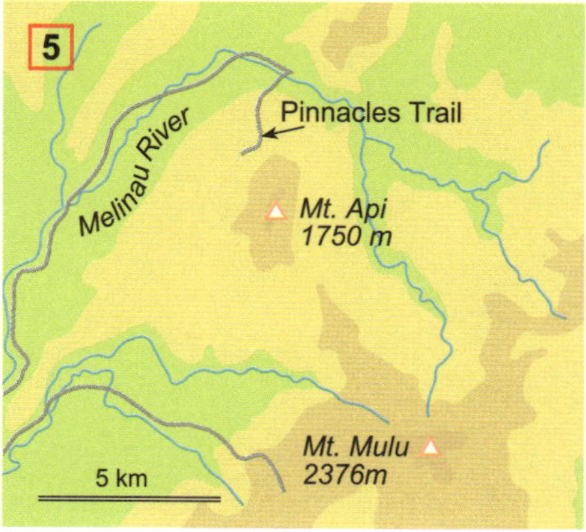
5
Pinnacles Trail
Melinau River
Mt. Api
1750 m
Mt. Mulu
2376m
5 km

Hanne-Lore Heilmann

Die Frau des Schamanen

Hanne-Lore Heilmann

Die Frau des Schamanen

Wie eine Reise nach Borneo
mein Leben veränderte

C. Bertelsmann

FSC
Mix
Produktgruppe aus vorbildlich bewirtschafteten Wäldern und anderen kontrollierten Herkünften

Zert.-Nr. SGS-COC-1940
www.fsc.org
© 1996 Forest Stewardship Council

Verlagsgruppe Random House FSC-DEU-0100
Das für dieses Buch verwendete FSC-zertifizierte Papier *EOS*
liefert Salzer Papier, St. Pölten.

1. Auflage

Umschlaggestaltung:
R·M·E Roland Eschlbeck und Rosemarie Kreuzer
Fotos: Hanne-Lore Heilmann
Karten: Thomas Kaiser, Hamburg
Satz: Uhl + Massopust, Aalen
Druck und Bindung: GGP Media GmbH, Pößneck
Printed in Germany
ISBN 978-3-570-00994-9

www.cbertelsmann.de

Für Chef de Mulu und Bidaya

Es ist wichtig, daß wir ein Geheimnis haben
und die Ahnung von etwas nicht Wißbarem.
Es erfüllt das Leben mit etwas Unpersönlichem,
einem Numinosum. Wer das nie erfahren hat,
hat Wichtiges verpaßt. Der Mensch muß spüren,
daß er in einer Welt lebt, die in einer gewissen Hinsicht
geheimnisvoll ist, daß in ihr Dinge geschehen und
erfahren werden können, die unerklärbar bleiben,
und nicht nur solche, die sich innerhalb der Erwartung
ereignen. Das Unerwartete und das Unerhörte
gehören in diese Welt. Nur dann ist das Leben ganz.
Für mich war die Welt von Anfang an unendlich
groß und unfaßlich.

Aus: Carl Gustav Jung,
Erinnerungen, Träume, Gedanken.
Zürich und Düsseldorf 1971

Inhalt

Aufbruch in ein fernes, fremdes Land

Die Maschine senkte sich zum Anflug. Der süßlich-modrige Duft Südostasiens mischte sich im Flugzeug mit dem Lunch-Geruch von Curry und Huhn in Aluschalen. Die kleinen ovalen Fenster der Boeing gaben den Blick frei auf eine Ebene aus grün-braunen Feldern, verstreuten winzigen Hütten und einzelnen grauen Straßen, dünn wie Bindfäden. Dahinter zeichneten sich die Umrisse von Kuching ab, der Stadt der Katzen und Hauptstadt des malaysischen Staates Sarawak auf Borneo. Begrenzt wurde die Ebene durch sanfte grüne Hügel, auf denen der älteste tropische Regenwald der Welt wächst. Durch das Bild quälte sich wie eine fette braune Schlange der Sarawak River. Alles war in das grelle, fast weiße Licht der Mittagssonne getaucht. Man ahnte die Hitze, ohne eine Vorstellung von ihrer äquatornahen, gnadenlosen Kraft zu haben.

Bei der Landung flimmerte die Luft wie in einem schlechten Abenteuerfilm. Als ich auf die Gangway trat, stockte mir der Atem. Die feuchte Hitze legte sich wie ein Sack auf meine Brust und umschlang mich wie ein hundertarmiger Krake, zwang mir das Ende der Eile auf. Nur noch wenige Schritte, und ich wäre das erste Mal auf Borneo. Wenn ich damals gewusst hätte, wie diese Insel mein Leben verändern würde – hätte ich ihren Boden geküsst oder verflucht? Je nachdem, wann man mir in den nächsten Jahren diese

Frage gestellt hätte, wäre meine Antwort anders ausgefallen. Eines wusste ich damals jedoch mit Sicherheit nicht: Wie nahe Segen und Fluch beieinander liegen und wie weit Liebe und Hass voneinander entfernt sind.

Als ich an jenem Sonntag im Februar 1998 auf Borneo landete, hatte ich fast auf die Minute genau eine vierundzwanzigstündige Reise hinter mir. Ich lebte damals in Berlin und war bei der Tageszeitung *Die Welt* als stellvertretende Redaktionsleiterin der Berlin-Ausgabe beschäftigt. Der Trip nach Borneo war eine Dienstreise, auch wenn ich dafür Urlaub nehmen musste. Denn bei diesen von Journalisten als »Lustreisen« bezeichneten Recherchen handelte es sich immer um Einladungen, entweder von Reiseveranstaltern, Fluggesellschaften oder Hotels, häufig auch in Zusammenarbeit der einzelnen Unternehmen. Zu solchen Reisen werden meist sechs bis acht Journalisten gebeten, man präsentiert ihnen das jeweilige Land von seiner besten Seite und erwartet einen schönen Artikel, der sozusagen aus Dankbarkeit für den Gratisaufenthalt der Spitzenklasse bitte recht freundlich auszufallen hat. Die Einladungen werden in den Redaktionen auch an die Mitarbeiter vergeben, die nicht zum Reiseressort gehören, damit jeder mal in den Genuss einer netten Reise kommt.

Diesmal durfte ich mitreisen, und es war nicht meine erste Pressereise. Doch anders als bei den vorherigen hatte ich mich aus Zeitgründen nicht vorbereiten können. Ich hatte nicht die geringste Ahnung, wo Borneo überhaupt lag. Ein rascher Blick in den Atlas vermittelte mir wenigstens die groben Koordinaten: Insel im Südchinesischen Meer, inmitten des Indonesischen Archipels, wobei Sarawak, jener Teil von Borneo, wo ich soeben gelandet war, zu

Malaysia gehört. Was ich damals nicht wusste, war, dass Borneo – nach Grönland und Neuguinea – mit 743 122 Quadratkilometern die drittgrößte Insel der Welt ist; dass nur hier und auf der benachbarten Insel Sumatra die letzten, vom Aussterben bedrohten Orang-Utans leben; dass auf Borneo der älteste tropische Regenwald der Welt wächst; dass auf dieser Insel drei verschiedene Länder vereint sind: die zu Malaysia gehörenden Staaten Sarawak und Sabah, das indonesische Kalimantan und das Sultanat Brunei; und dass hier, gleich in der Nähe des Äquators, das für Europäer am schwersten zu verkraftende Klima herrscht, mit Temperaturen von bis zu über 40 Grad und einer Luftfeuchtigkeit von über 80 Prozent. Sitzt man in einem Raum ohne Klimaanlage, rinnt einem bereits der Schweiß den Körper runter, ohne dass man auch nur eine Kaffeetasse zum Mund geführt hätte. Selbst wenn man, wie ich später, als Europäer auf Borneo lebt, wird man sich an dieses Klima nie gewöhnen, sondern sich nur damit abfinden können.

Dass ich mich vor Reiseantritt über diesen letzten Punkt so wenig informiert hatte, erschien mir jetzt, als ich aus der Maschine auf die Gangway trat und die Hitze mich wie eine unsichtbare Mauer umschloss, als mein größter Fehler. Ganz selbstverständlich war ich davon ausgegangen, dass dieser Trip eine Art Fortsetzung desjenigen sein würde, den ich drei Monate vorher in Hongkong genossen hatte. Da wohnten wir im sündhaft teuren »Regent Hotel« in Kowloon mit Hafenblick, speisten in den besten Restaurants und wurden in einem klimatisierten Kleinbus umhergefahren. Es herrschten angenehme 22 bis 24 Grad, man konnte abends sogar gut einen leichten Schal um die Schultern vertragen. Den hatte ich jetzt auch im Koffer, zusammen mit so wichtigen Dingen wie hohen Pancaldi-Sandaletten, weißen Tod's, Trussardi-Jeans, Escada-Seidenkleidern und einer grauen Kaschmirjacke, falls es mal ein bisschen kühler werden sollte. Alles Sachen, die man auf Borneo wirklich nicht braucht, wie ich rasch feststellte. Wer dorthin reist, sollte nur das mitnehmen, was er eigentlich schon längst wegschmeißen wollte: ausgeleierte T-Shirts, bei denen es nichts ausmacht, wenn sie nach einer Viertelstunde durchgeschwitzt sind; ausgelatschte flache Sandalen, in denen auch von der Hitze geschwollene Füßen genug Platz finden, und papierdünne, weite Hosen oder Röcke, die nicht wie eine zweite heiße Haut am Körper kleben.

So sehr ich mich heute im Rückblick über meine Ankunft auf Borneo amüsiere, so sehr verblüfft es mich, mit welcher Zwangsläufigkeit in meinem Leben auf diese Reise hingearbeitet wurde. Alle wichtigen Entscheidungen scheinen, während ich sie immer in anderen Zusammenhängen sah, doch nur ein Ziel gehabt zu haben: dass ich an jenem Sonntagmittag in Kuching landete. Heute frage ich mich manchmal, ob das Leben nicht ein ironisches Spiel mit einem treibt und einem den fehlenden Weitblick wie einen Narrenspiegel vorhält. Oder verbirgt uns eine höhere Macht zunächst die Bedeutung der wirklich wichtigen Momente, damit wir nicht aus Angst vor den Folgen das Ruder herumreißen und den bequemeren, aber weniger erkenntnisreichen Weg gehen?

So weit dachte ich bei meiner Ankunft allerdings nicht. Ich stellte eigentlich nur recht nüchtern fest: Es war affenheiß, der Boden schien nach dem langen Flug wie Schiffsplanken bei schwerer See unter meinen Füßen zu schwanken, und ich war todmüde. Meine Wünsche waren jetzt eher bescheidener Natur: eine Tasse Kaffee und ein Bett. Bitte nicht stören – für die nächsten vier Stunden zumindest. Alles an sich kein Problem, wenn nicht Manfred Kurz am Ausgang des Flughafens auf uns gewartet hätte.

Manfred, damals einundvierzig und aus dem oberbayerischen Landsberg am Lech stammend, war der Direktor von Singai-Travel. Zusammen mit Malaysia Airlines, repräsentiert durch meinen alten Bekannten Dieter Jacobs, der als PR-Berater diese Reise organisiert hatte, war er sozusagen unser Gastgeber vor Ort. Dabei passte er auf den ersten Blick zu Asien so wenig wie Konfuzius auf das Oktoberfest. Bei Manfred war alles ein bisschen zu viel: die Länge der Minipli-artigen blonden Locken, die geöffneten Hemdknöpfe, der Bauch über dem zu tiefen Hosenbund und sein lautes Lachen. Er war ein gutes Beispiel dafür, dass nicht jahrelanges Meditieren und Trinken von grünem Tee die gängigen Voraussetzungen sind, um nach Asien zu übersiedeln. Im Gegenteil: Meist ist es eher so, dass man hier hängen bleibt, ungeplant, aber unentrinnbar. Manchmal aus Liebe, manchmal aus Abenteuerlust, manchmal aus Flucht vor sich selbst oder aus allen drei und tausend anderen Gründen zusammen.

Asien scheint auf solche Typen zu warten, lauernd, gierig und gefährlich wie ein wildes Tier, das sich mit seidiger Sanftheit tarnt, um im richtigen Moment zuzuschnappen, Seelen zu verschlingen, ohne sie jemals wieder auszuscheiden. Und dann beginnt eine eigenartige Metamorphose der Person: Während eines manchmal Jahre dauernden Prozesses gleichen sich Bewegungen, Gesten, Gewohnheiten, Denkmuster und sogar die Physiognomie der neuen Umgebung an. Heute hat Manfred Kurz kaum noch Ähnlichkeit mit jenem Oberbayern in Asien, der damals in Kuching am Flughafen stand. Sein Auftreten, sein äußeres Erscheinungsbild, seine Stimme, sein Blick – alles scheint eine Verfeinerung durchlaufen zu haben.

Manfred trat jetzt als eine Art Chef-Fremdenführer auf, der uns zunächst ins »Hilton« chauffierte, uns dort eine winzige Stunde Ruhe gönnte und dann wieder in die brütende Hitze hinausschleppte, um uns vom Besuch des Fischmarkts über eine Besichtigung des »Holiday Inn« zum Sonntagsmarkt zu schleifen. Wir trotteten mit vom fast sechzehnstündigen Flug bleischweren Beinen und Augenlidern hinter ihm her.

Wie in einem Film zogen bunte Bilder an mir vorbei: Frauen in farbenprächtigen langen Gewändern mit passenden Kopftüchern, an den Füßen meist offene Sandalen, die bei jedem Schritt leicht über den Boden schleiften, ohne Hast, so als würden sie prüfend an einer Schaufensterfront entlangschlendern. Alles schien in eine watteartige Ruhe verpackt, die nur ab und zu durch kurze laute Rufe nach den Kindern durchbrochen wurde.

Ich lief in meinen edlen weißen Schuhen über holprige Trottoirs mit viel zu hohen Bordsteinen; ich sah auf einem Markt silberschuppige Fischberge auf Haufen von gecrashtem Eis, das sich langsam in mit Blut vermischte rosa Wasserlachen verwandelte und auf dem Boden stinkende Pfützen bildete; ich sah braungelbe Ananasberge und giftrote Chilipyramiden, neben denen Frauen in Sarongs mit Paisleymustern hockten; ich zog an mit Musikkassetten gepflasterten Tischen vorbei, auf denen Ghettoblaster thronten, wie die Jungs in Harlem sie auf den Schultern tragen. Aus den runden Lautsprechern plärrten traurige Lieder in einer fremdartigen Sprache, die dem Klang nach von unerfüllter oder vergangener Liebe erzählen mussten. Und über alles stülpte sich wie ein großer gemeinsamer Nenner die Hitze, die mich mit dem, was ich sah, gleichsam verschmelzen ließ und der Kühle der Distanz keine Möglichkeit zur Entfaltung bot.

Ich kannte Singapur und Hongkong, Macau und Südchina, aber das Asien, das ich hier auf Borneo traf, war für mich fremder und verwirrender als alles bisher Gesehene. Benommen blieb ich vor einem Stand mit zierlichen gelben und hellgrünen Singvögeln stehen. Sie hockten da in ihren Käfigen, die wie ein Rahmen um einen alten Chinesen mit ausdruckslosem Gesicht aufgebaut waren, und ich fragte mich in diesem Moment allen Ernstes, ob sie nur gekauft würden, um anschließend freigelassen zu werden. Dieses fremde Land brachte mich auf seltsame Gedanken.

Das Dinner an diesem ersten Tag in Sarawak passte zu den surrealistischen Bildern: Im gerade fertiggestellten, noch nicht eröffneten Hotel »Merdeka Palace«, das dem Sultan von Brunei gehörte, präsentierte die Küchenbrigade unserer achtköpfigen Gruppe ein Buffet, das für die zehnfache Personenzahl gereicht hätte. Sechs Köche mit gestärkten hohen weißen Hauben servierten Köstlichkeiten der malaysischen Küche von zarten Saté-Spießen mit Erdnuss-Sauce, wie ich sie nie besser gegessen habe, über Curry bis zu Mee Goreng. Doch zuvor mussten wir das neue Haus besichtigen: die Etage für Staatsbesuche mit eigenem Parkdeck und Vorzimmer für die Chauffeure, Suiten mit blattgoldverzierten Möbeln im verschnörkelt-kitschigen Barockstil und Versailles-würdigen Lüstern. Selbst die »normalen« Zimmer waren größer, als es sonst in Hotels dieser Klasse üblich ist.

Alles war so wunderbar neu. Und genau das war das Problem. Denn in dieser Region Südostasiens braucht der Beton bis zu sechs Jahre, um richtig auszutrocknen. So lange herrscht in dem Gebäude der muffige Geruch stockfleckiger Wäsche, ganz zu schweigen von diversen Überraschungen, die ein noch feuchter Beton mit sich bringt. Das durfte eine russische Touristengruppe kurz nach der Eröffnung des neuen Luxustempels erleben: Einem der Gäste aus dem Land der misslungenen Planwirtschaft krachte beim Zähneputzen fast das Waschbecken auf die Füße; ein anderer hielt beim Duschen plötzlich die Mischbatterie in der Hand. So nah kann Heimat sein. Verständlich, dass die Russen in ein anderes Hotel umzogen.

Zurück in meinem Hotelzimmer, blickte ich durch die hohen französischen Fenster auf das wie mit glitzernden Lichterketten geschmückte Kuching. Die Stadt wurde durchschnitten von einer breiten schwarzen Schneise, dem Sarawak River. Am Horizont erhoben sich sanfte dunkle Hügel, die Silhouette des Dschungels. Noch wusste ich nichts von seiner geheimnisvollen Macht.

In der Nacht hatte ich wirre Träume von lachenden Frauen in bunten Gewändern und von Vögeln, die zwitschernd aus ihren Käfigen in die Freiheit flogen. Bei Sonnenaufgang um 5 Uhr mischte sich der Ruf des Muezzins mit den bizarren Bildern. Ich fühlte mich eingesponnen in einen Kokon der Fremdartigkeit. Vielleicht ahnte ich schon ganz tief in meiner Seele, dass sich daraus, wie beim Entpuppen eines Schmetterlings, eine neue Lebensform entwickeln würde, für die ich alles aufgeben würde.

Und auf den ersten Blick hatte ich viel aufzugeben: einen gut bezahlten Job, eine schöne Wohnung und einen netten Bekanntenkreis. In der Redaktion musste ich mich nicht mehr ärgern, als es im Berufsleben allgemein üblich ist. Meine Arbeitszeiten waren zivil, ich begann morgens um 9 Uhr und hatte – je nach Nachrichtenlage – zwischen 19 und 21 Uhr Feierabend. Ich wohnte in einer hundertvierzig Quadratmeter großen Penthouse-Wohnung, von der aus man das Silvesterfeuerwerk am Brandenburger Tor besser beobachten konnte, als wenn man vor Ort gewesen wäre; ich war in dem mittlerweile berühmten Restaurant »Borchart's« nahe des Gendarmenmarkts Stammgast, bevor Gerhard Schröder überhaupt von seiner Existenz wusste; ich wurde vom Besitzer des Restaurants »Möwe« nahe der Lindenoper, in dem auch Daniel Barenboim gern speiste, namentlich begrüßt; und ich ging bereits mit Udo Walz aus, als dieser nur der bekannteste Coiffeur Berlins und noch nicht der Darling der deutschen Prominenz war. Ich trug fast ausschließlich schicke Designerkleidung; und meine Schuhe kaufte ich meist gleich im Dreierpack in einem sündhaft teuren Geschäft am oberen, eleganten Teil des Ku'damms.

Mindestens zweimal wöchentlich traf ich mich mit meiner Mutter. Sie war von Essen ins Augustinum, ein luxuriöses Altersheim in Kleinmachnow vor den Toren Berlins, gezogen, um mehr in meiner Nähe zu sein. Wir gingen oft ins Restaurant »La Maddalena« im Grunewald essen. Dort saß man an Tischen mit gestärkten weißen Decken, auf denen die Servietten wie Bischofsmützen thronten. Alles war wohltemperiert: die Weine, die Speisen, die Stimmung. Anschließend fuhren wir gerne noch auf ein Glas Champagner ins nahe gelegene edle »Schlosshotel«.

Das war die glatte, glänzende Oberfläche meines Lebens. Doch sosehr ich die Annehmlichkeiten dieser Welt des Luxus genoss, sosehr langweilte mich ihre genormte Stereotypie. Alles war austauschbar, alles war kontrolliert, geregelt. Die Typen, die Gespräche, die Ansprüche.

Die Leichtigkeit des Seins war mir immer auch eine Last.

Und die Routine eine Narkose der Seele. Manchmal rechnete ich mir aus, wie viele Seiten des Berlin-Teils der *Welt* ich noch bis zu meiner Pensionierung gestalten würde und wie viele Zeilen ich bis dahin zu redigieren hätte. Ich kam auf rund 42 000 Seiten und 1,68 Millionen Zeilen. Das war der Preis für Champagner, Designermode und Penthousewohnung. Mir wurde fast schlecht.

Aber es gab noch eine andere Seite in meinem Leben. Die rastlose, unruhige, zweifelnde. Ich war schon immer ausgebrochen, vor der Langeweile geflohen – doch nie bis zur letzten Konsequenz. Immer schon fühlte ich mich auch hingezogen zu den dunkleren Teilen der Welt; in denen es weniger geschliffen zugeht; in denen der Ton rauer und der Blick in Abgründe tiefer ist; in denen weniger Nasen gerümpft werden. Ich mochte schon immer Menschen, bei denen nicht alles so wie erträumt gelaufen war; die, nachdem sie so manche Nacht die Kissen vollgeheult hatten, aufgestanden waren und beschlossen hatten, hart zu werden. Nach außen. Bei solchen Typen fühlte ich mich wohl.

So selbstverständlich, wie ich im »Borchardt's« aus- und ein ging, traf ich mich beispielsweise mit Steffen Jacob, dem Rotlichtkönig von Berlin, in seiner Table-Dance-Bar »Bon Bon« am schmuddeligen Stuttgarter Platz, in der die Mädchen nackt auf dem Tresen tanzten und wo seine Frau Maggie im hochgeschlossenen kleinen Schwarzen hinter der Bar kassierte. Hier, wo ein Glas Champagner so viel kostete wie eine halbe Stunde Lust, sprachen Steffen und ich über unsere Träume und Hoffnungen, über unsere Ängste und Enttäuschungen. Hier machte keiner irgendwem was vor. Jeder hatte schon mal am Boden gelegen und wusste, wie Dreck schmeckt.

Was mich in diese Gegensätze trieb? Es war die Suche nach der Antwort auf die Frage, um die es im Leben letzten Endes doch nur geht: Weshalb bin ich hier?

Ich suchte an vielen Orten. In verqualmten Kneipen, auf Inseln in der Ägäis, in Dresden nach der Wende und in Russland nach der Perestroika. Ich machte die Nächte zum Tag, die schillernden in New York, die eiligen in Berlin und die weißen in Sankt Petersburg. Doch eine Antwort ohne baldiges Verfallsdatum fand ich nirgends. In keinem Land, in keinem Kopf. Nur eines wusste ich genau: Das Leben, das ich führte, konnte, ja durfte nicht der Grund sein, weshalb ich hier war. Das war zu wenig. Nur – wo war das Mehr? Ich paddelte schon viel zu lange in flachen Gewässern mit Boden unter den Füßen, während sich meine Seele danach sehnte, ins offene Meer hinauszuschwimmen.

Und jetzt verbrachte ich meine erste Nacht auf Borneo, ohne zu merken, wie meine Seele ganz leise und langsam hinaustrieb.

Am nächsten Morgen wartete Manfred um 8 Uhr auf uns in der Hotellobby. Es ging zum Semenggoh Wildlife Centre, einer Orang-Utan-Station, die zwanzig Minuten Autofahrt von Kuching entfernt am Rand des Dschungels lag. Hier werden diese vom Aussterben bedrohten Tiere wieder auf ein Leben in Freiheit vorbereitet und wenn möglich entlassen. Um 9 Uhr morgens kommen die Tiere, die bereits wieder im Dschungel leben, aber noch nicht in der Lage sind, sich selbst zu ernähren, zur Fütterung. Während man als Zuschauer auf einer Holzbank sitzt, schleppen Ranger in Gummistiefeln Eimer voller Mangos, Durian-Früchte, Kokosnüsse, Kartoffeln und Bananen heran und kippen alles auf eine hölzerne Plattform, die die Bühne für das folgende Schauspiel ist. Wobei der Begriff Schauspiel, der immer etwas Unrealistisches und Effekthaschendes an sich hat, das Geschehen hier nicht trifft. Denn der Moment, wenn die Orang-Utans nach und nach aus dem grünen Dickicht kommen oder sich gemächlich an Seilen und Ästen heranschwingen, ist wohl eher ein Zeugnis beschämender Realität. Dass Orang-Utans überhaupt in solchen Rehabilitationszentren behandelt werden müssen, ist einzig die Schuld des Menschen, der dann groteskerweise als Besucher die Fütterung gerührt verfolgt.

Auf Borneo wächst, wie in allen Ländern auf oder nahe des Äquators, tropischer Regenwald. Hier gibt es tausende Pflanzen- und Tierarten, die bis heute erst zu einem Bruchteil bekannt, geschweige denn erforscht sind. Doch wie alle tropischen Regenwälder ist auch dieser bedroht: von illegalen Brandrodungen, um die Fläche für Ölpalmen-Plantagen zu vergrößeren; von großflächigen Rodungen, um mit dem Verkauf der wertvollen Tropenhölzer Vermögen zu machen. Der Dschungel schrumpft, und seine Bewohner verlieren ihren Lebensraum. Junge Orang-Utans oder -Babys, deren Mütter bei Waldbränden umgekommen sind, werden nicht von Artgenossen unterstützt und sind, falls sie nicht in ein Reservat gebracht werden, dem Tode geweiht. Denn bis zu ihrem achten Lebensjahr leben Orang-Utan-Kinder bei ihrer Mutter. So lange brauchen sie, um die Gesetze des Dschungels und die Kunstfertigkeiten des Lebens in ihm zu erlernen.

Obwohl Orang-Utans eine geschützte Spezies sind, werden sie nach wie vor von skrupellosen Händlern gejagt, die die Körper der Tiere komplett verwerten: Knochen, Zehen und Nägel gelten bei Chinesen und Eingeborenen als wirkungsvolle Medizin gegen Erkältungen und Fieber, aber auch als kraftvolle schamanische Mittel. Das Fleisch wird als kostspielige Delikatesse nach Hongkong oder China geschmuggelt. »Chinesen essen alles – außer Sand und Steinen«, sagt man in Asien.

Eine weitere Gefahr, die Orang-Utan-Babys und -Jungtieren droht, ist die Gefangenschaft. Im indonesischen Kalimantan werden sie bis heute illegal als Haustiere gehalten, denen man alle erdenklichen perversen Kunststücke beibringt: vom Zigarettenrauchen, bei dem sich die Tiere die Finger ansengen, bis zum qualvollen Sitzen in Sesseln.

Werden diese Orang-Utans zu groß und sind sie kaum noch zu bändigen, wenden sich die Besitzer an Reservate, um ihre jetzt lästigen Hausgenossen loszuwerden. Das traurige Schicksal dieser wunderbaren Kreaturen ist dennoch besiegelt: Sie sind zu alt, um sich jemals allein im Dschungel zurechtzufinden. Nie durften sie lernen, wie man klettert, wie man sich von Ast zu Ast schwingt oder wie man hoch oben im Schutz der Baumkronen ein Nest aus Blättern baut, um sich in diesem Himmelbett zur Ruhe zu legen.

Die Orang-Utans, die jetzt auf die Plattform kamen, um ihr Frühstück einzunehmen, hatten Glück im Unglück: Die Spezies, die die Schuld an ihren Leiden trug, umsorgte sie liebevoll. Wie würden die Tiere wohl reagieren, wenn sie wüssten, dass nicht ein Feuer oder eine Kettensäge der eigentliche Verursacher ihrer Qualen war? Würden sie, wie intelligente Ratten, die Informationen über den Feind an ihre Artgenossen weitergeben, um ihn künftig zu meiden? Mit Sicherheit hätte Manfred uns dann nicht folgende Verhaltensregeln geben müssen: »Nicht erschrecken, wenn ein Orang-Utan sich zu euch auf die Bank setzt und den Arm um eure Schulter legt. Das kommt manchmal vor. Einfach ruhig sitzen bleiben.«

Einen solchen Rat hatte, wie man uns berichtete, auch ein französischer Fotograf befolgt, der mehrere Tage hintereinander für Aufnahmen zur Station kam. Eine prächtige Orang-Utan-Dame hatte sich dabei auf den ersten Blick in ihn verliebt. Fünf Tage lang setzte sie sich allmorgendlich zu ihm, legte den Arm um ihn und schaute ihm sehnsuchtsvoll in die Augen. Der Fotograf ließ alles über sich ergehen, ganz ruhig, ganz freundlich. Doch am sechsten Morgen reichte das Kuscheln dem Weibchen nicht mehr: Es riss dem Franzosen die Kleidung vom Leib – bis Ranger eingriffen und den Mann in Sicherheit brachten. Er kam mit ein paar Kratzern davon.

Unsere Gruppe machte auf die Orang-Utans, die an diesem Morgen zur Fütterung kamen, keinen besonderen Eindruck. Wir wurden mit einem kurzen Blick zur Kenntnis genommen, dann waren nur noch die aufgebrochenen Früchte interessant. Drei Ranger beobachteten die Affen mit routinierter Fürsorge. Es ist ein seltsames Gefühl, Tieren, die eigentlich in der Wildnis leben und Menschen meiden, so nahe zu sein. Bereits als die ersten Orang-Utans aus dem Blätterdickicht kamen, ergriff mich eine eigentümliche Aufregung, wie man sie vielleicht beim Entdecken eines strengstens gehüteten Geheimnisses empfinden mag. Gleichzeitig spürte ich eine Mischung aus Ehrfurcht vor der ruhigen Kraft der Natur und Angst vor der Unberechenbarkeit der Tiere. Doch so gelassen, wie sie erschienen waren, verschwanden sie auch wieder in den Tiefen ihrer grünen Heimat.

Ungefähr hundert Meter von der Fütterungsplattform entfernt konnte man noch vier weitere Orang-Utans in großen Käfigen bewundern, Tiere, die zu alt waren, um noch an das Leben in Freiheit gewöhnt zu werden. Außerdem gab es eine Orang-Utan-Dame, für die hier sozusagen eine Wöchnerinnenstation eingerichtet worden war. Sie hatte vor wenigen Wochen ein Baby zur Welt gebracht und war mit dem Nachwuchs bei der Station aufgetaucht, ohne nach der Fütterung wieder in den Wald zurückzukehren. Offenbar traute sie sich nicht zu, das Baby alleine zu betreuen. Sie wurde deshalb vorübergehend mit ihrem Kind in einem riesigen Käfig untergebracht. Dort saß sie nun, umschlang mit einem Arm ihr Kleines und drückte es sanft an sich. In der anderen Hand hielt sie eine Banane und biss gemächlich von ihr ab. Es war nicht mehr viel übrig, als das Baby fordernd seine kleine Hand nach der Frucht ausstreckte. Die Mutter blickte es kurz an, biss noch ein Stück ab und reichte erst dann den Rest der Banane gelassen an ihr Kind weiter. Dabei sah sie mir direkt in die Augen, als wollte sie mir sagen: »Achte auf dich, sorge gut für dich. Denn nur wenn du selbst bei Kräften bist, kannst du für andere sorgen.« Eine Weisheit aus dem Regenwald. Fast neun Jahre später sollte mir ihre Bedeutung bewusst werden.

Am Nachmittag führte uns Panch, der Chief Guide von Singai Travel, noch durch das Sarawak-Museum in Kuching. Er war ein etwa 1,85 Meter großer, muskulöser Inder mit der selbstsicheren Ausstrahlung eines Topmanagers und der Freundlichkeit eines buddhistischen Mönches und arbeitete seit zwei Jahren für Manfred.

Das Erste, was uns Panch beim Besuch des Museums vorführte, waren Gegenstände, die in den Mägen getöteter Krokodile gefunden worden waren: Uhren, die manchmal sogar noch tickten, Ketten, Armbänder, Ringe, Gürtelschnallen, Münzen oder kleine Metalldosen – unverdaubare Überreste von jenen bedauernswerten Menschen, die durch die gefährlichen Reptilien eines unnatürlichen Todes gestorben waren.

Bis heute werden immer wieder vor allem Bewohner entlegener Dörfer in Flussnähe von Krokodilen gefressen. Kommt es durch heftige Regenfälle zu Überschwemmungen, kann man vom Fenster seines Hauses aus schon mal die lange schmale Schnauze oder die vorstehenden Glubschaugen eines Krokodils an der Wasseroberfläche entdecken.

In der Nähe dieser makabren Fundstücke gab es ein Exponat, bei dem Funktion und Design für unser europäisches Denken so weit auseinanderlagen wie bei einer Monstranz und einem Wasserkessel: eine etwa 1,40 Meter lange und je dreißig Zentimeter hohe und tiefe Holzkiste in poppigem Pink mit hellblauen, sonnengelben, rubinroten und schneeweißen Ornamenten und Symbolen. So hätte ein Gemeinschaftswerk von Andy Warhol und Niki de Saint Phalle aussehen können. Die Pop-Kiste, die ich mir bestens als Schuhschrank in meiner Berliner Wohnung vorstellen konnte, steckte allerdings auf einem ungefähr zwei Meter hohen Bambusstab von rund fünf Zentimetern Durchmesser. Eine Konstruktion, deren Sinn mir verschlossen blieb. Bis uns Panch aufklärte: Es war ein Sarg.

Der Stamm der Bidayuh, einer von dreiundzwanzig Eingeborenenstämmen in Sarawak, bestattet seine Toten nicht in der Erde, sondern in der luftigen Höhe der Baumwipfel im Dschungel. Gleich nach dem Tod werden die Beine des Verstorbenen angewinkelt, damit die Leiche in den kurzen Sarg passt. Dieser wird dann mit Latex verschlossen und hält, in Baumästen hängend, rund fünf Jahre. Das Bambusrohr wird passgenau in den Boden des Sarges eingelassen und leitet die Flüssigkeit, die beim Verwesungsprozess entsteht, in das Erdreich ab.

Ich fand diese Art der Bestattung abstoßend, ekelerregend und gleichzeitig tröstend. Die Vorstellung, dass der Verstorbene oben in einem Baum hing, zwar von den Lebenden entfernt, aber dennoch immer gut sichtbar, ließ den Tod weniger trennend erscheinen. Überhaupt fragte ich mich, welche Einstellung zum Tod wohl Menschen haben, die ihre Liebsten nach deren Ableben in kunstvoll-bunte Kisten legen und in Bäume hängen. Die Antwort ist ebenso einfach wie einleuchtend: Die Bidayuh glauben, dass die Seele des Verstorbenen vom Baum aus schneller in den Himmel gelangt.

Das Sarawak-Museum hatte aber auch noch einen ganz praktischen Aspekt für mich: Im Shop kaufte ich eine schwarze, gold-bunt bedruckte dünne Baumwollhose als Ersatz für meine weißen Jeans. Ein Fehlkauf, wie sich später herausstellen sollte.

Doch zuerst einmal ging es auf die nächste Etappe unserer Reise: Mit einem Kleinbus brachte uns Manfred zum Lemanagh River, etwa fünf Autostunden westlich von Kuching. Dort stiegen wir in ein Langboot aus Eisenholz um. Unser Ziel: ein Langhaus der Iban, der einst gefürchtetsten Kopfjäger auf Borneo.

Eine Fahrt mit einem Langboot weckt in einem Erwachsenen die gleichen Empfindungen, wie sie ein Kind auf einem Kettenkarussell haben dürfte: Leichtigkeit, süße Aufgeregtheit und ein herrliches Gefühl von Freiheit. Die Boote sind so schmal, dass man nur hintereinander auf etwa zwanzig Zentimeter hohen, schmalen Holzbänkchen sitzen kann. Ganz hinten im Boot, am Außenbordmotor, nimmt der Bootsmann Platz. Mit einem gleichmäßigen Tuckern gleitet das Boot über das Wasser, während man sich mit den Händen am Bootsrand festhält und am Ufer das grüne Dickicht des Dschungels vorbeiziehen sieht.

Über mir blauer Himmel und strahlende Sonne, unter mir kristallklares Wasser, dazu die »Kok-kok«-Rufe der in der Blätterwand versteckten Vögel. Plötzlich fühlte ich mich so glücklich, so ruhig und so eins mit mir wie nie zuvor. Ich wollte nicht reden, nur schauen, fühlen, rätseln. Wie sah es wohl hinter der Blätterwand am Flussufer aus?

Ich war mit dem Dschungel angefixt worden. Es heißt, dass man nach dem ersten Schuss Heroin, den man sich gesetzt hat, süchtig ist, aber man kann auf Entzug gehen, um wieder clean zu werden. Mit dem Dschungel ist es anders, wie ich heute weiß: Wer ihm einmal verfallen ist, der kommt nicht mehr von ihm los. Da hilft keine Abstinenz, keine Therapie. Seit jenem Tag im Februar ist kein Tag vergangen, an dem ich nicht an den Dschungel gedacht hätte, mich nicht nach ihm gesehnt hätte.

Das Boot legte am flachen Ufer beim Serubah-Langhaus an. Unser Besuch war angekündigt worden. Zwei junge Iban-Frauen erwarteten uns in Festtagstracht: ein in komplizierten Mustern gewebter Sarong zu einem Brusttuch, darüber ein gewaltiger Kragen aus Silbermünzen. Die Krönung bildete ein üppiger Kopfschmuck aus dünnen Silberstangen, an denen wiederum Silbermünzen befestigt waren. Die Frauen standen in respektvollem Abstand von einem alten, hageren Mann mit liebenswürdigem Gesicht, der nur mit einem Lendenschurz bekleidet war. Sein Körper, einschließlich seines Halses, war mit Tattoos bedeckt, alles Symbole für bestimmte Ereignisse oder Taten in seinem Leben.

Der Alte begrüßte jeden von uns einzeln. Mit einer wunderbaren Sanftheit umschloss er meine Hand und schaute mir in die Augen – wissend, verständnisvoll und gütig. Dabei ging von ihm eine Stärke, ein Charisma aus, das mich ganz demütig werden ließ. Ich verneigte mich und wünschte mir, diesen wunderbaren Menschen wiedersehen zu dürfen. Er war der Schamane des Langhauses.

Monate später sollte ich ihn tatsächlich wieder treffen, diesmal in Begleitung von Panch. Denn der alte Schamane – er hieß Unding – war Panchs Schwiegervater. Unding erzählte leise und mit einer für unser rationales Denken irritierenden Selbstverständlichkeit von Ereignissen, für die wir das Wort »Wunder« gebrauchen.

Als Schamane, bei den Iban »Manang« genannt, war Unding für die Verbindung zu den Geistern und Dämonen sowie für das Heilen von Krankheiten zuständig. Je nach Schwere der Erkrankung reicht es nicht, bestimmte Blätter, Wurzeln oder Früchte zu verabreichen, deren Wirkung dem Manang bekannt ist, sondern es müssen Zeremonien veranstaltet werden, Rituale, die nach über Generationen festgelegten Regeln vollzogen werden.

Mit besonderem Stolz berichtete Unding von einem Bewohner des Langhauses, der an Krebs erkrankt war. Die Ärzte im Krankenhaus hatten ihm noch fünf Tage gegeben, als er von der Behandlung in der Stadt in den Dschungel zurückkehrte. Unding unterzog den Kranken einer vierundzwanzigstündigen sogenannten Seelenfang-Zeremonie.

»Fünf Tage gaben ihm die Ärzte«, sagte er mit triumphierendem Unterton in der Stimme und spöttischem Blitzen in den Augen beim Gedanken an die beschränkten Fähigkeiten seiner studierten Medizinerkollegen. »Aber nach meiner Zeremonie hat der Mann noch zehn Monate gelebt. Und es ging ihm gut.«

Panch hörte der Erzählung Undings schweigend zu. Er hatte sie sicher schon hundertmal gehört, doch hätte es sich für ihn als Schwiegersohn und als Jüngeren nicht geziemt, sich Langeweile oder Desinteresse anmerken zu lassen.

Später, als Panch für uns an einer Feuerstelle nahe des Langhauses ein paar Eier briet, schenkte er mir folgende Geschichte aus seinem Leben:

»Früher habe ich nicht an die Geschichten mit den Schamanen geglaubt. Bis meine Frau eines Tages von einem bösen Geist besessen war. Ich hatte sie zum ersten Mal im Langhaus gesehen, als ich Touristen dorthin brachte. Sie fiel mir gleich auf, denn sie war das schönste Mädchen von allen. Auch sie verliebte sich in mich, und wir heirateten. Meine Frau war nie aus dem Dschungel herausgekommen. Nach unserer Hochzeit zog sie natürlich zu mir nach Kuching. Wir waren ein halbes Jahr verheiratet, als sie plötzlich anfing, sich selbst zu verletzen. Sie stürzte sich zum Beispiel vom Tisch, konnte sich danach aber an nichts mehr erinnern. Eines Tages verließ sie das Haus und lief in Richtung des Dschungels. Ich beobachtete sie von der Tür aus, sie bewegte sich wie in Trance. Als sie spürte, dass ich sie beobachtete, drehte sie sich zu mir um. ›Wo gehst du hin?‹, fragte ich sie, und sie antwortete: ›Ich muss in den Dschungel, etwas in mir ruft mich dorthin.‹ Ich sagte: ›Du gehst da nicht hin, du bleibst bei mir. Du lebst jetzt hier, du lebst mit mir.‹ Dann kam sie zurück. Ich habe daraufhin eine Chinesin aufgesucht, von der man sagte, dass sie schamanische Kräfte besitze. Sie sagte, ich solle mit meiner Frau zu ihr kommen und zwei rohe Eier und einen lebenden

Hahn mitbringen. Bei der Zeremonie durfte ich zusehen. Die Chinesin schwenkte den Hahn über dem Kopf meiner Frau und rollte die Eier über ihren Körper. Danach war alles gut.«

Borneo ist eine Insel voller Geschichten. Mal traurig, mal komisch, mal unglaublich und mal unheimlich. Und erst aus den Mosaiksteinchen der tausend Geschichten lässt sich ein Bild dieses wunderbaren Teiles der Welt zusammensetzen.

Auf uns warteten schon die nächsten Geschichten. Dafür flogen wir von Kuching aus zunächst ins etwa fünfhundert Kilometer südöstlich gelegene Miri, eine Küstenstadt am Südchinesischen Meer, direkt an der Grenze zum Sultanat Brunei. Wir landeten in der Dunkelheit, die Fahrt ins Hotel »Royal Rihga« führte an Häusern vorbei, die durch rote Laternen in schummrig-warmes Licht getaucht wurden. Wenn mir damals jemand gesagt hätte, dass ich nur ein gutes halbes Jahr später in ebendiesem Ort in einem Haus, das ich selbst sowohl außen als auch innen mit roten Laternen dekoriert hatte, leben würde – ich hätte nur gelacht.

Beim Willkommensdrink auf der Hotelterrasse rochen wir ihn dann: den Qualm, den scharfen Geruch der großen Waldbrände, die noch vier Wochen zuvor auf Borneo gewütet hatten. Der Rauch lag damals wie Nebel über weiten Teilen der Insel, spannte sich wie ein undurchdringliches graues Gazetuch über den Himmel und fraß sich kratzend in den Hals und brennend in die Augen. In den Jahren 1997/98 wurden bei den Bränden auf Borneo zwei Millionen Hektar Wald vernichtet. Ein unwiederbringlicher Schatz der Natur war für das schnelle Geld in Asche verwandelt worden.

Ein genaueres Bild konnten wir uns am nächsten Tag machen, als wir mit einem Dschungelhopper in das zwanzig Flugminuten entfernte Mulu aufbrachen: Verkohlte Baumstämme ragten wie Hunderte ausgestreckter schwarzer Skelettfinger aus dem Boden. Dazwischen stiegen graue Qualmwolken in den Himmel. Dann kamen wieder endlose Waldgebiete, die von oben an gigantische Brokkolifelder erinnerten. Ein undurchdringliches grünes Blätterdach. Was sich wohl darunter verbarg?

Und zum Schluss Mulu: eine 544 Quadratkilometer große, als Nationalpark ausgewiesene, geschützte Dschungelregion, ein Paradies mit dem größten Höhlensystem und den letzten Dschungelnomaden der Welt, den Penan. Hier wohnten wir im »Royal Mulu Resort«, einem in traditioneller Holzbauweise der Landschaft angepassten Hotel.

Am nächsten Morgen trafen wir uns am Bootsanleger des Hotels. Es ging zu einem Ausflug in den Dschungel mit Höhlenbesichtigung. Und mein Aufzug konnte grotesker nicht sein: weißes T-Shirt, die bekannten weißen Tod's und dazu die goldbedruckte Hose aus dem Museum. Fitzcarraldo auf Borneo. Es fehlte nur noch der Konzertflügel. Fast unnötig zu erwähnen, dass sich in der Hose durch die dicke Druckfarbe die Hitze wie unter einer luftundurchlässigen Plastikplane staute und meine Fersen und Zehen in den schicken Schuhen bald wund gelaufen waren. Zum Glück hatten zwei Kollegen Pflaster dabei. Ich verbrauchte es komplett.

Doch das waren äußere Widrigkeiten. In meinem Inneren war alles wie in weiche Seide gehüllt: Als wir mit dem Langboot den Melinau River hinauffuhren, als ich den undurchdringlichen Dschungel mit seinen tausend Grüntönen vorbeiziehen sah, war ich wieder einfach nur glücklich.

Dieses Einssein mit mir, diese Verbundenheit mit einer mir noch vor wenigen Tage unbekannten Welt war so intensiv, dass ich das Gefühl hatte, endlich nach Hause gekommen zu sein, endlich meine Seelenheimat gefunden zu haben.

An diesem Tag beschloss ich, im Juni, wenn ich Urlaub haben würde, wiederzukommen, zum Jungle-Trecking und Adventure-Caving. Allerdings ohne den schlecht Englisch sprechenden und etwas gelangweilten Führer, den wir bei unserem heutigen Ausflug hatten. Und ohne Designerkleider und Edelschuhe, ohne Zeitdruck und Programm. Einfach nur schauen, lernen und erfahren.

Am Abend waren wir vom Direktor der beiden Rihga-Hotels in Miri und Mulu, dem Schweizer Walter Kohli, zum Dinner eingeladen. An der Stirnseite des Restaurants im »Royal Mulu Resort« hatten ein paar Eingeborene traditionelle Tänze aufgeführt. Die Folkloregruppe hatte gerade ihre Vorstellung beendet, die Frauen in den handgewebten Sarongs waren abgetreten, die Instrumente, eine Palette von Gongs, auf denen eine fremdartige Melodie von dumpfen Halbtönen erklungen war, wurden abtransportiert. Ich schlief fast mit offenen Augen, starrte auf die improvisierte Bühne, eigentlich ein gewöhnlicher Holzplankenboden, und lauschte den verklungenen Gongtönen nach, als ich von rechts eilige, energische Schritte hörte. Ich war zu müde, um den Kopf zu drehen, und wartete einfach ab, wer wohl in mein Blickfeld treten würde.

Es war ein wild und abenteuerlich aussehender Mann mit fast taillenlangem schwarzen Zopf, ein weißes Stirnband mit blauen japanischen Schriftzeichen war bis knapp über die Augenbrauen gezogen. Ich starrte in sein Gesicht: hager, braune Haut, schwarze, vor Lebenslust funkelnde Augen.

Nur beiläufig nahm ich den Rest seiner Erscheinung wahr: Ketten aus matten Steinen um den Hals, weißes T-Shirt, rotes Halstuch, abgeschnittene, ausgefranste Jeans, die locker über die dürren, drahtigen Beine fielen, schlammverkrustete Treckingschuhe und ein Gürtel, an dem mehrere Karabinerhaken klimperten und wo in einem Lederschaft ein Parang, ein Buschmesser, steckte. Der ganze Mann war von einem bizarren Muster brauner, getrockneter Schlammstreifen überzogen, die ihm ein noch verwegeneres Aussehen gaben. Kein Zweifel: Das war ein Dschungelführer. Der Fremde blickte mit unglaublich wachen, alles in Sekundenschnelle erfassenden Augen zu unserer Gruppe hinüber und lachte ein solch offenes, vorbehaltloses und Brücken bauendes Lachen, dass ich spontan dachte: ›Mit dem in den Dschungel zu gehen muss bestimmt Spaß machen.‹ Es war Chef de Mulu, einer der bekanntesten Dschungelführer Borneos.

Es war nicht Liebe auf den ersten Blick.

Kaum war Chef de Mulu aus meinem Blickfeld verschwunden, kam ein Amerikaner an unseren Tisch. Er gehörte zu einem Kamerateam aus den USA, das für die amerikanische TV-Serie »Golden Dream« in den Höhlen von Mulu drehte. Er hatte uns schon tags zuvor von seinen fantastischen Führern erzählt. Vor allem der Chief Guide, Chef de Mulu, sei eine beeindruckende Persönlichkeit mit großer Kenntnis der Region.

An diesem Abend hatten die Amerikaner ihre Führer ins Resort eingeladen. Die drei saßen jetzt an einem kleinen Tisch in einer Nische der Bar. Neben ihnen auf dem Boden hatten sich Kletterseile wie Schlangenhaufen zusammengerollt und Karabinerhaken zur Ruhe gelegt, gekrönt von drei dunkelroten Helmen mit Stirnlampen. Den Tisch zierte ein Stillleben aus Tiger-Bier-Dosen und leeren goldenen Benson & Hedges-Packungen. Die Stimmung hatte einen ähnlichen Höhepunkt erreicht wie der Bierkonsum.

Mit meiner Kollegin Bärbel Schäfer, mit der ich mich inzwischen etwas angefreundet hatte, ging ich zu den Männern. Sie stellten sich vor: Andy, Murang und Chef de Mulu. Die drei führten nicht nur Touristen, sondern auch Expeditionsteams durch den Dschungel, durch das größte Höhlensystem der Welt und auf die spitz in den Himmel ragenden scharfen und gefährlichen Kalksteingipfel, Pinnacles genannt. Sie kannten den Weg zum Mount Mulu, der wie ein ruhender Riese über den Nationalpark wachte. Sie wussten, wann der Melinau River zu viel Wasser führte, um gefahrlos mit dem Langboot die Stromschnellen zu passieren, und dass der seidig schimmernde Pelz der Ulat-Bulu-Raupe sich mit scharfen, winzigen Widerhaken in die Haut krallt. Und sie wussten, welche Gefahr das Abholzen des Regenwalds für die Natur bedeutet.

Und dann sprach Chef de Mulu, in fließendem Englisch. Mit einer Vehemenz, die keinen Widerspruch zuließ: »Dieses ist unser Land. Die Regierung sagt, es sei ihr Land. Aber wer gab den Bergen, wer gab den Flüssen ihre Namen? Wir waren es, unsere Eltern, Großeltern und deren Eltern und Großeltern.« Er breitete beschwörend die Arme zu einer alles umfassenden Umarmung aus. »Borneo, das ist ein besonderes Land. Mehr als zwanzig Stämme leben allein in Sarawak, sie alle haben ihre eigene Sprache, ihre eigene Kultur.« Und an den Fingern zählte er sie auf: Iban, Bidayuh, Melanau, Penan, Orang Ulu … Es klang wie eine verführerische, fremdartige Melodie.

In Chef de Mulus Augen brannte jetzt ein wildes Feuer,

wie es nur die Bedrohung des Liebsten im Leben entfachen kann. Aber bei ihm war das keine Frau, kein Kind und kein Besitz. Seine größte Liebe war der Dschungel.

Ich erklärte ihm, dass ich bald wiederkommen würde und ihn zusammen mit Murang als Führer engagieren wolle. Daraufhin gab er mir seine Visitenkarte, die ihn als Mitarbeiter des Tourveranstalters »Tropical Adventure« aus Miri auswies.

Die Bar schloss, aber damit war der Abend noch nicht beendet. Drei weitere Kollegen aus unserer Gruppe hatten sich inzwischen zu uns gesetzt, und Murang und Chef schlugen vor, noch einen Drink in einer Lodge auf der anderen Seite des Flusses zu nehmen. Am Steg des Resorts lag ihr Langboot, wir stiegen ein und fuhren im Licht des Vollmonds den Melinau River ein Stück flussaufwärts. Eine schroffe Felswand, aus der einige verkrüppelte Bäumchen ragten, bildete das linke Ufer. Das fahle Mondlicht tauchte sie in ein gespenstisches Graublau, das konturlos in der Dunkelheit verschwamm. Wir machten an einem Holzsteg fest. Ein bisschen weiter oben sahen wir eine Hütte. Die Tür stand offen, doch der Generator, der das Lokal mit Strom versorgte, war abgestellt. Um Mitternacht war auch hier Feierabend.

Ich setzte mich auf eine Bank vor einem der scheibenlosen Fenster und blickte in einen Garten mit Bäumen, die wie regungslose Gestalten in der Mondnacht warteten. Die ganze Szenerie war unwirklich wie ein Schwarz-Weiß-Film. Wir saßen in der schwülen Wärme und ließen uns treiben.

Chef de Mulu war losgegangen, um bei einem Freund in der Nähe noch etwas zu trinken zu holen. Plötzlich hörten wir einen lauten, wütenden Wortwechsel. Ein Schuss knallte. Danach war es wieder still, bis auf das nächtliche

Dauerkonzert der Zikaden. Offenbar war der Freund von dem nächtlichen Besuch nicht begeistert gewesen und hatte einfach mal in die Luft geschossen. Chef de Mulu kam in die Hütte zurück und schüttelte den Kopf. Nichts mehr mit letztem Drink. Alles geschlossen.

Die drei brachten uns zum Resort zurück. Vor unserer Abreise am nächsten Morgen sah ich, wie sie mit den Amerikanern zu weiteren Dreharbeiten aufbrachen. Chef de Mulu lachte mir zu und winkte. Ich winkte zurück. Dann ging's zum Flughafen. Abschied von Mulu.

Als ich zwei Tage später in Berlin landete, hatte ich Heimweh.

Geheimnisvolle Welt des Dschungels

Wer von einer Reise zurückkehrt, ist meist noch eine Weile weit entfernt unterwegs. Die Seele reist wohl langsamer als der Körper. Und so fühlte ich mich auch diesmal wieder ein wenig als Gast im eigenen Land, als ich in Berlin aus dem Flugzeug stieg.

Aber vielleicht liegt gerade darin der Sinn des Reisens: Durch den neuen Blick auf das Alte, durch die Nähe der Ferne, durch diese irrationale Gleichzeitigkeit des Da- und Fortseins verschmelzen Kontinente und Kulturen, verändert sich kaleidoskopartig der Blick auf die Welt, verschärft sich das Denken, weitet sich das Verständnis. Und vielleicht ist es die Häufung dieser Erfahrungen, die immer wieder neue Fremdheit des Vertrauten, die das Charisma des Weltenbummlers ausmacht, jene fast buddhistische abgeklärte Gelassenheit, verbunden mit einer amüsiert-ironischen, augenzwinkernden Weltsicht.

Bei mir brauchte die Seele diesmal recht lange, um in Berlin anzukommen. Meine Gedanken liefen zweigleisig. Den Alltag, das Gewohnte erledigte ich routiniert, fast automatisch. So hörte ich in der Redaktion beim Durchsehen der Nachrichtenmeldungen die »Kok-kok«-Rufe der Dschungelvögel; dachte, während ich bei Lindner an der Kasse in der Schlange wartete, an die mächtigen, lianenumwundenen Baumstämme, die sich in schwindelerregender Höhe in einem Blätterdach verloren; und sehnte mich in der deutschen Februarkälte nach der schwülen Hitze des Äquators, die sich für mich in der Erinnerung in eine fast liebliche mediterrane Sommertemperatur verwandelt hatte. Und so sollte es immer sein, wenn ich Borneo verlassen hatte: Das Klima, das mir dort oft so unerträglich erschien, wurde aus der Distanz unvorstellbar, sodass mir jedes Mal bei der Rückkehr die Hitze erneut mit einer überraschenden Kraft entgegenschlug, mit jener Gewalt des erstmaligen Empfindens, das noch nicht von der Gewohnheit verwässert ist.

Neben meinen gedanklichen Ausflügen war ich auch ganz konkret mit Borneo beschäftigt: Ich bereitete meine Reise im Juni vor. An meinem Bett hatte ich kleine Bücherhaufen aufgeschichtet, die ich über Wochen hinweg bis spät in die Nacht Kapitel für Kapitel abtrug. Ich hatte mich in Kuching mit reichlich Lektüre zu meiner neuen Liebe eingedeckt und verschlang wie im Wahn Titel wie *The Field-Book of a Jungle-Wallah* oder *Nine Dayak Nights*. Das Gelesene begleitete mich nachts in meinen Träumen und schlich sich von dort in meine Stimmung am Tag. Der Fernsehturm in Ostberlin und der Funkturm im Westen der Stadt, die ich beide vom Balkon meiner Wohnung aus sehen konnte, erschienen mir wie Kulissen zu einem Film, in dem ich eher zufällig und ohne das Drehbuch zu kennen auftrat. Denn mein eigener Film spielte ganz woanders. Damit der weitergedreht werden konnte, hatte ich Richard Hi in Miri angerufen. Er war der Besitzer der Agentur »Tropical Adventure«, bei der Chef de Mulu und Murang unter Vertrag waren. Falls Richard Hi erstaunt gewesen sein sollte, dass jemand aus Deutschland gleich zwei seiner besten Führer für rund zwei Wochen buchen wollte, ließ er es sich nicht anmerken. Als Chinese schrieb er Verdienen mit einem großen F. Wer zahlte und warum, war ihm egal. Ihn interessierte nur das Wieviel.

Blieb noch ein Problem: Ich musste fit werden. Meine kurzen Ausflüge in den Dschungel hatten mir nicht nur gezeigt, dass ich vollkommen falsch gekleidet war, sondern auch, dass meine Kondition in keinster Weise längeren Märschen bei 35 Grad und einer Luftfeuchtigkeit von über 80 Prozent gewachsen war. Drei Monate intensives Training hatte ich mir deshalb verordnet. Und der Ort dafür hätte skurriler nicht sein können: Ich trainierte im exklusiven Spa des »Adlon«, eines der luxuriösesten und bekanntesten Hotels in Deutschland. Europas Könige und Kaiser, der Zar von Russland, der Maharadscha von Patiala, Edison, Ford, Rockefeller, Stresemann, Charlie Chaplin und die Dietrich waren hier, direkt am Brandenburger Tor, zu Gast gewesen. Und jetzt ich. Mit Treckingschuhen auf dem Lauftrainer.

Das kam so: Durch meinen Job kannte ich den damaligen »Adlon«-Direktor Jean K. van Daalen, genannt Gianni. Mit der Zeit war eine nette private Bekanntschaft entstanden. Ich traf mich hin und wieder mit ihm und seiner Frau abends auf ein Glas Wein, und es waren immer Abende, nach denen ich mich angenehm geistig erfrischt und gut gelaunt zu Bett begab. An einem jener Abende erzählte ich den beiden von meiner geplanten Reise nach Borneo und fragte Gianni ganz nebenbei, ob ich mich wohl im Spa des »Adlon« ein bisschen fit machen dürfe. Kein Problem, fand Gianni. Was wohl nicht zuletzt mit seinem Sinn für komische Situationen zu tun hatte. Dschungeltraining im »Adlon«-Spa – das ist wie Bratwurst zu Champagner.

Also fuhr ich fast jeden zweiten Abend nach Feierabend ans Brandenburger Tor und tauchte in eine Fitnesslandschaft der Extraklasse ein. Das Ganze war ein Wellnesstraum in Weiß und Türkis. Mosaiken im Stil antiker Fresken, Marmorsäulen, Poolbar, Palmen und beflissenes Personal. Dabei hatte das Spa abends noch einen besonderen Vorteil: Meist war ich allein, mehr als fünf weitere Besucher traf ich selten an. Die Abende in Berlin locken eben mit anderen Attraktionen als mit Whirlpool und Bauchtrainer.

Ich hatte mir ein festes Trainingsprogramm zurechtgelegt: zuerst in Wanderschuhen für eine halbe Stunde bei Steigung aufs Laufband, dann zwanzig Minuten Bauch- und Krafttraining, zum Schluss zwanzig Minuten schwimmen. Nach einem Vierteljahr war ich – zumindest für meine Begriffe – ziemlich fit. Für Borneo reichte es so eben.

Am 5. Juni saß ich wieder im Flugzeug. Meine Flüge hatte ich diesmal so gelegt, dass ich von Frankfurt aus via Kuala Lumpur und Kuching gleich nach Miri weiterflog. Von dort sollte es dann nach kurzem Aufenthalt nach Mulu gehen. Dafür musste ich aber zuerst einmal aus- und dann wieder neu einchecken, denn auf dem winzigen Dschungelflugplatz in Mulu gab es keine Zollbeamten, die aus dem Ausland durchgecheckte Gepäckstücke hätten kontrollieren können.

Als ich in Miri die Kontrollen passiert hatte und in die Halle trat, hörte ich plötzlich jemanden »Hanna! Hanna!« rufen. Ich schaute mich irritiert um. Wer sollte mich hier erwarten? Neben mir tauchte ein etwa fünfundvierzigjähriger Chinese auf. Weißes T-Shirt, Jeans, kurze schwarze Haare, rundes, flächiges, undurchdringliches Gesicht. Auf den ersten Blick niemand, mit dem man sich für einen lustigen Abend verabreden würde.

»Hanna?«, fragte er nochmals, ohne eine Miene zu verziehen, ohne irgendein Anzeichen eines Begrüßungslächelns. Ich schaute den Mann an, irritiert, genervt, müde, geschafft vom langen Flug. »Ich bin Richard Hi«, sagte er. Der Besitzer der Agentur »Tropical Adventure« war also persönlich zu meiner Begrüßung erschienen. Ich fühlte mich geschmeichelt. Entsprechend freundlich fiel meine Begrüßung aus. Doch die hinterließ weiter keinen Eindruck auf Mr. Hi. Er dirigierte mich samt meinem Gepäck in eine Art Flughafen-Cafeteria, die aus einer Reihe brauner Plastiktische und weißer Stühle sowie einer Theke bestand, an der man sich Sandwiches, Tee, Kaffee oder kalte Getränke holen konnte.

Richard Hi besorgte uns Tee. Eine für seine Verhältnisse fast großzügige Geste, wie ich später erfahren sollte. Dann kam er gleich zur Sache, ohne sich mit für ihn überflüssigen Präliminarien wie »Hatten Sie ein guten Flug?« oder ähnlichen Höflichkeitsfloskeln aufzuhalten. Er wollte kassieren. »Sie müssen jetzt gleich bezahlen«, wies er mich streng an. Dann zählte er auf: die beiden Führer, Chef de Mulu und Murang, Eintritt in den Nationalpark, Übernachtung im Camp 5, einem Expeditionslager tief im Dschungel, Miete für Langboote, Benzingeld, Proviant, Ausrüstung etc. Machte alles zusammen mehrere hundert Malaysische Ringgits. Der Preis war okay. Ich zahlte gleich in bar gegen Quittung.

Dennoch hatte ich bei der ganzen Aktion ein komisches Gefühl. Irgendetwas stimmte hier nicht. In der ihm eigenen mürrischen und wortkargen Art deutete Richard Hi mehrfach an, dass er nicht davon begeistert war, gleich zwei seiner Top-Leute für mich einzuteilen. Doch ich wollte kein Risiko eingehen: Sollte beim Dschungeltrecking einem der Führer etwas zustoßen, wäre ich alleine aufgeschmissen.

Ich ließ mich auf keine Diskussion ein und überhörte einfach Richard His Andeutungen.

Nachdem er das Geld in der Tasche hatte, war er ebenso schnell verschwunden, wie er aufgetaucht war. Das Ganze hatte etwas Irreales an sich, wie eine Fata Morgana in der schwülen Hitze des Äquators. Ich dachte: ›Der Typ wird noch Schwierigkeiten machen.‹ Und ich sollte recht behalten. Doch jetzt nahm ich zuerst einmal mein Gepäck und checkte zum Flug nach Mulu ein.

Als die Maschine sanft auf der kurzen Landebahn aufsetzte, war der Blick auf das Flughafengebäude von dichten Regenschleiern verhangen. Wobei der Begriff »Gebäude« irreführend ist: Es handelte sich eher um eine an den Seiten offene Holzhütte etwas größeren Ausmaßes, die wohl in erster Linie zum Schutz der Passagiere und des Gepäcks gegen heftige Niederschläge errichtet worden war. Das »Flughafenpersonal« trug bunte Shirts, Shorts und Badelatschen und betrachtete das Landen einer Maschine als willkommene Unterbrechung des alltäglichen Müßiggangs, bestehend aus dem Rauchen indonesischer Gewürzzigaretten mit Nelkenaroma und einem Nickerchen auf den Holzbänken.

Kaum dem Dschungelhopper entstiegen, war ich auch schon klatschnass. Ein eigentlich ganz angenehmer Effekt. Die Hitze war viel besser zu ertragen, so als hätte man kühle Umschläge bekommen, nur dass die Kleidung wie ein Film auf der Haut pappte. Ich watete durch Pfützen, die sich in den Dellen des Asphalts der Landebahn gebildet hatten. Meine nassen Füße rutschten in den flachen Sandalen beim Gehen hin und her. Verschwommen sah ich eine winkende Gestalt. Es war Murang, der im Schutz des Holzgebäudes auf mich wartete. Er begrüßte mich mit seinem jungenhaften, offenen Lachen, das so gar nichts von asiatischer Zurückhaltung an sich hatte.

Murang sah verändert aus: Die vorher mittellangen Haare hatte er auf einen Bürstenschnitt von etwa einem halben Zentimeter gestutzt, was ihn jünger wirken ließ. Als ich ihn das erste Mal getroffen hatte, schätzte ich ihn auf Mitte dreißig. Tatsächlich war er erst achtundzwanzig, und jetzt wäre er glatt für Anfang zwanzig durchgegangen.

»Ist das alles Gepäck?«, fragte er und deutete auf meinen Rucksack, der mittlerweile auf einem langen Holztisch abgestellt worden war, denn Gepäckbänder gab es hier nicht.

»Nein, es kommt noch ein bisschen was dazu«, antwortete ich und ging zu den beiden schwarzen Samsonite-Koffern.

»Das alles?« Murang brach in schallendes Gelächter aus und schüttelte ungläubig den Kopf.

Ich hielt es für überflüssig, ihm zu erklären, dass ich immer mit zu viel Gepäck reiste. Bis heute kann ich mich nur schwer entscheiden, was ich selbst für einen kurzen Wochenendtrip mitnehmen soll. Verlasse ich für mehr als achtundvierzig Stunden das Haus, habe ich mindestens einen Koffer dabei. Schließlich weiß man nie, wie das Wetter wird, ob einem jeden Tag eine Tasse Kaffee über den Pulli geschüttet wird oder ob man doch eher in der Stimmung ist, eine braune statt einer schwarzen Hose anzuziehen. Ich bin immer für alle Eventualitäten gerüstet, weshalb ich auch größtes Verständnis dafür habe, dass Leute wie Jennifer Lopez oder Madonna mit dreißig Koffern unterwegs sind. Wer im Privatjet reist, muss sich schließlich nicht mit Gepäckvorschriften herumschlagen.

Allerdings hatte ich diesmal nicht eine Kollektion von Designerkleidern, Kaschmirjacken und Pashminaschals eingepackt, sondern neben Bergen von T-Shirts und einigen leichten Röcken veritable Treckinghosen, -shorts, -schuhe, -sandalen, -socken, einen Regenmantel sowie Tropenschlafsack, Moskitonetz und eine Magnumflasche Mückenschutz-Lotion auf pflanzlicher Basis. Alles hatte ich bei einem großen Expeditionsausstatter in Berlin mit Hilfe der fachkundigen Verkäufer ausgesucht. In dem riesigen Laden arbeiteten offenbar nur Leute, die zumindest schon mal eine Weltumsegelung versucht hatten oder wenigstens bis in eines der unteren Basislager am Mount Everest vorgedrungen waren. Meine Frage, was man für ein Dschungeltrecking im tropischen Regenwald brauche, entlockte ihnen nur ein müdes Lächeln, und die Antwort fiel ihnen so leicht wie einem italienischen Koch das Backen einer Pizza Margherita. Hier einige ihrer wichtigsten Empfehlungen: lange, leichte Hosen aus schnell trocknendem Material – ich nahm vier –, Shorts aus dem gleichen Stoff, Rechts-Links-Socken, die nicht kratzten und scheuerten – ich kaufte sechs Paar –, Wanderschuhe mit Stoffeinsätzen (sind nicht so schwer und trocknen leicht – ich war mit zwei Paar dabei), Plastik-Brustbeutel (wasserdicht) und ein Zippo-Feuerzeug (sturmfest).

Jetzt stand ich also mit Murang vor meinen Gepäckbergen und musste auch lachen, und zwar so sehr, dass mir die Tränen kamen. Diese ganze Gepäck gewordene ängstliche Vorsicht und durchgeknallte Maßlosigkeit der zivilisierten Welt wurde hier, inmitten der Natur und auf einem Holztisch in der Flughafenhütte von Mulu aufgebahrt, dermaßen der Lächerlichkeit preisgegeben, dass ich mich nur noch vor Lachen – nicht zuletzt über mich selbst – schütteln konnte. Allerdings brauchte ich diesen Ballast nicht die ganze Zeit mit mir herumzuschleppen. Ich hatte ein Zimmer im »Royal Mulu Resort« gebucht, sozusagen als Basislager für die Dschungeltouren.

»Wo ist Chef?«, fragte ich Murang, als wir uns von unserem Lachanfall erholt hatten.

»Der ist noch mit Touristen unterwegs. Wir treffen ihn nachher im Resort«, antwortete Murang. Dann schleppte er mein Gepäck in einen Kleinbus.

Etwa zehn Minuten fährt man vom Flugplatz zum »Royal Mulu Resort«. Zehn Minuten, die die vorbeiziehenden Bäume, das dichte Blättergrün, die ganze geballte Natur beim Blick aus dem klimatisierten Wageninneren wie einen Film auf Großleinwand erscheinen lassen. Gut einen Tag war es her, dass ich in Berlin abgereist war. Natürlich hatte mich die Hitze beim Verlassen des Flugzeugs in Miri wieder mit ihrem überraschenden Würgegriff gepackt, doch behielt er mich nur kurz in seiner Gewalt. Die Cafeteria, in der ich mit Richard Hi gesessen hatte, war auf mitteleuropäische Herbsttemperaturen von etwa 18 Grad heruntergekühlt gewesen. Und die kurzen Wege im Freien hatten nicht gereicht, um mich wirklich mit allen Fasern ankommen zu lassen. Trotzdem verspürte ich ein gewisses Gefühl der Vertrautheit, das sich eigentlich nur beim Besuch von Orten einstellt, an denen man schon oft gewesen ist.

Plötzlich musste ich an meine erste Reise nach Asien denken, vor dreizehn Jahren. Damals arbeitete ich als Redakteurin bei der *Welt am Sonntag* und war für die Lebens-Art-Seite zuständig. Der Staat Singapur hatte mich eingeladen. Man wollte einigen Journalisten, genauer gesagt einem Kamerateam aus den USA, der Chefredakteurin einer Modezeitschrift aus Taiwan, einer Moderedakteurin aus Sydney und mir (warum ausgerechnet mir, ist mir bis heute ein Rätsel) anlässlich der 1. Fashion Week von Singapur die Textilproduktion des Landes vorführen. Im Klartext hieß das: eine Woche Fabrikbesichtigung, kombiniert mit Sightseeing, inklusive Business-Class-Flug und Unterbringung im neuen »Marina Mandarin Hotel«. Ich war begeistert. Blieb nur noch eins: Ich musste mir bei meinem Chefredakteur Manfred Geist die Genehmigung für die Dienstreise besorgen.

»Ich lasse Sie nur unter einer Bedingung da hin«, erklärte er. »Sie müssen jeden Abend im Palmengarten des ›Raffles‹ einen Singapore Sling auf mich trinken.« Ein solches Versprechen gibt man gern.

Der Beginn meiner Reise zeigte erstaunliche Parallelen zu meinem späteren Trip nach Borneo. Ich flog an einem Samstagabend im März gegen 19 Uhr von Hamburg nach Frankfurt und von dort aus weiter nach Singapur. Dazu muss man wissen, dass bei der *Welt am Sonntag* der Samstag der Hauptproduktionstag ist, an dem die aktuellen Seiten hergestellt werden. Ich hatte deshalb keine Zeit, vor meinem Abflug noch einmal zu Hause vorbeizufahren, sondern nahm mir von der Redaktion aus gleich ein Taxi zum Flughafen. Dabei hatte ich noch meine »Berufsbekleidung« an: dunkelgraues Flanellkostüm, langärmlige Bluse mit Stehkragen, schwarze Strumpfhose und Pumps. Und so fand ich mich am Abend im Flugzeug mit einem Glas Champagner in der Hand wieder. Ahnungslos freute ich mich auf meinen ersten Langstreckenflug, ohne zu wissen, dass dabei die Füße um etwa zwei Nummern anschwellen und dass mich in Singapur eine schwüle Hitze erwarten würde, in der ein graues Flanellkostüm ungefähr so angenehm ist wie ein Wollpullover beim Saunagang.

Trotz dieses seltsamen Aufzugs brachte ich den Flug erstaunlich gut und ohne über größere Unbequemlichkeit zu klagen hinter mich. Der Service an Bord war vom Feinsten, abgesehen davon, dass man in mehr oder weniger kurzen Intervallen immer wieder von einer Stewardess mit bezauberndem Lächeln geweckt wurde, um ein Geschenk entgegenzunehmen: ein Schachspiel für die Handtasche, ein Mini-Kulturbeutel mit Kosmetikpröbchen, ein Kugelschreiberset, ein Notizblock und ähnliche nützliche oder weniger nützliche Dinge. Zeitversetzt zu den Geschenken wurden diverse Speisen serviert. Curry, Fruchtsalat und sogar hundertjährige Eier, deren strenger Geruch auf Europäer eher appetitverderbend wirkt.

Hundertjährige Eier sind natürlich keine hundert Jahre alt. Vielmehr handelt es sich um Hühner- oder Enteneier, die über mehrere Wochen hinweg in einer Mischung aus Lehm, Asche, Salz, Kalk und Reisstroh gelagert werden. Dabei verwandelt sich das Eiweiß in eine gelatineartige, braunschwärzliche Masse, der Dotter wird grünlich und bekommt eine cremige Konsistenz. Während das Eiweiß nach fast nichts schmeckt, erinnert das Eigelb an einen strengen Käse.

Die erste wirklich interessante Unterbrechung auf dem Flug war die Zwischenlandung in Bangkok. Dort hatten wir etwa eine Stunde Aufenthalt, wobei die Passagiere, die nach Singapur weiterflogen, in der Maschine blieben. Die vordere Kabinentür war geöffnet, die Gangway herangefahren. Ich stand auf, trat auf Socken auf die Gangway und atmete zum ersten Mal in meinem Leben die Luft Asiens. Hinter dem Rollfeld erstreckte sich ein endloses, undurchdringliches, mit Bäumen und Büschen bewachsenes grünes Gebiet.

Und dann war da plötzlich dieser Geruch. Irgendwie süßlich, irgendwie modrig, irgendwie abstoßend und anziehend zugleich.

Auf einmal wusste ich, was es war: Es war der Geruch zu dem Film »Die durch die Hölle gehen«, dem Vietnam-Epos von Michael Cimino mit Robert de Niro als Michael Vronsky und Christopher Walken als Nick in den Hauptrollen. Ich hatte den Film vier Jahre zuvor im Fernsehen gesehen und wie ein hypnotisiertes Kaninchen auf die Kiste gestarrt. Er packte mich, er zog mich so in seinen Bann, dass seit jenem Abend kaum ein Tag vergangen war, an dem er mir nicht wenigstens für ein paar Sekunden durch den Kopf geschossen wäre.

Nick, der nicht weg will aus Vietnam, weil er nicht mehr weg kann. Weil er, so empfand ich es, süchtig geworden war nach Asien. Nach dem Geruch, nach den Geräuschen, nach den Farben und den Gefahren. Dieser Nick hat sich in mein Gedächtnis eingebrannt. Nick, dessen Seele von Asien entführt worden war. Das Lösegeld: der Tod.

Wer den Film gesehen hat, sollte eines kapiert haben: Asien, das ist nicht nur Sushi und Feng-Shui, Yoga und Dalai Lama. Asien, das ist auch Vietcong und Mao Zedong, Rote Khmer, Pol Pot und Völkermord in Kambodscha.

In Asien kann man, wie überall auf der Welt, durch die Hölle gehen. Nur dass die hier oft noch ein bisschen heißer ist als anderswo.

Das Nächste, was mir in Bangkok auf der Gangway durch den Kopf schoss, war der Gedanke: ›Die Amis müssen verrückt gewesen sein, hierhin zu kommen. Sie konnten nur verlieren.‹

Mit zwei Stunden Verspätung landete ich am Abend in Singapur. Und nur knapp zwei Stunden blieben mir bis zu meinem ersten Termin: eine Modenschau in einem Park. Nur geladene Gäste, nur Mode von einheimischen Designern. Dort sollte ich die anderen Journalisten, die zu dem Singapur-Trip eingeladen waren, treffen. Und dort würden auch unsere »Betreuer« für die nächsten Tage auf uns warten.

Ich musste mich beeilen, schnappte mir ein Taxi für die Fahrt zum Hotel und ließ mich leicht gestresst in die rote Kunstleder-Rückbank sinken. Im Taxi war es kühl. In Südostasien ist eine Klimaanlage im Auto so selbstverständlich wie bei uns eine Heizung. Wir fuhren stadteinwärts über eine lange Straße, deren Mittelstreifen mit etwa einem Meter hohen Sträuchern bepflanzt war. Das Motorengeräusch wurde von dem hellen, leisen Klang kleiner Glöckchen begleitet, die an einem roten Band mit Bommeln an der Heckscheibe hingen.

Und dann war es plötzlich da: dieses Déjà-vu-Erlebnis, erstmals in meinem Leben. Ich kannte alles schon: die Straße mit den Sträuchern, den Klang der Glöckchen, den süßlichen Raumspray-Geruch im Wageninneren. Alles nichts Neues für mich, alles vertraut – aber woher? Aus welcher Zeit?

Ich ließ das Taxi am Hotel warten, checkte schnell ein, bat, dass man mir meinen Koffer aufs Zimmer brachte, und fuhr gleich weiter zum Park. Vom Eingang aus musste ich noch etwa dreihundert Meter laufen. Jetzt spürte ich erstmals die feuchte Wärme. Die Kostümjacke lag wie eine Heizdecke auf meinem rechten Arm, meine vom Flug geschwollenen Füße drohten die Pumps zu sprengen, und die Strumpfhose klebte wie eine zweite Haut an meinen Beinen.

Vollkommen erledigt ließ ich mich auf einen wackeligen

Holzstuhl fallen und blickte auf eine Art Schützenfest-Bühne. Die Schau hatte schon begonnen. Models, die mit Sicherheit nie den Sprung auf die Laufstege in Paris oder Mailand schaffen würden, führten die jüngsten Kreationen aus den heimischen Ateliers vor. Die meisten Sachen kannte ich schon – von den Wühltischen bei C&A und vom Ausverkauf bei H&M. Shirt-Kleider, Miniröcke, gestreifte Blüschen, nichts Besonderes.

Und dann entdeckte ich Jean-Charles de Castelbajac. Er saß zwei Reihen vor mir und betrachtete das Geschehen so ergriffen, als hätte Coco Chanel soeben das Kleine Schwarze erfunden. Ich konnte es kaum glauben: Einer der Götter am Pariser Modehimmel, der Roben für Papst Johannes Paul II. geschneidert und die Kostüme für Woody Allens »Stadtneurotiker« entworfen hatte, bei dem sich Popstars wie Elton John und Johnny Rotten von den »Sex Pistols« einkleideten und zu dessen gefeiertsten Entwürfen ein Wintermantel zählte, der komplett aus Teddybären gefertigt war. Dieser Mann saß leib- und wahrhaftig hier bei einer drittklassigen Schau, die vom internationalen Modezirkus etwa so weit entfernt war wie das Eozän vom 20. Jahrhundert.

›Was zum Teufel macht der denn hier?‹, fragte ich mich. Suche nach Inspirationen konnte es kaum sein.

Am nächsten Tag traf ich ihn wieder. Diesmal bei einem weiteren Höhepunkt der 1. Fashion Week, einer Podiumsdiskussion unter seiner Moderation. Jetzt fragte ich mich nicht mehr, was er hier machte, sondern nur noch, was er wohl dafür bekam. Nach der Diskussion saß ich ein paar Minuten mit ihm zusammen und fragte ihn, was er von der Mode aus Singapur halte. Er sagte ihr eine große Zukunft voraus. Bezahlte Worte. Ich sah zu, dass ich mich schnell verdrückte.

Neben weiteren Terminen, beispielsweise der Besichtigung einer Textilfabrik, in der damals schon das Modehaus Christian Dior fertigen ließ, gab es für unsere Journalistengruppe ein ausführliches Sightseeing-Programm. Sentosa Island mit Fontänen- und Schmetterlingsgarten, Chinatown, Little India, Orchard Road – nichts wurde ausgelassen. Und alles war mir so vertraut wie mein Schulweg in der Unterprima. Sogar die Jamae-Moschee kam mir bekannt vor, obwohl ich mich nicht erinnern konnte, jemals zuvor ein islamisches Gotteshaus betreten zu haben.

Déjà-vu rund um die Uhr.

Während dieser Tage freundete ich mich mit Annie, der Chefredakteurin einer Modezeitschrift aus Taiwan, und Sue, einer Journalistin aus Sydney, an. Annie, Anfang vierzig und Mutter von vier Kindern, erzählte ich einmal von dem besonderen Duft in der Luft von Bangkok, den ich auch in Singapur roch. Sie hörte mir aufmerksam zu und sagte dann sehr ernst: »Ja, es stimmt, was du sagst. Es gibt diesen Duft. Aber nicht alle Ausländer riechen ihn. Wer ihn nicht riecht, wird niemals ein Verhältnis zu Asien bekommen.«

Sue war weniger tiefgründig, eher das, was man sich landläufig unter einer waschechten Australierin vorstellt. Bodenständig, humorvoll, direkt. Wie direkt, zeigte unser gemeinsamer Shoppingausflug nach Chinatown, dem Viertel der Fälschungen. Rolex-Uhren, Louis-Vuitton-Taschen, Hermès-Tücher – kaum eine Luxusmarke der Welt, die hier nicht als billiger Klon vertreten gewesen wäre. In einem schmalen, schattigen Durchgang zwischen zwei Häusern entdeckte Sue einen Stand mit gefälschten Parfüms. Chanel No. 5 gab's für zwölf Mark, »Rive Gauche« von Yves Saint Laurent für zehn Mark, »Arpège« von Lanvin zum absoluten Dumpingpreis von nur acht Mark.

Doch Sue war nicht der Typ, der die Katze im Sack kaufte. Den kleinen Chinesen, der uns immer wieder versicherte, dass es sich um »very good smell« handelte, würdigte sie kaum eines Blickes. Stattdessen sprühte sie sich die drei Düfte nacheinander auf den Arm, roch bedächtig an den parfümierten Stellen und schaute dann den Händler ebenso verächtlich wie streng an.

»Smells like chicken pee«, riecht wie Hühnerpisse, lautete ihr vernichtendes Urteil. Der Chinese zuckte zusammen, für Sue war das Thema erledigt. Sie fasste mich am Arm, zog mich fort, und ich konnte mich vor Lachen kaum noch halten.

Jeden Abend, nach dem Ende des offiziellen Programms, ging ich ins »Raffles«, wie ich es Manfred Geist versprochen hatte, und trank einen Singapore Sling, der um 1910 herum hier erfunden worden war. Nun, ich war kein abergläubischer Mensch, aber Versprechen, wie verrückt sie auch sein mögen, sollte man halten, sonst gibt's Unglück. Davon bin ich auch heute noch überzeugt.

Vom modernen »Marina Mandarin Hotel« mit seiner Glas- und Stahlpracht brauchte ich zu Fuß nur etwa zehn Minuten zum »Raffles«. Dieses Haus ist nicht irgendein Grandhotel. Es ist eine über hundert Jahre alte Institution, benannt nach dem Gründer Singapurs, Sir Thomas Stamford Raffles. Das im Kolonialstil errichtete Gebäude wurde 1987 von der Regierung Singapurs sogar zum Nationaldenkmal erklärt. Hier logierten in früheren Glanzzeiten William Somerset Maugham, Ava Gardner und Jean Harlow, Joseph Conrad und Rudyard Kipling, später dann auch für meinen Geschmack weniger spannende Gäste wie Michael Jackson und die Queen.

Ich hatte das Glück, dass meine Abende im »Raffles« vor

der Renovierung im Jahr 1991 stattfanden, als im Palmengarten noch der Kies unter den Sohlen knirschte und nicht Steinplatten das Geräusch der Schritte schluckten; als das Hotel noch wie ein zu viel geliebtes Stofftier abgewetzt und angeschmuddelt war; als man sich noch vorstellen konnte, dass sich hier Somerset Maugham an der Theke in der Bar betrunken hatte; eben als das »Raffles« noch nicht zur gewienerten Luxusbude für Dollarmillionäre verkommen war.

Im Palmengarten saß ich immer am selben Tisch. Linke Seite vom Eingang, etwa in der Mitte. Ich trank immer genau einen Singapore Sling, zahlte cash und ging. Ich traf niemanden, ich unterhielt mich mit niemandem. Bis zum vierten Abend.

Ein Inder mit Turban, stattlich, Mitte vierzig, schwarze Hose, weißes Hemd, kam in den Palmengarten. Er ging von Tisch zu Tisch, sprach ein paar Worte mit den Gästen. Offenbar gehörte er zum Hotel. Mir reichte er, anders als den anderen, die Hand. Als er sie wieder losließ, fragte er nur: »Sind Sie Jungfrau oder Waage?«

Ich war verblüfft. Der Mann hatte nicht ganz unrecht. »Jungfrau«, antwortete ich, »aber am 23. September, dem letzten Jungfrau-Tag geboren.« In manchen Horoskopen wird dieses Datum bereits der Waage zugeordnet.

»Darf ich mich setzen?«, fragte er höflich.

»Bitte«, antwortete ich und deutete auf einen der weiß lackierten, gepolsterten Eisenstühle mit Armlehnen.

»Woher wissen Sie mein Geburtsdatum?«, fragte ich.

»Ich habe es gespürt, als ich Ihnen die Hand gab«, antwortete er. »Ich habe Sie die letzten Abende beobachtet. Sie sitzen immer an diesem Tisch. Sie sind immer allein und trinken einen Singapore Sling. Sie haben mich interessiert. Ich habe Ihnen die Hand gegeben, um Ihre Schwingungen zu spüren. Da wusste ich, wann Sie geboren sind.« Und er wusste noch viel mehr.

Dino, wie er sich vorstellte, gehörte zum Hotelmanagement und erzählte mir Details aus meinem Leben, die er unmöglich wissen konnte: das Datum meiner Scheidung, wie lange ich schon als Journalistin arbeitete, wann ich bei der *Welt am Sonntag* angefangen hatte – und dass ich schon einmal das genaue Todesdatum eines Menschen, dessen Lebensende noch nicht absehbar war, vorausgesagt hatte. Es stimmte alles, einschließlich des letzten Punktes.

»Woher wissen Sie das alles?«, fragte ich verwundert.

»Ich habe viele Jahre in Indien meditiert«, antwortete Dino. »Deshalb kann ich, wenn ich jemandem die Hand gebe, die Schwingungen der Person spüren und in ihrem Leben lesen.«

Das erschien mir einleuchtend, wie einem so vieles in Asien einleuchtend erscheint, was man bei uns als Unsinn abtun würde.

»Sie haben das zweite Gesicht«, fuhr Dino fort. »Aber Sie müssen auf diese Gabe achten. Wenn Sie zu viel arbeiten, wenn Sie sich keine Zeit zum Regenerieren nehmen, werden Sie diese Fähigkeit verlieren.«

Wir schwiegen eine Weile. Ich dachte über das, was Dino gesagt hatte, nach. Es stimmte. Und es war da eine merkwürdige Vertrautheit zwischen uns. So, als würden wir uns schon lange kennen, als seien wir alte Freunde, die oft wissen, was in dem anderen vorgeht, ohne dass er es aussprechen muss.

Dino schaute mich jetzt wie ein wohlwollender Lehrer freundlich prüfend an. »Sie haben die ganze Zeit das

Gefühl, schon einmal in Singapur gewesen zu sein. Alles kommt Ihnen bekannt vor. Stimmt's?«

Ich nickte und erzählte ihm von meinen Déjà-vu-Erlebnissen. Dino hörte mir aufmerksam zu. Dann sagte er: »Sie haben in einem Ihrer früheren Leben in Asien gelebt. Deshalb kommt Ihnen alles so bekannt vor. Vielleicht sollen Sie hierhin zurückkehren.« Und nach einer kurzen Pause gab er mir einen Rat: »Wenn Sie noch einmal heiraten, achten Sie darauf, dass es ein Mann ist, der selbst etwas darstellt, aber bereit ist, Ihnen nach außen den Vortritt zu lassen. Sonst geht es wieder schief.«

An diesen Satz sollte ich Jahre später noch oft denken.

Als Dino sich zu mir gesetzt hatte, war es kurz vor 23 Uhr. Inzwischen war es nach eins. Ich fühlte mich wohl in der Gegenwart dieses Fremden, der so viel von mir wusste und mir dennoch nicht zu nahe trat.

»Ich habe in Little India ein eigenes kleines Restaurant. Das würde ich Ihnen gerne zeigen. Haben Sie Lust, mit mir dorthin zu fahren?«, schlug er vor.

»Gerne«, erwiderte ich, und es kam mir nicht eine einzige Sekunde in den Sinn, dass es keine so gute Idee sein könnte, mit einem Wildfremden nachts nach Little India zu gehen. Ich war mir absolut sicher, dass Dino mich nach dem Besuch seines Lokals wieder zu meinem Hotel zurückbringen würde.

Diese Gabe, Gefahren zu erkennen, besitze ich seit meiner Jugend. Oft bin ich bis an den Rand des Abgrunds gegangen, aber ich wusste immer, wann es Zeit war, einen Schritt zurückzutreten. Und oft habe ich mich in Situationen begeben, die andere für wahnsinnig hielten, von denen ich aber wusste, dass sie mir nichts anhaben würden. Umgekehrt hatte ich immer einen sicheren Instinkt dafür, wann etwas scheinbar Harmloses mir gefährlich werden konnte, und habe mich dann – für andere wiederum vollkommen unverständlich – zurückgezogen.

Und so fuhr ich in jener Nacht mit Dino in seinem cremefarbenen Mercedes durch die leeren Straßen Singapurs nach Little India. Die letzten Gäste hatten das Restaurant schon verlassen, einige Angestellte wischten die Tische ab und putzen den Boden. Hier und da saß noch jemand auf der Straße und genoss die Ruhe der Nacht.

Dino stellte uns zwei Stühle vor sein Lokal und rief dann einigen Indern in der Nähe etwas zu. Sie setzten sich zu uns und bildeten einen Kreis.

»Das ist eine von uns«, stellte er mich seinen Freunden vor. »Sie hat auch das zweite Gesicht.«

Die Männer schauten mich mit freundlichem Respekt an. Ich war in ihren Club aufgenommen.

Dino verteilte weiße Plastikbecher und füllte sie zur Hälfte mit Whisky. Wir tranken auf unser aller Wohl und redeten. Nichts Tiefgründiges. Eher ein heiteres Plaudern wie nach einem Sieben-Gänge-Menü, wenn man bei einem guten Schluck noch das Gefühl eines vollkommenen Genusses verlängern möchte. Gegen vier Uhr löste sich die Runde auf. Wir verabschiedeten uns, und Dino fuhr mich zu meinem Hotel. Am Eingang reichte er mir wieder die Hand.

»Sie sind ein innerlich zerrissener Mensch«, sagte er zum Abschied. »Sie sollten eine Weile nach Indien gehen und meditieren. Falls Sie sich irgendwann dazu entschließen sollten, lassen Sie es mich wissen. Ich werde Ihr Führer sein.«

Dann fuhr er weg. Ich habe ihn nie wiedergesehen.

Als ich mein Hotelzimmer betrat, wurde mir schlecht.

Ich hatte nicht viel getrunken, aber Whisky war noch nie meine erste Wahl. Schon der Geruch bereitete mir unter normalen Umständen Übelkeit, und es war erstaunlich, dass ich in jener Nacht nicht schon nach den ersten Schlucken das Getränk diskret im Rinnstein entsorgt hatte. Aber in jener besonderen Atmosphäre, in der beflügelnden Aufgeregtheit der ungewöhnlichen Situation hatte ich den Geschmack kaum wahrgenommen. Jetzt schaffte ich es gerade noch bis ins Badezimmer, keinen einzigen Schritt weiter. Das war mir noch nie passiert. Ich legte mich auf den Wannenvorleger und schlief ein.

Als ich am nächsten Morgen aufwachte, hatte ich keinen dicken Kopf, wie befürchtet, sondern etwas anderes, Erschreckenderes, Unerklärlicheres. Ich konnte nur mit Mühe atmen, hustete und spuckte dabei ein wenig Blut. Völlig erschöpft legte ich mich ins Bett und überlegte, was ich als Nächstes tun sollte. Jeder Gedanke war Schwerstarbeit, aber ich wusste, dass etwas nicht stimmte. Also rief ich bei der Rezeption an und bat, einen Arzt zu schicken. Etwa eine Stunde später stand eine indische Ärztin an meinem Bett, Ende dreißig, rotes Kostüm, schwarze, dicke, schulterlange Haare. Eine schöne, selbstbewusste Frau mit knallrot geschminkten Lippen. Sie untersuchte mich, schaute mir in den Rachen, hörte mich ab. Alles ohne Resultat. »Vielleicht eine allergische Reaktion«, vermutete sie. »Nichts Ernstes. Essen Sie Porridge, und trinken Sie lauwarmes Wasser. Dann geht's Ihnen bald besser.«

Sie sollte nicht recht behalten. Der Husten, das Blut, die Schwäche – alles blieb. Annie und Sue schauten besorgt bei mir vorbei. Sie rieten mir, den Tag im Bett zu bleiben. Abends wollten sie wiederkommen

Aber ich konnte nicht liegen bleiben. Nach etwa zwei

Stunden stand ich auf, zog mich an und ging los. Etwas trieb mich aus dem Hotel, zwang mich, ohne Ziel durch die Straßen zu laufen, zu schauen, zu riechen, zu spüren. Zum Glück war das offizielle Programm der Fashion Week beendet. Zwei Tage standen zur freien Verfügung.

Wie ferngesteuert lief ich durch eine schmale Parallelstraße zur Shoppingmeile Orchard Road, einer Straße, die noch langweiliger war als eine Plattenbausiedlung in Ostberlin. Was hatte ich hier verloren? Ich war wie von einem unsichtbaren Tsunami hierhin gespült worden, willenlos, nach Atem ringend, Blut hustend.

Und auf einmal wusste ich eines ganz genau: Wenn ich meinen Rückflug verpasse, gehe ich hier nicht mehr weg. Ich würde bleiben, so wie Nick in Saigon. Und nicht nur wie er. Bis heute weiß man nicht, wie viele der in Vietnam vermissten GIs freiwillig dort geblieben sind.

Ich bekam Angst. Ich hatte die Macht und die Magie Asiens gespürt. Dass beides einmal zu meinem Leben gehören würde, ahnte ich damals noch nicht.

Als zwei Tage später abends um 8 Uhr mein Rückflug anstand, war ich schon nachmittags um drei am Flughafen. Ich wollte auf Nummer sicher gehen, bloß nicht die Maschine verpassen. Mir ging es immer noch mies. Ich keuchte wie eine TB-Kranke und war so wackelig auf den Beinen wie eine Achtzigjährige, die gerade einen Infarkt überstanden hat. Als ich schließlich in der Maschine saß, fühlte ich mich ein bisschen besser. Zumindest psychisch. Körperlich war der Flug eine einzige Qual. Literweise schüttete ich Wasser gegen die Hustenkrämpfe in mich hinein.

Das Flugzeug hatte wieder einmal Verspätung. Noch bevor wir in Frankfurt landeten, war klar, dass ich meinen Anschlussflug nach Hamburg nicht mehr erreichen würde.

Vom Cockpit wurde deshalb an den Tower in Frankfurt durchgegeben, dass man eine Kranke an Bord habe, die zwar noch transportfähig sei, aber dringend auf die nächste Maschine nach Hamburg gebucht werden müsse. Man führte mich nach der Landung noch vor den Passagieren der ersten Klasse aus dem Flugzeug, und ich rief gleich vom Flughafen aus das Tropenkrankenhaus in Hamburg an.

In Hamburg fuhr ich mit einem Taxi vom Flughafen direkt in die Klinik. Wieder wurde ich untersucht, und wieder konnte man die Ursache für meine Krankheit nicht herausfinden.

»Am besten bleiben Sie für die nächsten zwei Wochen bei uns«, meinte der Arzt. Ich lehnte dankend ab.

Hier, in der kühlen Märzluft Norddeutschlands, rund zehntausend Kilometer von Singapur entfernt, meldete sich mein Instinkt wieder. Klar, ich war krank. Aber ich spürte, dass es nichts Schlimmes war, dass ich mich sogar selbst kurieren konnte. Was ich in Singapur erlebt hatte, hatte wahrscheinlich innerlich so in mir gebrodelt, dass es als Blut und Husten aus mir herausgebrochen war.

Ich ging noch drei Tage in die Redaktion, dann hatte ich zwei Wochen Urlaub. Eine Woche lag ich im Bett, hustend und vollkommen erledigt. Als Medizin hatte ich mir ein paar Tüten Schweizer Kräuterbonbons geholt.

Als es mir nach sieben Tagen immer noch nicht wesentlich besser ging, beschloss ich, eine andere Therapie anzuwenden. Ich rief meine Mutter in Essen an und bat sie, zu mir nach Hamburg zu kommen. Ich wolle mit ihr nach Paris fliegen.

Paris war damals meine Lieblingsstadt. Ich hatte dort beruflich jeden Monat mindestens einmal zu tun und kannte mich so gut aus, dass ich mich als Stadtführerin hätte bewerben können. In Paris fühlte ich mich einfach glücklich. Und jetzt wusste ich, dass ein Trip dorthin mich gesund machen würde.

Meine Mutter reiste am nächsten Tag an. Vierundzwanzig Stunden später saßen wir im Flugzeug. Als wir auf dem Flughafen Charles de Gaulle landeten, war mein Husten weg.

Sieben Jahre traute ich mich nicht mehr nach Asien.

Und jetzt saß ich in diesem klimatisierten Kleinbus in Mulu und schaukelte über die schlammbraune Straße. Babywannengroße Schlaglöcher waren randvoll mit Regenwasser gefüllt, kein einziges Haus säumte den Weg, niemand kam uns entgegen. Bis kurz vor der Einfahrt zum »Royal Mulu Resort«. Linker Hand lag eine Cafeteria, ein überdachter, offener Holzbau, in dem Tiger-Bier, Pepsi-Cola, Wasser und Tee ausgeschenkt wurden. Allerdings zu einem Bruchteil dessen, was es im gegenüberliegenden Resort gekostet hätte. Die Cafeteria markierte wie ein Grenzhäuschen das Ende der Schotterstraße, an die sich ein breiter, mit Holzplanken belegter Weg anschloss. Er endete auf einer Art Vorplatz mit Holzboden auf Stelzen, von dem Abzweigungen zu den einzelnen Gebäuden des Resorts führten. Das Besondere an dieser Oase des Luxus inmitten der Wildnis war, dass die Anlage komplett aus Holz errichtet war und nur ein Geschoss hatte. Bedingung für die Erteilung der Baugenehmigung war gewesen, dass sich die Gebäude harmonisch in die Landschaft einfügten. Das war zweifellos gelungen.

Nachdem ich eingecheckt hatte und mein Gepäck aufs Zimmer gebracht worden war, traf ich mich mit Murang in der Lobby. Sie hatte mehr den Charakter eines Aufenthalts-

und Entspannungsraums. Aufgeklappte Fensterläden und Flügeltüren gewährten unter dem Schutz eines herabgezogenen Daches allen von draußen kommenden Geräuschen und Gerüchen Einlass. Während man in bequemen Bambussesseln mit weichen, zartgrün und altrosa gemusterten Polstern im Trockenen saß, hörte man den prasselnden Trommelwirbel der Regentropfen, sah man das Wasser im sprichwörtlichen Sinne wie Bindfäden vom Himmel fallen, war man, auf das Angenehmste geschützt, dennoch hautnah mit der Natur verbunden.

Wir tranken Kaffee und redeten über Belanglosigkeiten. Eben so, wie man sich unangestrengt unterhält, wenn man müde ist, aber die Gegenwart des anderen genießt. Wir warteten auf Chef de Mulu. Und dann sah ich ihn. Er kam mit genau den gleichen energiegeladenen, schnellen Schritten auf uns zu wie im Februar, als ich ihn zum ersten Mal getroffen hatte, winkte von Weitem und lachte dieses Lachen, in dem so viel Freude am Leben, so viel Neugier auf alle Überraschungen, die diese Welt bereithält, steckte, dass ich ihn wieder nur fasziniert anstarren konnte. Ich freute mich wie ein Kind, dass er da war.

Chef setzte sich zu uns und sah plötzlich bedrückt aus. »Es gibt ein Problem«, sagte er. »Richard Hi hat mich angerufen. Er sagt, dass ich nicht mit euch gehen kann. Ich muss in der Zeit eine andere Gruppe führen. Richard hat beschlossen, dass ein anderer Führer mit euch kommt.«

Ich schaute Chef und Murang fassungslos an. »Aber das ist unmöglich«, protestierte ich. »Schließlich habe ich euch gebucht und auch alles bezahlt!«

»Wie, alles bezahlt?«, fragte Murang.

»Na, euer Honorar natürlich. Richard Hi hat mich in Miri am Flughafen abgefangen und kassiert.«

»Typisch«, sagte Murang. »Erst nimmt er das Geld, dann macht er, was er will.«

»Aber nicht mit mir«, regte ich mich auf. »Ihr sprecht jetzt mit ihm und sagt ihm, dass ich keine anderen Führer will. Ihr bleibt beide bei mir.«

Chef ging zum Telefon an der Rezeption. Das Gespräch zog sich etwa fünf Minuten hin, und es klang nicht freundlich. Als er zurückkam, schüttelte er den Kopf: »Nichts zu machen. Richard will mich abziehen.«

»Murang«, befahl ich. »Jetzt sprichst du mit Richard. So geht das nicht.«

Murang trottete zum Telefon. Aber ich merkte schnell, dass das Gespräch keine andere Wendung nahm. Jetzt war ich stinksauer. Schließlich plante ich nicht wochenlang akribisch eine Reise, damit mir dieser Typ dann einen Strich durch die Rechnung machte. Ich nahm Murang den Hörer aus der Hand.

»Richard«, sagte ich, »hier spricht Hanna. Ich habe eine klare Abmachung mit Ihnen: Murang und Chef de Mulu sind für die nächsten Wochen meine Führer. Ich habe dafür bezahlt, und dabei bleibt's. Sollten Sie sich nicht daran halten, werde ich einen Artikel über Sie schreiben und davor warnen, bei Tropical Adventure zu buchen. Haben Sie das kapiert?«

Richard Hi hatte kapiert und lenkte ein. Alles kein Problem. Alles bloß ein Missverständnis. Selbstverständlich würden Chef de Mulu und Murang meine Führer bleiben.

Die beiden grinsten. Für sie war es ein kleiner Triumph über ihren Chef, der seine Leute gerne wie Figuren auf einem Schachbrett hin- und herschob, je nachdem, wo sich der größte Profit auftat. Später erfuhr ich, warum: Richard

Hi war Foochow. Darunter fasste man Nachfahren von Einwanderern zusammen, die aus der Region der gleichnamigen Hafenstadt an der Südostküste Chinas stammten. Sie siedelten sich besonders stark in der ersten Hälfte des 19. Jahrhunderts in der Gegend von Kuching und Sibu als Kaufleute, Kautschukfarmer und Bootseigner an. Foochows werden bis heute auf Borneo bewundert und gefürchtet. Sie halten, ähnlich den Mitgliedern einer Loge, wie Pech und Schwefel zusammen, schieben sich gegenseitig Aufträge zu und spinnen als äußerst gerissene und nicht selten skrupellose Geschäftsleute untereinander ein feinmaschiges, festes Netz, in dem sich Möglichkeiten zum Geldverdienen unentrinnbar verfangen.

So loyal Foochows untereinander sind, so misstrauisch sind sie Fremden gegenüber. Selten freunden sie sich mit Menschen außerhalb ihres Kulturkreises an. Und wehe dem, der sich einen Foochow zum Feind macht: Er hat gleich Hunderte von Feinden. »Glücklich, wer einen Foochow zum Freund hat«, heißt es. »Aber wer einen Foochow zum Feind hat, sollte auswandern.«

Richard Hi hatte mit »Tropical Adventure« schon viel Geld verdient, und das musste er auch. Denn die Firma gehörte seiner Frau, einer Malaiin aus Miri. Hintergrund für dieses Konstrukt war ein malaysisches Gesetz, das es nur aus der jeweiligen Region stammenden Personen gestattete, eine Reiseagentur zu eröffnen. Richard Hi aber kam – anders als seine Frau – nicht aus Miri. Und so hatte diese ihm die Lizenz zum Geldverdienen beschert und konnte sie ihm, falls der geforderte Erfolg ausbleiben sollte, auch wieder entziehen.

Das wäre für Richard Hi doppelt schmerzhaft gewesen, sowohl in finanzieller als auch in persönlicher Hinsicht.

Denn er hatte ein Geliebte. Nicht irgendeine, sondern eine blutjunge, bildschöne Chinesin mit Ansprüchen. Mindestens zweimal jährlich bestand sie auf einem Shoppingtrip nach L. A. und New York. Dazu kamen diverse Ausflüge nach Kuala Lumpur, Singapur und Hongkong – alles Orte, an denen Richard Hi das Geld wie Wasser aus der Brieftasche floss. Was Richards Frau dazu sagte? Nichts – solange für sie auch noch ein sattes Sümmchen heraussprang.

Richard Hi war wirklich nicht zu beneiden, und schlechte Presse – in welchem Land auch immer –, die ihm womöglich potenzielle Kunden mit Dollarnoten vergraulen könnte, brauchte er so dringend wie einen Schneesturm in Sarawak.

Ich hatte gewonnen, auch wenn ich damals die Hintergründe meines Sieges nicht kannte. Chef klatschte unternehmungslustig in die Hände und sagte: »Okay, dann lasst uns das Programm machen.«

Zuerst wollte ich noch einmal zu den »Show Caves«, den für Besichtigungen hergerichteten Höhlen. Zwar hatte ich sie schon bei meinem ersten Besuch gesehen, aber nur in Begleitung des gelangweilten Führers. Außerdem erschien mir eine etwas leichtere Tour zu Beginn angebracht. Anschließend sollte es dann für mehrere Tage in den Dschungel gehen, inklusive Übernachtung.

Chef de Mulu und Murang holten mich am nächsten Morgen im Resort ab. Etwa zehn Minuten brauchte der Shuttlebus des Hotels, um uns zum Gungung Mulu Nationalpark zu bringen. Seinen Eingang muss man sich als ein quadratisches Areal vorstellen, dessen Zentrum eine rund hundert auf hundert Meter große gerodete Grünfläche bildet. Hier war ein kreisförmiger, asphaltierter Hubschrauberlandeplatz eingelassen, der mit einem großen, aus der Luft gut zu erkennenden H gekennzeichnet war.

Ich fragte meine beiden Führer, wann und weshalb denn hier in der Wildnis ein Hubschrauber landete. Schließlich waren es nur wenige Kilometer bis zum richtigen Flugplatz. Die Antwort war so erschreckend wie erstaunlich: Erstens kam es immer mal wieder zu Unfällen im Dschungel, beispielsweise wenn morsche Bäume umstürzten und Menschen unter sich begruben. Dann landete hier ein Rettungshubschrauber. Zweitens reisten prominente Besucher wie Botschafter oder Politiker gerne direkt aus der Luft an – was etwa so oft geschah, wie jemand von einem Baum erschlagen wurde.

Um die freie Fläche am Eingang zum Nationalpark waren in Hufeisenform mehrere Holzhäuser gruppiert. Links lag das Gebäude der Parkverwaltung, dahinter mehrere Hütten, die als Unterkünfte für die Angestellten und Rettungsranger dienten. An der Stirnseite befand sich in einem lang gestreckten Haus mit Terrasse die Kantine. Die rechte Längsseite schließlich säumten Chalets, in denen Parkbesucher Zimmer mit Dusche und WC mieten konnten.

Vom Ende dieses kleinen Stützpunkts der Zivilisation ging ein schmaler Pfad ab, der zur Deer Cave, einer der Hauptattraktionen der Region, führte. Man erreichte sie nach einer etwa anderthalbstündigen Dschungelwanderung, einer recht bequemen allerdings. Der Weg führte über breitere, ab und zu sogar mit ein paar Steinen gepflasterte Pfade. Dennoch war das Laufen manchmal beschwerlich, da man leicht auf einem Teppich aus feuchten, glitschigen Blättern oder hervorstehenden Wurzeln ausrutschen konnte. Auch wenn das Dschungeltrecking light war, bekam ich einen ersten intensiven Eindruck von der üppigen Kraft des tropischen Regenwalds.

Taucht man zum ersten Mal in diese überwältigende Manifestation der Natur ein, so sieht man nur Grün, Grün und nochmals Grün. Büsche, Bäume, Blätter und sogar der Himmel – alles verschwimmt zu einem grünen Bild, dessen Konturen wie bei einem Aquarell verwischen. Man ist plötzlich von einer anderen, schattigen, grünen Welt umschlossen, in der nur hier und da ein Sonnenstrahl wie ein Funke auf den Boden fällt.

Charakteristisch für den Regenwald sind Zweiflügelfruchtbäume, die zusammen mit zahlreichen anderen Baumarten wie Meranti, Maulbeergewächsen, Lianen und Palmen ein geschlossenes Blätterdach in etwa vierzig Metern Höhe bilden. Einzelne Bäume, sogenannte Überständer, können dieses Blätterdach noch um etliche Meter überragen. Neben den vielen Baumarten, auf Borneo sind es insgesamt rund viertausend, gibt es die Aufsitzerpflanzen. In Astgabeln oder auf Ästen, an Felsen und Baumstämmen setzen sich diese Gewächse, beispielsweise Orchideen, Geweihfarn oder Vogelnestfarn, fest, um möglichst weit nach oben zum Licht zu gelangen.

Wenn man sich nach einer Weile an die neue Umgebung gewöhnt und den Blick wie bei einem Mikroskop scharf gestellt hat, unterscheidet man unzählige Grüntöne, vom zarten Hellgrün bis zum dunklen Grünschwarz. Dann fächert sich die grüne Fläche in tausend Formen auf. Man sieht Blätter, lang und schmal wie Nagelfeilen oder groß und breit wie Platzteller, man sieht glatte und gezackte Ränder, gewaltige braune Stämme und zarte, zerbrechliche Ästchen. Allein im Gebiet des Gunung Mulu Parks wurden bisher über dreitausendfünfhundert Pflanzenarten gezählt, darunter mehr als tausendfünfhundert Blütenpflanzen, hundertsiebzig Orchideen- und zehn Kannenpflanzenarten.

Plötzlich blieb Chef de Mulu stehen und deutete auf einen Riesenbaum, aus dessen Stamm seitlich kleine Blätter wuchsen. »Die Blätter richten sich nach dem Licht«, erklärte er. »Für uns Dschungelführer sind sie deshalb wie ein Kompass. Von der Richtung ihres Wuchses können wir die Himmelsrichtung ablesen. Die Bäume weisen uns so den richtigen Weg.« Und er machte mich noch auf eine Besonderheit aufmerksam: »In Spielfilmen siehst du oft, wie sich Männer mit einer Machete durch den Regenwald kämpfen. Doch diese Filme wurden garantiert nicht im tropischen Regenwald gedreht. Hier bei uns gibt es kaum Unterwuchs, denn dafür fehlt das Licht. Es wird bereits in den Kronenregionen der Bäume abgefangen.« Chef deutete auf den Boden vor uns. »Siehst du, hier gibt es nur noch Dämmerlicht, da können bloß ein paar ganz spezielle Pflanzen wachsen.«

Er ging ein paar Schritte vom Weg ab und schnitt von einer Pflanze ein etwa zwanzig Zentimeter langes und fünfzehn Zentimeter breites, festes, fleischiges Blatt ab. »Das ist eine junge Pflanze, die nah am Boden wächst«, erklärte er. »Sie hat große Blätter, um möglichst viel Licht abzufangen. Je älter die Pflanze wird und je höher sie wächst, desto kleiner werden die Blätter, ganz besonders in den Baumwipfeln. Die Natur ist sehr intelligent: Der ständige Wind dort oben würde große Blätter rasch zerstören.«

Doch die Natur ist nicht nur intelligent, sondern auch erfinderisch, wie Chef de Mulu mir zeigte. Andere Pflanzen lösen das Problem der Lichtarmut dadurch, dass sie keine Photosynthese mehr betreiben, sondern als Schmarotzer an den Nährstoffen anderer Pflanzen teilhaben. Beeindruckendstes Exemplar dieser Art ist die Rafflesia, die größte Blume der Welt, die auch im Gunung Mulu Nationalpark wächst. Sie lebt an den Wurzeln einer bestimmten Lianenart. Zur Blütezeit bricht ihre Knospe auf und erreicht einen Durchmesser von bis zu einem Meter. Diese lachsfarbene Schönheit verströmt einen ekelhaften, an verwesendes Aas erinnernden Geruch und lockt damit Schmeißfliegen an, die für die Verbreitung des Samens sorgen.

Während mir Chef de Mulu im wahrsten Sinn des Wortes die Augen öffnete, stand Murang schweigend dabei und nickte. Es war klar, wer hier der Chef war, nicht nur dem Namen nach. Aber Murang schien mit dieser Hierarchie kein Problem zu haben.

Wir gingen weiter, der Weg wurde steiler. Irgendjemand hatte, offenbar ohne große Ahnung vom tropischen Regenwald, an diesem Abschnitt ein mittlerweile recht morsch wirkendes Holzgeländer anbringen lassen. Ich wollte gerade danach greifen, um mir auf dem rutschigen Weg mehr Halt zu verschaffen, als Chef rief: »Nicht anfassen!«

Ich zuckte zurück und blickte ihn erstaunt an. »Wieso nicht?«

»Da sind Feuerameisen drauf, die brennen furchtbar auf der Haut«, antwortete er und führte mich ganz nah an das Geländer. Da sah ich sie krabbeln. In genau dem gleichen dunklen Braunton wie das Holz, perfekt getarnt und unsichtbar für den ungeübten Blick.

»Feuerameisen lieben diese Holzart«, sagte Chef de Mulu und schüttelte verständnislos den Kopf wegen des gefährlichen Geländers.

Ich blickte mich um und dachte bei mir: ›Was hier wohl sonst noch alles unterwegs ist, von dem ich keine Ahnung habe?‹ Ich wusste damals nicht, wie verdammt recht ich hatte. Im Mulu Nationalpark zählte man bis jetzt 67 Säugetier-, 262 Vogel-, 74 Frosch-, 47 Fisch-, 281 Schmetterlings- und sagenhafte 458 Ameisenarten. Die meisten sind ihrem Lebensraum in Form und Farbe so perfekt angepasst, dass ein Dschungel-Laie glauben könnte, der Regenwald sei frei von Tieren. Es gibt Käfer, die wie kleine Stöcke aussehen, Raupen, die sich zu steinartigen Kugeln zusammenrollen und natürlich jede Menge Schlangen, die so auf den Ästen liegen oder in den Bäumen hängen, als seien sie ein Teil von ihnen.

Manchmal gleiten Tiere auch einfach nur vorbei, ohne dass man sie bemerkt. Zu ihnen gehören die Gleithörnchen, die Flughäute zwischen Armen und Beinen ausbreiten können und so größere Distanzen überwinden. Was den Säugern recht ist, ist anderen Arten billig. So haben beispielsweise der Borneofrosch und der Flugdrache (Draco) Spannhäute entwickelt, mit denen sie durch das Gewirr der Bäume segeln.

Ich sah von alldem nichts. Ich sah nur, was mir gezeigt wurde. Und ich begriff den Satz: »Man sieht nur, was man kennt.« Ja, vielleicht ist es manchmal sogar ganz gut, wenn man das Fremde nicht sieht, sonst würde man es wohl mit der Angst zu tun bekommen. Wenn ich mir vorstelle, ich hätte damals alle Skorpione, Schlangen, Termiten und Käfer gesehen, die um mich herum krabbelten und krochen, vielleicht hätte ich auf dem Absatz kehrtgemacht und wäre mit der nächsten Maschine an einen mir vertrauteren Ort geflohen.

Zum Glück sah ich nichts.

Die kleine Episode mit den Feuerameisen hatte eine große Wirkung auf mich: Ich sah in Chef de Mulu und Murang nicht nur zwei Männer, die mir vieles über den Dschungel erklären konnten, sondern ich fühlte mich auch von ihnen beschützt. Und ich verstand jetzt auch, warum niemand ohne Führer den Nationalpark betreten durfte, selbst wenn er nur die Show Caves aufsuchen wollte.

Wer mit einem Guide in den Dschungel geht, gibt sein Leben in fremde Hände. Die Rechnung Geld für Leistung geht nicht mehr auf; wer zahlt, ist hier nicht mehr der Chef. Der Guide ist es, der die Türen zum Land aufstößt, der einem die Augen für das öffnet, was man nicht sieht. Ein guter Guide ist Lehrer und Freund. Und ich durfte mit Chef de Mulu die schönste Form des Lernens erleben: voller Geduld, Fürsorge, Großzügigkeit und Zuneigung, aus der später Liebe wurde.

Doch heute war erst einmal die Deer Cave unser Ziel, eine der unzähligen Höhlen, die wie ein weitverzweigtes, verstecktes Kanalnetz die Region durchziehen und von denen bislang gerade mal hundertfünfzig Kilometer erforscht sind. Wissenschaftler gehen davon aus, dass das nur ein kleiner Teil dieses größten Höhlensystems der Welt ist.

Die Deer Cave betritt man durch eine Öffnung, groß wie ein Scheunentor, die ebenerdig in einen Felsen führt. Die Höhle ist übersichtliche zwei Kilometer lang und teilweise unglaubliche zweihundertzwanzig Meter hoch. Doch das sind nur nüchterne Zahlen, die lediglich die Dimension, aber nicht die Atmosphäre wiedergeben. Die schlägt einem gnadenlos wenige Meter hinter dem Eingang entgegen: Es ist ein beißender, stechender, widerlicher Ammoniakgestank, der einem die Tränen in die Augen treibt und das Atmen zur Qual werden lässt. Der Geruch kommt von den Exkrementen der rund drei Millionen Fledermäuse, die diese gigantischen Räume zu ihrem Palast und Heim erkoren haben und in allen Winkeln und Ritzen, an Wänden und Decken, in Nischen und Ecken hängen.

Und wieder sah ich nichts.

Die ersten rund zweihundert Meter der Höhle bestehen aus einem asphaltierten Weg, auf dem man bei jedem Schritt aufpassen muss. Denn der Kot der Fledermäuse verpestet nicht nur die Luft, er liegt auch wie ein feuchter graubrauner, rutschiger Film auf dem Weg. Später geht es auf Holzplanken mit Geländer weiter – diesmal allerdings ohne Feuerameisen.

Auch wenn der Geruch nicht verschwand, so gewöhnte ich mich doch nach etwa zwanzig Minuten an ihn und nahm ihn gleichmütig wie einen vorübergehenden Regenschauer hin. Das mag nicht zuletzt daran gelegen haben, dass es in der Deer Cave so viel zu sehen gab. Stalaktiten und Stalagmiten bildeten bizarre Skulpturen, und von dem Holzpfad aus blickte man manchmal wie in einem Treppenhaus auf die tiefer liegenden Stockwerke hinab. Dabei erinnerte die Höhle mit ihren dunklen Gesteinswänden und Deckengewölben an eine Kreuzung aus Kathedrale und Geisterbahn, gigantisch und gruselig zugleich. An einigen Stellen gaben Öffnungen den Blick nach draußen frei. Das Licht fiel in hellen Streifen ein, und das Grün der Bäume wirkte wie eine Gardine.

Berühmt ist eine höher gelegene Öffnung der Höhle, deren seitliche Felsformation exakt dem Profil von Abraham Lincoln entspricht. An einer anderen fällt ein kristallklarer Wasserfall wie aus dem Nichts in ein Felsbecken, das als natürliche Duschwanne fungiert. »Garden of Eden« wird diese Stelle genannt, und die Naturdusche wurde »Adam's Shower« getauft. Wer einen Badeanzug dabeihat, kann sich hier erfrischen.

Auf dem Rückweg verließ Chef kurz den ausgebauten Holzplankenpfad und stieg tiefer in die Höhle hinab. Als er zurückkam, umschloss seine Hand ein kleines Wesen: Eine Fledermaus, nicht größer als eine Zigarettenschachtel, schaute mich aus schwarzen Knopfaugen an. Mit einem geschickten Griff hielt Chef das Tier plötzlich an den Flügeln fest. Jetzt sah ich auch den zarten Körper mit den beiden Beinchen. Es war ein niedliches Tierchen, dessen Herz jetzt sicher vor Angst raste. Chef de Mulu lächelte die Fledermaus zärtlich an, barg sie wieder in seiner Hand, schwang sich über das Geländer und setzte sie weiter unten ab, wo sie farblich mit dem Gestein verschmolz.

Als wir die Deer Cave verließen, sog ich die klare Luft mit tiefen Atemzügen ein. Was für ein Genuss! Es war jetzt kurz nach eins, und das größte Spektakel lag noch vor uns. Mit beginnendem Sonnenuntergang, etwa gegen 15, 16 Uhr, würden die Fledermäuse die Höhle verlassen, um auf Nahrungssuche in den Dschungel zu fliegen. Erst im Morgengrauen würden sie wieder zurückkehren. Eine Voraussetzung musste allerdings erfüllt sein: Es durfte nicht regnen, denn sonst wurden die Flügel der Tiere nass, und sie konnten nicht mehr fliegen. Regen setzte die Fledermäuse sozusagen auf Diät.

Wir hatten einen trockenen Tag erwischt und mussten jetzt nur noch ein wenig warten. Chef und Murang hatte ein paar Sandwiches mitgebracht. Wir machten es uns auf einer Bank vor dem Eingang zur Höhle bequem und aßen zu Mittag. Murang setzte sich nach einer Weile für einen kleinen Rundgang von uns ab. Jetzt waren Chef und ich allein auf der Bank. Es herrschte eine friedliche Stimmung, ein ruhiges, geduldiges Warten, bei dem man Abstand zum Sofort gewann. Die Natur lässt sich nicht drängen. Und ich spürte plötzlich, dass bestimmte Dinge ihre Zeit brauchen. Wahres Verstehen entsteht nur in Verbindung mit dem Gefühl. Während ich hier auf der Bank saß, begriff ich, dass Bewegung erst dann entsteht, wenn die Zeit gekommen ist. Davor ist Ruhe.

Und ich wusste plötzlich: Nicht das Füllen der Zeit ist das Wichtigste. Man muss der Zeit Zeit lassen. Man muss auf den richtigen Moment warten.

Chef de Mulu saß schweigend neben mir, als mir diese Gedanken durch den Kopf schossen. Obwohl wir uns erst so kurz kannten, konnten wir etwas, was meist nur Menschen, die sich sehr nahestehen, gelingt: Wir konnten zusammen schweigen. Ohne dass es peinlich wurde, ohne dass man sich zum Sprechen genötigt fühlte.

Was wusste ich eigentlich von diesem Mann? So gut wie nichts. Nur, dass er zum Stamm der Penan gehörte. Das hatte mir Murang erzählt.

»Penan«, das ist ein Zauberwort, ein Synonym für die größten Geheimnisse des Dschungels. Denn die Penan sind die letzten Dschungelnomaden der Welt. Und es heißt, sie seien die besten Kenner des tropischen Regenwalds. Wer sich nur ein bisschen für Borneo interessiert, hat von diesen scheuen und faszinierenden Menschen mit Sicherheit gehört. Und wer den tropischen Regenwald liebt, wünscht sich nichts mehr, als einmal einen Penan zu treffen, ihm näherzukommen, von ihm zu lernen.

Und jetzt saß ein Penan neben mir und würde für die nächsten Wochen mein Begleiter sein. Ich blickte Chef de Mulu an. Sah seine großen, schwarzbraunen Augen, sein hageres Gesicht mit den scharfen Konturen. Wie alt mochte er wohl sein? Ich schätzte ihn auf irgendwas zwischen Mitte dreißig und siebzig. Er hatte den Schwung eines jüngeren

Mannes und die weise Ernsthaftigkeit eines Greises. Auf seltsame Weise fühlte ich mich zu diesem Fremden hingezogen, er war mir vertraut und doch ein Rätsel, wie Asien überhaupt.

»Wie bist du eigentlich Dschungelführer geworden?«, fragte ich ihn. Ich wollte mehr über Chef de Mulu wissen.

»Ich bin im Dschungel aufgewachsen«, erzählte er. »Früher habe ich für britische und malaysische Geologen als Träger gearbeitet, dann die Boote für die Touren mit den Touristen gebracht. Von ihnen habe ich lesen, schreiben und Englisch gelernt. Ich sagte mir damals: ›Wenn ich irgendwann vor dem Schild zur Deer Cave stehe und es lesen kann, dann werde ich Führer und gebe mein Wissen über den Dschungel an andere weiter.‹«

Er hatte noch zehn Geschwister, unterstützte seine Familie, vermisste seine Schwester Bunga und seinen Bruder Manang sehr und hatte seine Eltern seit fünf Jahren nicht mehr gesehen. Wenn ich damals schon mehr Malaysisch gekonnt hätte, wäre ich hellhörig geworden. Denn »Bunga« heißt Blume, und »Manang« ist in der Sprache der Iban, des Stammes der einst gefürchteten Kopfjäger, das Wort für Schamane.

»Ich hatte ein hartes Leben«, schloss Chef seinen Bericht. »Aber mein Innerstes ist wie Wasser. Man kann es nicht mit einem Messer durchtrennen, es fließt immer wieder zusammen. Ich habe immer wieder mein eigenes Leben gefunden, im Dschungel.« Und nach einer kurzen Pause ergänzte er: »Man kann über sich selbst lügen, aber nicht über die Natur.«

Merkwürdig: Dieser Satz machte mich damals nicht stutzig. Ich war noch zu sehr mit der Tatsache beschäftigt, dass ich mit einem Penan unterwegs war. Penan gelten als besonders scheu und sanftmütig. Es ist der einzige Stamm auf Borneo, der sich nie an der Kopfjagd beteiligt hat. Dank ihrer nomadischen Lebensweise blieben die Penan länger als andere Stämme von der Zivilisation unbeeinflusst, was von der malaysischen Regierung nicht gerne gesehen wird. Sie versucht, die Penan sesshaft zu machen – mit mäßigem Erfolg. Von den neuntausend heute noch in Sarawak lebenden Penan sind schätzungsweise ein Viertel sesshaft, die Hälfte halb sesshaft und ein Viertel nomadisch.

Die nomadischen Penan ziehen in einem losen Verbund von bis zu zehn Familien durch den Dschungel. Keiner kann dem anderen etwas vorschreiben, jeder ist für sich selbst verantwortlich. Es gibt auch keinen Häuptling, alle sind gleichberechtigt. Tritt ein Problem auf oder steht eine Entscheidung an, wird darüber gesprochen. In dieser Gemeinschaft ist es unvorstellbar, einander ins Wort zu fallen, sich anzuschreien oder gar gegen jemanden die Hand zu erheben. In letzter Konsequenz steht es jedem frei zu tun, was er will. Die Penan, von vielen in Malaysia als ungebildete Wilde verachtet, üben somit eine Lebensform auf der höchsten Stufe von Demokratie und Kultur aus, die man in den sogenannten zivilisierten Ländern vergeblich suchen dürfte.

Penan-Siedlungen werden meist auf Hügeln errichtet, da dort die Gefahr, von einem morschen Baum erschlagen zu werden, gering ist. Es gibt dort auch weniger Moskitos und Sandfliegen. Eine Familie hat schnell ein neues, nach drei Seiten offenes Heim errichtet: Es wird quasi provisorisch aus Pfählen, Querhölzern, Rattan und Lianen gebaut. Der Abstand zum Nachbarn beträgt höchstens einen Steinwurf, dennoch bleibt die persönliche Sphäre jeder Person respektiert und gewahrt. Nie geht man beispielsweise direkt aufeinander zu oder dicht aneinander vorbei.

Nach maximal sechs Wochen ist so eine Siedlung nicht mehr bewohnbar. Das anfangs grüne Blätterdach ist vergilbt, die Hüttenstangen sind schmutzig, die Abfälle ziehen lästige Insekten an, die Wasserstellen sind dreckig, die sagohaltigen Palmen in der Nähe sind gefällt, und das Wild ist entweder getötet oder geflohen. Dann packt die Penan-Gruppe ihre Sachen und zieht weiter, auf einen neuen Hügel, mit neuer, sauberer Siedlung. Erst nach zwei oder drei Jahren, wenn die Sagopalmen nachgewachsen sind, kehren die Familien zu der ersten Stelle zurück.

Die Jagdbeute wird grundsätzlich geteilt, schon die Kleinsten lernen das. So werden Kranke, Alte und Kinder unterstützt, und die Gemeinschaft bleibt erhalten. Teilen ist eine solche Selbstverständlichkeit, dass es in der Penan-Sprache kein Wort für »danke« gibt. Bringt ein Jäger dagegen ein Tier, etwa eine Fledermaus oder einen Affen, zum Spielen für die Kinder mit, so wird es niemals verzehrt werden. Für einen Penan ist es unvorstellbar, ein Tier, das er einmal gefüttert hat, zu töten oder sich von ihm zu ernähren, nicht einmal von seiner Milch.

Hauptnahrungsmittel der Penan sind zwei wilde Palmarten (Uwut und Jakáh), die in ihrem Inneren Sago bilden. Sie werden mühsam gefällt und aufgespalten. Das herausgeschlagene Mark wird in Stücken über dem Feuer getrocknet. Die Masse zerfällt und wird dann als reines Stärkemehl in geflochtenen Rattantaschen gelagert. Aus der Stärke wird mit Wasser ein zäher Brei gekocht, den man aus der Pfanne isst. Sago kann aber auch gebacken oder gebraten werden. Jede Familie, die eine Sagopalme geschlagen hat, gibt einen Brocken Sago an die Nachbarn ab.

Die Penan sind mit dem Dschungel so intensiv verbunden, dass sie selbst aus kilometerweiter Entfernung bemerken, wenn sich ihnen jemand nähert. So kann es unerwünschten Besuchern passieren, dass sie bei ihrer Ankunft statt einer Penan-Sippe nur eine verlassenen Siedlung vorfinden. Generell gilt, dass man sich am besten einem sesshaften oder halb sesshaften Penan als Führer anvertraut, um zu den Penan vorzustoßen. Doch ein solcher Treck kann Wochen dauern, je nachdem, wo die nächste Sippe sich gerade niedergelassen hat. Das wiederum kann nur ein Penan erkennen. Denn bei ihrer Wanderung durch den Dschungel hinterlassen die Nomaden kleine Zeichen, beispielsweise in Form von Blättern, die um einen kleinen Zweig gewickelt wurden. Sie weisen den Weg und hinterlassen sogar Nachrichten über die Größe der Sippe oder über besondere Aktivitäten wie das Fällen einer Sagopalme.

Nur einem einzigen Menschen aus einem anderen Kulturkreis ist es bislang gelungen, in engen Kontakt zu den Penan zu treten. Es ist der Schweizer Bruno Manser. Sechs Jahre lang lebte er mit den scheuen Dschungelnomaden – mehr noch, er wurde einer von ihnen. Er wurde zum Laki Penan, zum Penan-Mann. Wie sie lief er barfuß durch den Dschungel; wie sie ernährte er sich vom kleisterartigen Sagobrei; wie sie jagte er Wildschweine und Pythons, Mausreh und Marder mit Hunden und Speeren oder mit aus Blasrohren abgeschossenen Giftpfeilen. Etwa ein Dutzend Drogen kennen die Penan, um ein schwaches Gift absolut tödlich zu machen. Manchmal genügt eine Menge von der Größe eines Staubkorns und eine Wunde, winzig wie ein Nadelstich, und die Beute verendet nach fünf Minuten.

Bruno Manser wurde 1954 in Basel geboren und arbeitete nach dem Abitur bis 1984 als Senn und Schafhirte im Kanton Graubünden. Dann reiste er nach Borneo, traf in Sarawak auf die Penan und blieb. Das hört sich einfacher an, als es ist, denn in Malaysia herrschen strenge Aufenthalts- und Einwanderungsgesetze. Letztere sollten auch mir später das Leben schwer machen. Touristen durften sich damals in Sarawak nur vier Wochen aufhalten. Nach freundlichem Vorsprechen beim Immigration Office in Kuching oder Miri konnte der Aufenthalt um weitere zwei Wochen verlängert werden. Dann musste man das Land verlassen. Hielt man sich nicht an die Vorschriften, wurde man polizeilich gesucht und abgeschoben.

Bruno Manser aber blieb ohne Aufenthaltsgenehmigung bis 1990, ganze sechs Jahre. Das ist nicht nur für malaysische Verhältnisse eine verdammt lange Zeit. Möglich war das nur, weil er – wie ein Kriegsreporter »embedded« in Armee-Einheiten – mit Penan-Sippen im tiefsten Urwald lebte. Wenn sich Suchtrupps näherten, wurde das schon von Weitem bemerkt. Bruno Manser stand unter dem Schutz der Penan, war nicht zu finden und deshalb nicht zu fangen. Er entwickelte sich für die malaysische Regierung zu einer Plage wie hundert Feuerameisen an einer Hand. Manser brachte die sonst so friedlichen Penan dazu, sich gegen die Abholzung des Regenwalds, gegen die Zerstörung ihres Lebensraums zu wehren. Sie errichteten Blockaden gegen die Bulldozer. Es kam zu blutigen Auseinandersetzungen, es gab Tote, Verletzte und Verhaftungen. Bruno Manser wurde schließlich von der Regierung zum Volksfeind Nr. 1 erklärt.

Im Jahr 1990 wurde die Situation für Manser so gefährlich, dass er das Land verließ, wieder mit Hilfe der Penan, die ihn über die »grüne Grenze« ins indonesische Kalimantan schmuggelten. Von dort aus kehrte er in die Schweiz zurück. 1991 erschien sein Buch *Stimmen aus dem Regenwald. Zeugnisse eines bedrohten Volkes.* Es ist eine Liebeserklärung an seine Dschungelfreunde und eine Kampfansage an Industrie und Regierung, die an der Zerstörung des Regenwalds beteiligt sind. Niemand hat bislang auf eine derart kenntnisreiche Weise das Leben der Penan geschildert. Zeichnungen Mansers aus seiner Zeit im Dschungel ergänzen den Bericht. Aber Manser beschreibt auch minutiös den Kampf des Stammes um die Erhaltung des Regenwalds. Ein Jahr nach Erscheinen des Buches gründete er den Bruno Manser Fonds (BMF), der sich zu einem weltweit angesehenen Regenwald-Informationszentrum entwickelte und Naturvölkern eine Lobby bietet.

Zurück in Europa, fand Manser keine Ruhe. Nicht nur das Schicksal der Penan ließ ihn nicht mehr los, auch der Dschungel hatte ihn weiter fest im Griff. Zu ihm zog es Manser wie den Süchtigen zur Nadel. Wochenlang reiste er in amerikanische und afrikanische Urwälder, mehrfach schlug er sich auch wieder nach Sarawak durch, um seine Penan-Freunde wiederzusehen.

Oft bemühte er sich später, in Kontakt mit der malaysischen Regierung zu kommen. Er scheute sogar vor einem Gang nach Canossa nicht zurück und bat Taib Mahmud, den damaligen muslimischen Chief Minister von Sarawak, um Vergebung dafür, dass er die Einwanderungsgesetze missachtet hatte. Ohne Erfolg.

Im März 1999 schließlich gelang es Manser erneut, unerkannt in Sarawak einzureisen. Diesmal mit einem ebenso riskanten wie verrückten Plan im Gepäck, mit dem er endlich die Aufmerksamkeit des Chief Ministers gewinnen wollte. Am 29. März drehte er anlässlich der Feierlichkeiten zu Ehren der Rückkehr der Mekka-Pilger, des Hari Raya Haji, mit einem motorisierten Gleitschirm einige Runden über Taibs Residenz in Kuching, landete mit Absicht direkt daneben und ließ sich verhaften. Die Aktion hatte in etwa den gleichen Effekt, als wenn Ökoaktivisten bei einer Erstkommunionfeier Farbbeutel werfen würden, um auf die Gefahren genmanipulierter Tomaten aufmerksam zu machen. Hari Raya Haji ist für Muslime ein Fest voller Würde und Religiosität. Jeder Muslim sollte einmal in seinem Leben zum Hadsch, zur Pilgerreise nach Mekka, aufgebrochen sein. Und für viele ist dies, wenn überhaupt, auch nur einmal im Leben möglich, denn auf diese Reise muss oft über Jahre hinweg gespart werden. Und so ist Hari Raya Haji für die meisten Mekka-Heimkehrer ein einzigartiger, nicht wiederholbarer Tag im Leben. Einen solchen Festtag zu stören und mit einem ganz anderen Anliegen zu besetzen, musste als Beleidigung und Pietätlosigkeit aufgefasst werden. Sollte bis dahin auch nur ein Funke von Gesprächsbereitschaft auf malaysischer Seite vorhanden gewesen sein, so war er nach dieser zwar medienwirksamen, aber völlig undiplomatischen Vorstellung garantiert erloschen. Bruno Manser wurde schnellstens nach Kuala Lumpur geschafft und ausgewiesen.

Nur knapp ein Jahr später, am 15. Februar 2000, machte der Schweizer sich wieder auf den Weg nach Sarawak. Er hatte erfahren, dass seine Penan-Freunde von Holzfällern, Polizei und Armee eingekesselt worden seien. Zu Fuß reiste er quer durch Kalimantan, zunächst begleitet von einem schwedischen Kamerateam. Dann stieß sein Freund, der BMF-Sekretär John Künzli, zu ihm, und sie marschierten allein weiter. Bevor die beiden sich nahe der Grenze trennten, schrieb Manser – so wie er es immer getan hatte – Postkarten an seine Freunde. Vierhundert sollen es gewesen sein.

Für den letzten Abschnitt bis zur Grenze vertraute sich

Manser einem ortskundigen Schweizer an. Zwei anstrengende Wochen brauchten die beiden Männer, bis sie nur noch einen Tagesmarsch von der Grenze entfernt waren. Ihr Weg hatte sie durch Primärwald und über gefährliche Steilhänge geführt. Am 18. Mai kehrte der Schweizer um. Manser gab ihm einen Brief an seine Lebensgefährtin mit. Er berichtete darin von Durchfall und einer gebrochenen Rippe.

Danach gab sich Manser in die Hände eines einheimischen Führers, mit dem er am 22. Mai die »grüne Grenze« nach Sarawak überschritt. Ein letzter Brief vom 23. Mai 2000 an seine Freundin wurde vermutlich in dem Grenzstädtchen Bario aufgegeben. Darin schrieb Manser, dass er müde sei und in einem Gebüsch versteckt auf die Dunkelheit warte, um unbemerkt weiter den Holzfällerstraßen folgen zu können. Möglicherweise hatte Manser jemanden beauftragt, den Brief in Bareo aufzugeben. Er traf seltsamerweise mit Briefmarken, aber ohne Stempel in der Schweiz ein. Danach verliert sich Mansers Spur.

Das BMF-Büro in Basel ließ nichts unversucht, Manser zu finden. Ohne Erfolg. Lediglich zwei Männer gaben an, dass sie ihn eine Weile auf Dschungelpfaden in Sarawak geführt hatten.

Im Mai 2005 wurde Bruno Manser offiziell für tot erklärt. Doch es bleiben die Spekulationen: Ist er vielleicht noch am Leben und wird von nomadisierenden Penan gedeckt und versteckt? Hat er sich zum eigenen Schutz und ganz gegen seine Gewohnheit dazu entschlossen, seiner Familie kein Lebenszeichen mehr zukommen zu lassen? Oder wurde er gefasst und sitzt in einem malaysischen Gefängnis?

Vielleicht ist er aber wirklich tot. Das zerklüftete Gebiet, das er durchqueren wollte, um zum Quellgebiet des Limbang River vorzudringen, ist voller Gefahren. Manser könnte abgestürzt sein, sich im Dschungel verirrt haben, an einem Schlangenbiss oder an Malaria gestorben sein. Oder er wurde umgebracht, von wütenden Holzfällern und ihren Auftraggebern oder einfach nur von jemandem, der das auf Manser ausgesetzte Kopfgeld kassieren wollte.

Mir persönlich ist die Variante, dass Manser von den Penan versteckt wird, die liebste – und auch nicht die unwahrscheinlichste. Wer so tief in die Geheimnisse des Dschungels eingedrungen ist wie er, wer so lange und so intensiv in dieser anderen Welt gelebt hat, der kommt nicht mehr von ihr los. Der ist bereit, alles, absolut alles dafür aufzugeben. Da ist die Sehnsucht nach dem Regenwald größer als die Liebe zur Familie, als die Verbundenheit zu Freunden. Nur das eigene Kind kann den Wettkampf gegen den Dschungel gewinnen. Dessen bin ich mir bei dem, was ich heute weiß, ganz sicher.

Doch das alles war, als ich mit Chef de Mulu auf der Bank vor der Fledermaus-Höhle saß, kein Thema. Bruno Manser lebte noch, er saß in der Schweiz und führte von dort seinen Kampf gegen die Zerstörung der Natur und für den Lebensraum der Penan weiter.

»Kennst du eigentlich Bruno Manser?«, fragte ich jetzt Chef.

»Ja, natürlich«, antwortete er spontan. »Ich habe ihn ein- oder zweimal getroffen. Ein netter Kerl. Wirklich außergewöhnlich. Für einen Europäer ist es schwer, im Dschungel zu leben. Damit muss man aufgewachsen sein, sonst hält man das nicht durch. Aber Bruno hat es geschafft. Das war nur möglich, weil er den Dschungel und die Penan so sehr liebt. Aber er macht einen Fehler: Er will das, was er sich in den Kopf gesetzt hat, unbedingt durchboxen. Doch das kann nicht klappen. Er hat keine Unterstützung. Nicht von seinem eigenen Land und nicht einmal von Greenpeace. Er hätte mit einem Geschenk nach Sarawak kommen müssen, beispielsweise mit der Einrichtung für eine Tierklinik. Dann hätte er versuchen müssen, mit der Regierung in Kontakt zu treten, um ihr seine Vorschläge zu unterbreiten. Doch er hat nur den Gastgeber in seinem eigenen Haus kritisiert. Das mag man in Asien nicht.«

»Und worüber hast du dich mit ihm unterhalten?«, wollte ich wissen, ganz Journalistin, die beim Treffen mit so einem Mann eine tolle Geschichte gewittert hätte.

»Über dies und das. Nichts Besonderes. Wir haben einfach nur ein bisschen miteinander geredet. Das war's.«

Ja, das war's. Für die Menschen hier im Dschungel war Manser zwar ein Ausländer, aber kein Fremder. Er war akzeptiert, integriert. Er konnte jagen, Spuren lesen, sich sogar alleine im Dschungel zurechtfinden. Das war das Leben, das er für sich gewählt und geschaffen hatte. Warum also über das Leben reden, das er nicht mehr wünschte, das er hinter sich gelassen, das er aufgegeben hatte? Es spielte keine Rolle mehr. Für Manser nicht und für die Menschen hier erst recht nicht.

»Achtung«, sagte Chef de Mulu plötzlich. »Die Fledermäuse kommen raus!«

Und tatsächlich: Aus drei verschiedenen Öffnungen der Höhle strömten jetzt die Tiere, die man aus der Entfernung nur als schwarze Punkte wahrnehmen konnte. Gleich nach dem Verlassen der Höhle gruppierten sie sich zu geordneten Formationen, in denen sie spiralförmig zum Himmel aufstiegen, um dann in lang gezogenen Wellenlinien in der Ferne zu verschwinden. Es war, als hätte eine unsichtbare

Hand aus tausenden Punkten grafische Zeichnungen geschaffen.

Ich konnte nicht glauben, was ich da sah: Eigentlich hatte ich fest damit gerechnet, dass die drei Millionen Tiere explosionsartig in gewaltigen Schwärmen aus der Höhle schießen würden. Stattdessen führten sie wie ein gigantisches Corps de Ballet eine Choreografie in den Lüften vor. Während ich fasziniert und sprachlos dieses Schauspiel verfolgte, fragte ich mich, welches System, welche Regeln dem Abflug der Fledermäuse wohl zugrunde lagen. Woher wussten die Tiere, in welcher Reihenfolge sie die Höhle zu verlassen hatten? Und wie waren diese kunstvoll und wunderbar ästhetisch wirkenden Flugformationen entstanden, die täglich aufs Neue von drei Millionen Tieren in berückender Perfektion ausgeführt wurden?

Der große Psychologe Carl Gustav Jung, den ich wie keinen anderen Denker verehre, hat einmal sinngemäß gesagt: Wer glaubt, dass der Mensch sich selbst erschaffen habe, muss sehr naiv sein. Wäre Jung hier in Mulu gewesen, hätte er vielleicht ergänzt: Und wer glaubt, dass drei Millionen Fledermäuse aus eigenem Antrieb den geordneten Abflug aus einer Höhle organisieren können, muss ein Narr sein. Wer einmal dieses Schauspiel der Natur gesehen hat, wird einen Hauch des Göttlichen gespürt haben.

Nach rund einer Stunde hatten alle Tiere die Höhle verlassen, nur noch ein paar Nachzügler flatterten hinterher. Für uns wurde es Zeit, den Rückweg anzutreten. Die Dämmerung hatte eingesetzt, und schon bald würde die Sonne in der ihr hier eigenen eiligen Art untergehen, ohne den Himmel lange orange und purpurn zu färben.

Ich setzte mich an die Spitze unserer kleinen Gruppe und marschierte los, zügig und schnell, denn ich wollte nicht zu lange in der Dunkelheit unterwegs sein, nicht unsicheren Schritts über Wurzeln stolpern. Außerdem hatte ich das Bedürfnis, meine neu erworbene Fitness zu testen. Würde ich einen mehr als einstündigen Marsch ohne Pause schaffen?

Ich schaffte es. Aber den ganzen Weg über sprach ich kein Wort mit Chef und Murang. Meinen Atem brauchte ich für das anstrengende Laufen in der feuchtwarmen Luft. Die beiden Männer folgten mir absolut mühelos und unterhielten sich dabei leise. Was für mich ein Gewaltmarsch war, fiel ihnen leicht wie ein kurzer Sonntagsspaziergang.

Als wir am Eingang des Nationalparks ankamen, dirigierte mich Chef auf die Terrasse der Kantine. Ganz außer Atem setzte ich mich auf eine Bank an einen Holztisch. Murang nahm neben mir Platz, während Chef im Haus verschwand. Ich trank ein paar gierige Schlucke aus meiner Wasserflasche, der schnelle Treck hatte mich ziemlich ausgelaugt. Nach einigen Minuten kam Chef zurück. Er stellte einen Teller mit frischen Ananasscheiben, die in dunkelbrauner Sojasauce schwammen, und ein großes Glas kühles Wasser vor mich hin. Dann streute er etwas Salz über die Frucht.

»Iss das und trink«, befahl er mir in freundlichem Ton. »Du bist zu schnell gelaufen und hast durch das Schwitzen zu viel Flüssigkeit verloren.«

Ich lächelte dankbar und hatte kapiert: Die Sojasauce und das Salz sollten das Wasser in meinem Körper binden, die Ananas mich erfrischen und mir Flüssigkeit zuführen. Chef de Mulu hatte bemerkt, dass ich zu dehydrieren drohte, was eine der größten Gefahren im tropischen Regenwald ist.

Er setzte sich mir gegenüber. Ich nahm mit den Fingern

eine Ananasscheibe, tauchte sie noch einmal in die Sojasauce und biss hinein. Wahrscheinlich wird mir in meinem ganzen Leben nie wieder Ananas so köstlich vorkommen wie dieser erste Biss. Das süße Aroma der Frucht harmonierte derart perfekt mit der salzig-bitteren Sojasauce, dass ich mir diese für unseren europäischen Gaumen fremdartige Kombination durchaus als ein Dessert der Spitzengastronomie vorstellen konnte.

Doch war da noch etwas ganz anderes, das mich auf seltsame Weise berührte: Es war die Selbstverständlich, ja fast Beiläufigkeit, mit der mir Chef de Mulu den Teller hingestellt hatte. Ich war es schon lange nicht mehr gewöhnt, umsorgt zu werden. Seit mehreren Jahren lebte ich allein, auch wenn ich nicht immer alleine war. Eines hatte ich in jenen Jahren gelernt: Wenn ich mich nicht um mich kümmerte, würde es niemand tun. Eigentlich ein trauriger Zustand, mit dem ich mich abgefunden und in gewisser Weise auch angefreundet hatte. Glaubte ich zumindest.

Und so saß ich nun fast ein wenig verlegen auf der Holzbank wie jemand, der ein viel zu wertvolles Geschenk überreicht bekommen hatte. Brav aß ich meine Ananas, trank mein Wasser und fühlte mich ein wenig wie ein kleines Kind. Es war ein schönes Gefühl. Es war das Gefühl, wahrgenommen zu werden.

Als Murang mich ins Hotel zurückfuhr, war es fast schon 22 Uhr. Ich fiel todmüde ins Bett.

Am nächsten Morgen, als ich aus meinem Zimmer in dem auf Stelzen gebauten Holzchalet trat, brannte die Sonne schon mit voller Kraft vom Himmel. Heute sollte es zur Clearwater-Höhle gehen, mit einundfünfzig Kilometern die längste Höhlenpassage der Welt. Um zu ihr zu gelangen, mussten wir etwa eine halbe Stunde den Melinau River flussaufwärts fahren. Unser Langboot lag bei einer Penan-Siedlung direkt am Ufer. Es war noch nicht so lange her, dass die Regierung hier ein Langhaus errichtet hatte, in dem etwa zweihundert Penan untergebracht wurden. Sie sollten ihrem nomadischen Leben entwöhnt und sesshaft werden. Es gab eine Schule, eine Krankenstation und ein festes Dach über dem Kopf. Alles, was den Penan so gar nicht gefiel. Für sie, die das schattige Blätterdach der Baumriesen lieben, ist schon das helle Sonnenlicht eine Qual.

Und so dürfte es nur für die Planer dieser zivilisierten Wohnanlage überraschend gewesen sein, dass die Familien weiter ihrer traditionellen Lebensweise nachgingen. Nach drei Monaten saß der Lehrer der kleinen Schule in einer Klasse ohne Schüler. Die Kinder waren mit ihren Müttern im Dschungel unterwegs, sammelten Früchte und Kräuter, Beeren und Blätter, die Männer fuhren in Langbooten mit ihren Hunden zur Jagd. Und nach zwei Jahren lag das neue Heim in Schutt und Asche. Offiziell hieß es, dass beim Kochen über dem offenen Feuer ein Brand ausgebrochen sei. Was übrig blieb, war eine verkohlte Holzruine, die wie ein Mahnmal im Dschungel stand.

Die Penan errichteten direkt am Ufer des Melinau River Pfahlbauten, deren Konstruktion den provisorischen Hütten aus ihrem Nomadenleben ähnelte. Jeden Morgen eröffneten sie hier einen Freiluft-Basar für die Touristen, die zur Clearwater-Höhle aufbrachen. Auf Decken ausgebreitet lagen handgeflochtene Rattankörbe und mit Pflanzen gefärbte Armreifen aus Baumrinden. Daneben standen einige ältere Penan-Frauen mit beschämt gesenkten Köpfen, die dürren Körper unter abgetragenen T-Shirts und schäbigen, verwaschenen Sarongs versteckt. Kein Kauf wurde mit einem Lächeln belohnt, das Geld mit einer resignierten Geste weggesteckt.

Diese Penan-Siedlung war kein Ast, auf dem sich Zugvögel erholen und dann weiterziehen, um irgendwo anders zu leben. Das hier war Endstation.

Chef de Mulu hatte sich zu einer der Frauen gesellt, sprach leise und sanft mit ihr. Es war, als sei er durch eine unsichtbare Wand hindurchgeschritten, die diese Menschen von der Welt um sie herum abschirmte. Die Frau antwortete ihm, lächelte leicht. Es war jenes Lächeln, das man nur vertrauten Gleichgesinnten schenkt, die wissen, was man denkt und fühlt, ohne dass man darüber sprechen muss.

Ich fühlte mich beklommen, wie jemand, der sich in einem fremden Haus in der Tür geirrt hat und versehentlich in ein Schlafzimmer geraten ist. Beim flüchtigen, erschrockenen Blick auf das zu Private kommt man sich wie ein Eindringling vor, wie ein unfreiwilliger Voyeur. Die Penan, das war so klar wie das Wasser des Melinau River, waren hier am falschen Ort. Und nicht nur ich, sondern jeder Tourist war hier fehl am Platz. Diese Menschen, die das größte Wissen über den tropischen Regenwald auf der ganzen Welt besitzen, durften nicht zu Souvenirhändlern degradiert werden, durften nicht in dieser Erniedrigung begafft werden. Das wusste ich jetzt, und die Penan bestimmt schon lange.

Als ich im Langboot saß und wir vom Ufer ablegten, war ich erleichtert. Vom Fluss aus betrachtet, wirkte die Penan-Siedlung eher wie ein etwas heruntergekommener Abenteuerpark. Kinder sprangen fröhlich kreischend in den Fluss, Hunde streunten umher, hier und da stand jemand vor einer Hütte, beobachtete die Szenerie oder unterhielt sich. Dennoch: Wenn ich später an die Siedlung zurückdachte, sah ich immer als Erstes das ernste, traurige, abgewandte Gesicht jener älteren Frau vor mir.

Doch mir blieb nicht viel Zeit für Melancholie. Wenn man in einem Langboot durch den Regenwald fährt, muss man einfach gute Laune bekommen. Für mich gibt es bis heute keine schönere Art der Fortbewegung. Unser Boot legte nahe am Eingang zur Clearwater-Höhle an einem Steg an, etwa fünfzig Meter von einer besonderen Attraktion entfernt: Unterhalb der Höhle verbreiterte sich der Melinau River zu einem etwa zwanzig mal zwanzig Meter großen Becken, das einem natürlichem Swimmingpool glich, teilweise überschattet von mächtigen Bäumen. Ein Stamm lag längs über dem Becken und verband die beiden Uferseiten, die an Felsen endeten.

»Da kannst du nachher baden«, sagte Chef de Mulu. »Aber zuerst gehen wir in die Höhle.«

Ein kurzer Aufstieg führte zum Eingang, einer schlundartigen, riesigen Öffnung. Dahinter bildeten die Tropfsteine bizarre Gebilden, wie ich sie schon aus der Fledermaus-Höhle kannte. »Hast du Lust auf etwas Adventure-Caving?«, fragte mich Chef de Mulu und deutete auf einen schmalen Gang, der kurz hinter dem Eingang nach rechts abzweigte. Und ob ich hatte.

»Bleib immer dicht hinter mir, und halt dich an meinen Schultern fest«, wies mich Chef de Mulu an. »Wir durchqueren einen unterirdischen Flusslauf und kommen dann an der anderen Uferseite des Melinau River wieder raus.« Er setzte sich eine Stirnlampe auf und zog mich an der Hand hinter sich her.

Bis zu 355 Meter reicht die Höhlenpassage der Clearwater-Höhle in die Tiefe. Ich folgte Chef de Mulu, ohne eine Sekunde zu zögern, als sei es das Selbstverständlichste der Welt. Bei ihm fühlte ich mich vollkommen sicher.

Der Teil der Clearwater-Höhle, in den wir jetzt hinabstiegen, hieß »Schildkröten-Höhle«. Nach einer leicht abschüssigen Strecke glitten wir in einen unterirdischen Lauf des Melinau River. Bis zur Taille reichte das Wasser, dessen Plätschern in der Höhle seltsam hell und monoton klang.

»Halt dich gut an mir fest«, sagte Chef zu mir, »der Boden des Flussbetts ist uneben und glatt. Pass auf, dass du nicht in eine Mulde trittst und das Gleichgewicht verlierst.«

Ich war so damit beschäftigt, mich auf meine Schritte zu konzentrieren, dass ich gar nicht daran dachte, welches Getier wohl im und außerhalb des Wassers um mich herumkriechen würde. Auch diese wundersame Welt ist nämlich von Schlangen und Skorpionen, Fröschen und Tausendfüßlern bewohnt. Es machte Spaß, in voller Montur und mit Wanderschuhen an den Füßen durch das Wasser zu gleiten. Durch die festen Sohlen spürte ich den unebenen, felsigen Untergrund und versuchte mir ein Bild von dem zu machen, worauf ich trat. So ähnlich muss sich ein Blinder beim Gang über eine unbekannte Straße fühlen. Nur dass dieser selten Schultern vor sich hat, an denen er sich festhalten kann, wenn er strauchelt.

Hier in der Höhle war es angenehm kühl – aber auch still, dunkel und einsam. Kein Vogel rief, kein Ast knackte, kein Blatt raschelte. Nur das Plätschern des Wassers und unsere Stimmen waren zu hören. In der Höhle klangen sie eigenartig hohl. Dazu kam der muffige Geruch feuchter Erde. Ich konnte plötzlich gut verstehen, warum die alten Griechen den Hades in die Unterwelt verlegt hatten. Die Welt unter der Erde, das ist kein für Menschen gemachter

Ort, so faszinierend und aufregend er auch für einen Ausflug sein mag.

Nach gut hundert Metern konnten wir den Fluss verlassen und einige Meter auf trockenem Gelände weitergehen. Doch dann folgte eine weitere ausgefallene Strecke: ein etwa fünfzig Meter langer, aber nur einen Meter hoher Gang.

»Da kriecht man am besten auf allen vieren durch«, wies mich Chef an. »Jetzt weißt du, warum diese Höhle Schildkröten-Höhle heißt.«

Der Tunnel führte in eine fast runde Kammer mit einem portalartigen Ausgang. Nur wenige Meter darunter spiegelte sich das Sonnenlicht wie Hunderte von Silberplättchen im Wasser des Beckens vor dem Haupteingang zur Clearwater-Höhle. Nur dass dieser jetzt, von uns aus gesehen, genau auf der anderen Seite des natürlichen Pools lag.

Ich blieb ein paar Minuten in der Öffnung stehen. Das Wasser, das Grün der Bäume, die Helle des Sonnenlichts – all das wirkte nach dem Dunkel der Höhle fast unwirklich intensiv. Vielleicht war es sogar das, was Chef de Mulu mit dieser Tour bezweckte: mich wirklich die Schönheit des tropischen Regenwalds sehen zu lassen. Dass diese Erkenntnis, wie fast alle anderen im Leben auch, durch die Begegnung mit Gegensätzen möglich war, hätte ich nicht gedacht.

Chef hatte sich in der Höhle nahe des Ausgangs auf einen Felsvorsprung gesetzt, der wie eine kleine Bank geformt war. Ich setzte mich neben ihn. Schweigend reichte er mir eine Zigarette, gab mir mit seinem Zippo Feuer und ließ es mit einer blitzschnellen Handbewegung zuschnappen. Zehn, fünfzehn Minuten saßen wir so nebeneinander, ohne dass ein Wort fiel. Er blickte hinaus in den Dschungel, rauchte ruhig und ernst. Ich fühlte mich gleichzeitig entspannt und verwirrt.

Chef und ich – wir waren eigentlich Fremde, doch war da auch eine Vertrautheit, eine Nähe, für die ich keine Erklärung fand. Ich spürte, dass dieses Beieinandersitzen etwas Besonderes war, etwas geheimnisvoll Verbindendes, wie ich es noch nie erlebt hatte. Vielleicht, weil uns beide dasselbe berührt hatte: die unbeschreibliche Herrlichkeit der Natur. Und ich wusste eines: Wenn ich jetzt reden, vor mich hinplappern würde, wäre dieses neue, noch so dünne Band zwischen Chef und mir zerrissen. Ich wäre dann nur eine von Hunderten von Touristen, die er durch den Dschungel führte. Irgendwie wollte ich das nicht.

So war es dann Chef, der das Schweigen brach.

»Willst du baden?«, fragte er und deutete mit dem Kopf auf das Wasser unter uns. Einige Besucher der Clearwater-Cave schwammen dort schon, ihr Lachen und ihre Rufe drangen gedämpft zu uns hoch.

»Gerne«, antwortete ich und stand auf. Meine Schwimmsachen waren in unserem Boot auf der gegenüberliegenden Uferseite. Um dorthin zu gelangen, musste ich wie auf einem Schwebebalken über den Baumstamm balancieren, der vom Höhlenausgang als Brücke über das Becken führte. Nach etwa fünf Schritten reichte es mir. Wozu der Umstand mit einem Badeanzug? Shirt, Hose, Socken, Schuhe – alles war durch unsere unterirdische Flusswanderung sowieso nass. Weshalb sich noch umziehen? Kopfüber glitt ich ins Wasser.

Es war ein wunderbares Gefühl. Ich schwamm in dem klaren Wasser mit Treckingboots an den Füßen, die meine Beine leicht nach unten zogen. Noch nie in meinem Leben war ich komplett angekleidet schwimmen gegangen. Und ich genoss es. Ich tat etwas, das mir als Kind verboten worden wäre und das ich mich als Erwachsene nicht mehr getraut hatte. So war ich in diesem Moment beides: glückliches Kind und von Zwängen befreite Frau. Nach vielen Jahren war ich zum ersten Mal ganz ich selbst.

Zuletzt hatte ich mich so vor zweiundzwanzig Jahren gefühlt: In der Schweiz war ich bei herrlichem Sonnenschein und strahlend blauem Postkartenhimmel alleine eine steile, lange Buckelpiste in schnellem Tempo und mit perfekten Parallelschwüngen hinuntergetanzt. Ich spüre noch genau, in welch rhythmischem Einklang mit dem Berg sich mein Körper und mein Verstand befanden. Noch heute höre ich den Schnee unter den Skiern knirschen, sehe die Buckel vor mir, auf die ich zufahre, spüre den Genuss der Drehung auf ihnen. Das war jene absolute Harmonie von Mensch und Natur, die Seelen stärkt und heilt.

Dieses Gefühl hatte ich jetzt wieder. Eine Zeit lang vergaß ich alles um mich herum. Ich schwamm ein paar Züge, drehte mich auf den Rücken, blickte in den Himmel und lachte. Die Redaktion, Berlin, meine Wohnung – alles war so weit weg, ja, es existierte in diesem Moment gar nicht mehr für mich.

Plötzlich sah ich Chef de Mulu. Er saß auf dem Baumstamm, hielt meine Kamera in der Hand, winkte mir zu und lachte. Dann drückte er auf den Auslöser. Als ich später in Deutschland die entwickelten Bilder in der Hand hielt, konnte ich es kaum glauben: Da blickte mich nicht eine zweiundvierzigjährige Frau an, sondern ein fünfjähriges Mädchen. Ich hatte genau den Gesichtsausdruck, wie ich ihn von einem Foto kannte, das meine Eltern von mir als Kind gemacht hatten, als ich vollkommen versunken und glücklich im Sand gespielt hatte.

Nachdem Chef und Murang mich am Abend ins Hotel zurückgebracht hatten, setzte ich mich noch auf ein Tiger-Bier in die Bar und machte mir in meinem Reisetagebuch Notizen. Aus den Lautsprechern der Stereoanlage tönten Songs einer Popband. Schöne Melodien. Ich hörte genauer hin. Was sangen die da im Refrain? Schnell schrieb ich mit:

> *»animals / wild rivers and waterfalls / I can hear the planet call / show a little respect / beautiful / to everything that is beautiful / and if you want to save it all / show a litte respect / there's a place / a green and peaceful place / a place without the borders / to divide the human race / it's been created / in a billion years / don't tear it apart / don't drive the world to tears /*
> *animals …«*

Die CD war von einer dänischen Gruppe namens »Michael Learns To Rock«. Ich hatte noch nie etwas von ihr gehört. Woher kannten die das, worüber sie sangen? Waren die auch hier gewesen?

Und dann der Titel des Albums: »Nothing to Lose« – nichts zu verlieren. Es war wie eine Botschaft, passend zu dem, was ich an diesem Tag erlebt hatte. Es war das, was Carl Gustav Jung in *Synchronizität, Akausalität und Okkultismus* eine Synchronizität nennt, eben »die Gleichzeitigkeit eines gewissen psychischen Zustandes mit einem oder mehreren äußeren Ereignissen, die als sinngemäße Parallelen zu dem momentanen subjektiven Zustand erscheinen und – gegebenenfalls – auch vice-versa«. Vor allem aber sind diese Synchronizitäten auch immer Botschaften des Unbewussten, die einem für die Gesundung der Seele wichtige Erkenntnisse schenken, ähnlich einer Wolkendecke, durch die plötzlich das Sonnenlicht fällt,

Ja, was hatte ich zu verlieren? Ich ahnte die Anwort, wagte sie aber noch nicht auszusprechen. Doch die Zukunft bereitet sich im Unbewussten auf lange Sicht vor. Deshalb kann sie von Hellsichtigen auch schon weit vorher erraten werden.

Es sollte nicht mehr lange dauern, bis ich die Antwort auf die Frage laut aussprechen würde.

Die Antwort hieß: nichts.

In dieser Nacht schlief ich nur wenig. Das lag weniger daran, dass ich über mein Leben nachdachte, als dass uns eine ungewöhnliche Tour bevorstand und ich um 3 Uhr aufstehen musste. Wir wollten auf dem Wasserweg nach Marudi, einer Kleinstadt am großen Baram River. Je nach Wasserstand würde die Reise mindestens acht Stunden dauern. Dafür mussten wir zunächst mit dem Langboot etwa zwei Stunden nach Long Terawan fahren, einem gottverlassenen Nest im Dschungel, wo sich nur ein Langhaus und ein Holzfällercamp befanden. Von dort fuhr morgens um halb sieben ein Expressboot ab, das uns nach Marudi bringen sollte.

Um 4 Uhr warteten Chef und Murang am Bootsanleger des »Royal Mulu Resort« auf mich. Es war noch stockdunkel, und der nächtliche rhythmische Gesang der Zikaden bildete die Begleitmusik. Hinten im Langboot hatte ein Bootsmann Platz genommen, der das Ruder am Motor bediente. Ich wurde in die Mitte des Bootes dirigiert, Murang setzte sich ganz vorne hin und leuchtete die Wasseroberfläche mit einem Scheinwerfer ab. Chef hatte sich in der Nähe des Bootsmanns auf dem Boden zusammengerollt und versuchte, noch etwas zu schlafen. Er litt an hämmernden Kopfschmerzen und Übelkeit. Ich diagnostizierte Migräne und schlug ihm vor, in seine Unterkunft zurückzukehren und sich zu erholen. Doch davon wollte er nichts hören.

Das Boot tuckerte langsam los, der Fahrtwind wehte mir sanft und kühl entgegen. Ich war froh, dass ich einen Pulli und eine Regenjacke übergezogen hatte, sonst hätte ich gefroren. Murang hockte hoch konzentriert an der Spitze des Bootes und ließ das Licht des Scheinwerfers wie weiße, breite Linien über die schwarze Wasseroberfläche gleiten. Wichtig war, dass er vor allem jetzt, wo das Boot an Geschwindigkeit zugelegt hatte, herausragende Steine, aber auch überhängende Äste rechtzeitig erkannte, damit der Bootsmann ausweichen konnte. Manchmal rief Murang ihm eine knappe Information zu, woraufhin dieser das Boot etwas mehr nach rechts oder links steuerte oder das Tempo drosselte. Ansonsten fuhren wir schweigend durch die Nacht.

Ich saß wie verzaubert auf meinem Bänkchen, hielt mich mit den Händen am Bootsrand fest und versank in dieser irrealen Welt aus schemenhaften Ästen, die plötzlich vom Scheinwerferlicht erfasst wurden, wie Figuren in einer Geisterbahn aus der Dunkelheit traten, um wenige Sekunden später wieder darin zu verschwinden. Als eine Stunde später langsam die Sonne aufging, offenbarte sich ein wie mit zarten Aquarellfarben hingehauchtes Bild. Der Himmel färbte sich grau-rosa, das Wasser verwandelte sich von Schwarz in Kobaltblau, und um die Bäume und Sträucher am Ufer hatte sich in weißen, transparenten Schleiern der Bodennebel gelegt. Niemals zuvor und auch niemals danach habe ich die Reinheit des beginnenden Tages so intensiv erlebt. In dieser halben Stunde offenbarte sich nicht nur eine schöpferische Kraft, sondern auch die Gewissheit, dass jeder Tag eine neue Chance ist, dass jeder Tag mit allen Fasern des Seins gelebt werden sollte. Weil das Leben, weil diese Welt etwas absolut Wunderbares ist.

Nach fast zwei Stunden näherten wir uns dem Baram River, einem breiten Strom, der in das Südchinesische Meer mündet. Dass er nicht mehr weit entfernt war, konnten wir am Wasser erkennen. Das kristallklare Wasser des Melinau River wurde immer mehr von gurgelnden braunen Schlieren durchzogen, bis es schließlich kurz vor der Mündung vollkommen vom hellbraunen Wasser verschluckt worden war. Das plötzliche Einbiegen vom schmalen Melinau River in den breit und mächtig dahinströmenden Baram River war so, als würde man von einer dörflichen Tempo-dreißig-Zone direkt auf die Autobahn auffahren. Allerdings hatte zu so früher Stunde noch nicht der Berufsverkehr eingesetzt. So konnten wir die kurze Strecke bis zur Anlegestelle des Expressboots ohne Kampf mit höheren Bugwellen zurücklegen.

Das Expressboot lag schon zur Abfahrt bereit. Wir verabschiedeten uns von unserem Bootsmann, der nach Mulu zurückfuhr und uns am nächsten Tag an dieser Stelle wieder abholen würde.

Pünktlich um halb sieben legte das Expressboot in Long Terawan ab und pflügte durch die schlammbraune Brühe des Baram River flussaufwärts Richtung Marudi. Nach den ruhigen Tagen in Mulu, fernab von jeglicher alltäglicher Geschäftigkeit, musste ich mich, ähnlich wie ein Almhirte, der von seiner einsamen Sennhütte in den Ort hinabgestiegen ist, erst wieder an die Betriebsamkeit auf dem Wasser gewöhnen. Schleppkähne zogen riesige Baumstämme wie gigantische Flöße hinter sich her, an Holzfällerstationen wurden eilig Reissäcke und taillenhoch aufeinandergestapelte Paletten mit Eiern abgeladen. Gleichzeitig kämpften neue Kisten, Säcke und Plastikcontainer dicht gedrängt um den begrenzten Platz auf dem Vordeck, bis sich dort eine bunte Ladung aus Salz, Zucker, Wildschweinfleisch, Reis und sogar Wasserbehältern mit lebenden Fischen angesammelt hatte, die erst wieder in Marudi gelöscht würde.

Nach und nach waren auch im Inneren des Expressboots sämtliche Sitzbänke aus grauem Kunstleder mit Reisenden besetzt: Frauen in farbenprächtigen Batiksarongs, Männer mit von der Sonne und harter Arbeit auf den Reisfeldern oder in Holzfällercamps gefurchten, hageren Gesichtern, aber auch gackernde Hühner in Bambuskäfigen waren auf den Sitzen oder dem Boden abgestellt. Im Schiffsbauch hatte sich so die gesamte lebende Fracht versammelt, darunter auch zusammengesunken und mit fahler Gesichtsfarbe Chef die Mulu. Ihm ging es immer noch schlecht. Und er fror bei über 30 Grad.

Gegen halb zehn kamen wir in Marudi an. Wir checkten in einem kleinen Hotel ein, bekamen drei nebeneinander liegende Einzelzimmer und stellten unser Gepäck ab. Chef de Mulu verordnete ich Bettruhe.

Murang und ich zogen los. Für eine Stadtbesichtigung von Marudi braucht man maximal eine Dreiviertelstunde, vorausgesetzt, man trödelt. Es gibt eine größere Straße, die fast schnurgerade durch den Ort führt. Und auf der waren wir unterwegs. »Rechts das Elektrizitätswerk, links der Entwässerungsgraben«, mokierte sich Murang im Fremdenführerton über das Kaff. »Vorne rechts Schule, links immer noch Entwässerungsgraben.«

Zwischen Murang und mir hatte sich in den vergangenen Tagen ein ungezwungenes, freundschaftliches Verhältnis entwickelt. Anders als Chef de Mulu hatte Murang die Unbekümmertheit einer jungen Seele, für die das Glas immer halb voll, nie halb leer war.

»Lass uns umkehren und Richtung Hafen gehen«, schlug er jetzt vor. »Hier kommt nichts mehr.«

Aber auch die andere Richtung hatte nicht viel zu bieten. Ein paar Geschäfte mit dem üblichen Kleinkram: T-Shirts, Sarongs, Jeans, billige Kunstleder-Sneaker, Sandalen und koffergroße rechteckige, blau-rot karierte Plastiktaschen, die von Saigon bis Shanghai zu den beliebtesten Gepäckstücken in Asien gehören, meist so vollgestopft, dass sie sich wie Buddhabäuche beulen. Inmitten dieses faden Angebots entdeckte ich einen Exoten: einen wollweißen, dicken Norwegerpulli mit einem Muster in Regenbogenfarben. Hundert Prozent Synthetik. Ich kaufte ihn für Chef. Er fror doch so.

Wir legten noch einen kurzen Stopp in einem Coffeeshop ein, aßen Mee Goreng und tranken Pepsi-Cola mit dem Strohhalm aus der Dose. Mittlerweile war es nach zwei, die Sonne brannte. Ich sehnte mich nur noch nach meinem Bett im klimatisierten Hotelzimmer. Wir gingen zurück und schauten kurz bei Chef rein. Er schlief. Murang und ich verabredeten uns für 7 Uhr.

Pünktlich wie ein Maurer klopfte Murang am Abend an meine Tür. Als Erstes besuchten wir Chef. Ich erschrak, als ich ihn sah: Das Gesicht war eingefallen, die Augen waren übergroß und glasig. Mit der flachen Hand berührte ich seine Stirn. Er hatte hohes Fieber.

»Ich fühle mich so schwach, so schwindelig«, flüsterte er matt.

Rasch drückte ich Murang ein paar Ringgit-Scheine in die Hand. »Geh schnell, und besorg Eis«, bat ich ihn. Ich fragte mich, ob es in Marudi wohl einen Arzt oder für den Notfall sogar ein Krankenhaus gab. Und plötzlich, ganz instinktiv, tat ich etwas, das ich bislang nur einmal in meinem Leben gemacht hatte. Vor zwanzig Jahren. Bei dem Menschen, den ich damals am meisten liebte. Meinem Vater.

Mein Vater war bei meiner Geburt schon vierundsechzig Jahre alt. Ein charismatischer Mann, weise, kritisch und in sich ruhend beweglich. Seine Lebensmotti lauteten: »Man darf sich nie unterkriegen lassen.« Und: »Man darf nie stehen bleiben.«

Er hatte viele Leben gelebt. Als Reserveoffizier war er im Ersten Weltkrieg vor Verdun schwer verwundet worden, in den zwanziger Jahren des vorigen Jahrhunderts war er Erster Flötist am Tonhalle-Orchester in Zürich gewesen, später war er bis zum Ende seines Lebens Geschäftsmann und Hutmacher in Essen. Er liebte meine Mutter, die siebenundzwanzig Jahre jünger war als er, seitdem sie achtzehn war. Für sie trug er bis kurz vor seinem Tod mit neunzig Jahren jeden Tag Anzug mit Weste und Seidenkrawatte zu weißem Hemd mit steifem Kragen.

»Wenn man eine junge Frau hat, darf man sich nicht wie ein alter Mann gehen lassen«, verkündete er. Am Tag vor seinem siebzigsten Geburtstag rauchte er die letzte seiner geliebten Zigarren. »Wenn man in meinem Alter noch ein kleines Kind hat, muss man auf seine Gesundheit achten«, erklärte er.

Mein Vater stand jeden Morgen pünktlich um vier auf, ohne dass ein Wecker klingelte. Wenn meine Mutter und ich gegen sieben ins Esszimmer kamen, hatte er schon den Frühstückstisch gedeckt und Kaffee gekocht. Er verwöhnte uns, wo er nur konnte, und gab uns das Gefühl, das Wunderbarste in seinem Leben zu sein. Jede auf ihre Weise.

Als mein Vater starb, erlitt meine Mutter wenige Tage später einen Herzinfarkt. Davon erholte sie sich, aber von der Trennung von meinem Vater nie. »Bis dass der Tod uns scheidet« – das wäre für sie eine zu schwache Liebeserklärung gewesen.

Es war ein warmer Sommernachmittag, und ich war dreiundzwanzig Jahre alt. Ich war bei Bekannten in Essen zu Besuch. Da rief mich mein Freund an: »Fahr sofort zu deinen Eltern. Deinem Vater geht es sehr schlecht.«

Ich weiß noch genau, in welcher Panik ich mit meinem orangefarbenen Käfer die vier Kilometer zum Haus meiner Eltern zurücklegte. Im Flur kam mir unser langjähriger Arzt Dr. Schaperdoth entgegen, ein begnadeter Internist und warmherziger Mensch.

»Es sieht sehr schlecht aus«, sagte er. »Ihr Vater hatte einen schweren Infarkt. Ich musste ihm eine starke Dosis Strophantin spritzen und weiß nicht, ob er die verkraftet. Aber weniger wäre sinnlos gewesen. Dann wäre er auf jeden Fall gestorben.«

Ich ging ins Schlafzimmer. Mein Vater lag auf dem Rücken im Bett, kreidebleich, die Augen geschlossen, der Atem ging flach. Meine Mutter stand neben ihm, der Arzt hatte sich auf das Bett gesetzt und fühlte ihm den Puls. Ich stand am Fußende, die Hände an der Kante festgekrallt, und schaute meinen Vater an. Und dann passierte es: »Halte durch!«, rief ich ihm innerlich zu. »Du darfst nicht aufgeben, du schaffst es!« Immer wieder. Mit einer Intensität, wie ich sie danach nie wieder gespürt habe.

Plötzlich sagte Dr. Schaperdoth: »Der Puls ist weg.«

Ich konzentrierte mich noch mehr, mit aller Kraft, mit aller Energie, die in mir war, sprach ich innerlich weiter: »Halte durch, halte durch!«

»Der Puls ist wieder da«, erklärte der Arzt nach einigen Minuten. Dann schlug mein Vater die Augen auf. Er sah mich an, lächelte, sagte leise: »Danke.«

Ich fiel erschöpft in Ohnmacht. Dr. Schaperdoth fing mich auf und legte mich zu meinem Vater aufs Bett.

Mein Vater wurde wieder gesund. Er lief sogar ohne Stock und arbeitete wieder. Der Arzt sprach von einem Wunder. Aber mein Vater und ich wussten: Es war kein Wunder. Es war Energieübertragung. Und es war Liebe.

Daran erinnerte ich mich jetzt, als ich bei Chef de Mulu am Bett saß. Automatisch, wie einer Eingebung folgend, legte ich meine Hand auf seine Stirn. Ich schloss die Augen und konzentrierte mich auf ihn. »Werd ganz ruhig. Gleich geht es dir besser. Ich schicke dir Kraft«, sagte ich innerlich. Ich spürte, wie meine Handinnenfläche anfing zu kribbeln, wie sie heiß wurde, wie die Energie in Chef de Mulus Körper floss. Ich weiß nicht, wie lange ich so da saß. Chef lag wie schlafend da, atmete ruhiger. Nach einer Weile schlug er die Augen auf, blickte mich an und lächelte zärtlich. Ich lächelte zurück, strich ihm sanft über die Stirn. Dann hörte ich Murang die Treppe hochkommen. Er brachte das Eis.

Ich wickelte ein paar Eisstücke in ein Handtuch und legte es auf Chef de Mulus Stirn. Sie war schon nicht mehr so heiß. Als ich sah, wie ihm die Augen vor Müdigkeit zufielen, gab ich Murang ein Zeichen, leise zu sein. Wir warteten noch, bis er eingeschlafen war. Dann gingen wir – in eine Karaoke-Bar.

Das war der einzige Ort in Marudi, an dem so etwas Ähnliches wie Nachtleben stattfand. An der Decke flimmerte müde eine Diskokugel, an den Wänden waren ein paar blaue Neonleuchten angebracht, die den kargen Raum in ein schwaches, wenig schmeichelhaftes Licht tauchten.

An ein paar weißen Plastiktischen hockten verstreut einige Gestalten, die schweigend und mit ausdruckslosen Gesichtern dem Vortrag des jeweiligen Sängers lauschten.

Murang und ich setzten uns an den hintersten Tisch. Ich war das erste Mal in einer Karaoke-Bar und fand das, was sich hier abspielte, befremdend und rührend zugleich. Jeder hier – außer Murang und mir – war gekommen, um zu singen. Mal eine junge Frau von Anfang zwanzig, mal ein Mann um die vierzig entflohen für einen kurzen Moment der Eintönigkeit der Kleinstadt an der Grenze zum Dschungel, sangen in einer eigentümlichen Doppelbödigkeit von Sehnsüchten, an die sie sonst nur insgeheim zu denken wagten: Versteckt hinter der Maske des Liedes, mussten sie nicht mehr ihr Gesicht wahren.

Nach zwei Stunden gingen wir ins Hotel zurück. Chef schlief fest und war fieberfrei.

Als ich am nächsten Morgen in die kleine Hotelhalle kam, lag Chef dort auf einem zweisitzigen schwarzen Sofa, Murang lehnte am Empfangstresen.

»Danke«, sagte Chef mit einem Lächeln, als er mich sah. Ich hielt den Pullover, den ich am Vortag für ihn gekauft hatte, in der Hand und warf ihn lässig zu ihm rüber. »Da, für dich, damit du nicht mehr so frierst!«

Chef lachte und streifte den Pulli über. Ich wusste nicht, ob er ihm wirklich gefiel oder ob er nur die Geste mochte, die hinter dem Geschenk stand. Er sah etwas seltsam in dem Pulli aus. Das Teil stand ihm so wenig wie einem Norweger ein Batik-Sarong beim Spaziergang durch Oslo.

Vor uns lagen wieder mehrere Stunden auf dem Expressboot. Auf der Rückfahrt nach Long Terawan war das Vorschiff nicht so voll beladen wie bei der Hinfahrt. Ich konnte mich dort sogar richtig bequem einrichten, legte mir meinen Sarong zum Schutz vor der Sonne über die Beine, die von den Shorts nur bis zu den Knien bedeckt wurden. Chef de Mulu setzt sich neben mich und reichte mir eine kleine Packung mit einem Strohhalm. Vorsichtig sog ich daran und schmeckte eine leicht süßliche Flüssigkeit.

»Was ist das?«, fragte ich.

»Sojamilch«, antwortete Chef. Es war eben noch vor der Zeit, als bei uns in jedem Supermarkt an der Ecke dieses asiatische Bohnengetränk in den Regalen stand. Ich trank die Packung schnell aus. Wieder einmal hatte Chef de Mulu meinen Geschmack getroffen.

Die Botschaft der Nashornvögel

Als das Boot ablegte, kühlte mir der Fahrtwind angenehm Gesicht und Arme. Nur auf dem windgeschützten Rücken spürte ich die Kraft der Sonne. Chef de Mulu ging es wieder gut, aber er fröstelte an den Beinen. Ich gab ihm meinen Sarong. Wie schon am Ausgang der Schildkröten-Höhle saßen wir schweigend nebeneinander. Mit ihm war Schweigen schön. Doch nach dem vergangenen Abend hatte sich etwas an unserem Verhältnis geändert. Es war vertrauter, gemeinsamer und gleichzeitig vorsichtiger geworden, ein bisschen so, als würden wir gegen ein Magnetfeld arbeiten, als würden wir gleichzeitig zusammenrücken und wieder Abstand nehmen. Irgendwie waren wir beide auf der Hut. Aber wovor?

Weder er noch ich erwähnten den vergangenen Abend. Doch die Berührung stand unausgesprochen im Raum, verbindend und verwirrend. Wie das Gefühl, das mich immer überkam, wenn ich in Chefs dunkle, mandelförmige Augen voller Wärme und Freundlichkeit blickte.

Plötzlich legte er mir die Hand auf den Arm und deutete mit der anderen zum Himmel.

»Sieh mal da oben«, sagte er. »Nashornvögel!«

Ich blickte hoch, und in genau diesem Moment sah ich die beiden bis zu anderthalb Meter langen Vögel mit majestätischem, lautem Flügelschlag nebeneinander über unsere

Köpfe gleiten. Leise hörte ich die kehligen, brummenden Geräusche, die sie im Flug von sich gaben. Das, was ich hier sehen durfte, war etwas ganz Außergewöhnliches. Nur selten begegnet man diesen wunderbaren Vögeln. Und wer das erlebt hat, fühlt sich wie vom Wind eines göttlichen Flügelschlags berührt, empfindet tiefen Respekt vor der schöpferischen Kraft und Dankbarkeit für die Schönheiten dieser Welt.

Der Nashornvogel ist nicht irgendein großer Vogel auf Borneo. Mit seinem riesigen, von einem Horn gekrönten Schnabel ist er das Wappentier Sarawaks; dem Volk der Iban gilt er sogar als Zaubervogel, der Botschaften aus der Geisterwelt bringt. Die runden Knopfaugen und die Anordnung des bunten Gefieders am Kopf erwecken den Eindruck, als hätte dieser Vogel mit freundlicher Strenge und konzentrierter Aufmerksamkeit wichtige Aufgaben zu erledigen. Dem ist in der Tat so, wie ich jetzt von Chef de Mulu erfuhr.

»Der Nashornvogel ist der Meister des Regenwalds«, erklärte er mir. »Er ist ständig damit beschäftigt, Fruchtsamen und Nüsse zu verstreuen. Dank ihm wachsen die Pflanzen so gut verteilt. Natürlich ernährt er sich auch von diesen Samen und Nüssen, aber außerdem von Früchten und Beeren. Manche Arten fressen sogar kleine Schlangen und Fledermäuse.«

Fast alle Nashornvögel, so erfuhr ich weiter, leben auf Bäumen. Dabei sind sie sehr gesellig, außerhalb der Brutzeit treffen sich an gemeinschaftlichen Schlafplätzen manchmal mehr als hundert Tiere.

»Doch das Wunderbarste an den Nashornvögeln ist, dass sie die große Liebe kennen«, sagte Chef de Mulu. »Sie leben als unzertrennliche Paare. Kommt ein Partner um, stirbt der andere zwei, drei Monate später an Liebeskummer. Diese große Liebe bringt den Nashornvogel auch in Gefahr. Wenn eines der beiden Tiere von einem Jäger getötet wurde, sucht das andere aufgeregt und verzweifelt an der Stelle nach seinem Partner, an der es ihn zuletzt gesehen hat. Und wird dabei selbst zur leichten Beute.«

Auch die Aufzucht des Nachwuchses teilen sich die Nashornvogel-Pärchen. Sie brüten in Baumhöhlen, die sie zumauern. Dabei sperrt sich das brütende Weibchen mit ein. Ihr Kot wird, vermischt mit Schlamm, als Bindemittel zum Mauern benutzt. Nur ein kleines Loch bleibt frei. Durch diese Öffnung reicht das Männchen das Futter an. Die ein bis drei Jungen, die ausschließlich mit Insekten ernährt werden, sind so vor Nesträubern geschützt. Sind die Jungen flügge, hackt das Weibchen von innen die Höhle auf, verlässt sie und ist wieder mit dem Männchen vereint.

Als ich all das hörte, musste ich an meine Eltern denken. Ja, sie waren ein Nashornvogel-Pärchen. Würde ich das auch einmal erleben? Waren die Nashornvögel, die über Chef de Mulu und mich hinwegflogen, vielleicht sogar eine weitere Synchronizität im Sinne von Carl Gustav Jung?

Damals hatte ich noch nichts von Jung gelesen. Aber mit dem Wissen, das ich heute habe, würde ich sagen: Ja, die Vögel waren ein »sinnvolles zeitliches Zusammentreffen«, das nicht zufällig war. Und zwar ein besonders intensives. Denn die Vögel können durchaus als ein archetypischer Symbolismus gesehen werden: Laut Carl Gustav Jung gibt es im Gegensatz zur persönlichen Psyche Inhalte und Verhaltensweisen, die überall und in allen Individuen die gleichen sind. Jung nennt dies das kollektive Unbewusste. Es ist in allen Menschen sich selbst identisch und bildet damit eine in jedermann vorhandene, allgemeine seelische Grundlage überpersönlicher Natur. Die Inhalte des kollektiven Unbewussten nennt Jung Archetypen. Hierbei handelt es sich um altertümliche oder, besser gesagt, um urtümliche Typen, das heißt, um seit alters vorhandene allgemeine Bilder. Sie sind eine innere instinktive Neigung, die jederzeit und überall in der Welt auftaucht – etwa wie der Impuls der Vögel, Nester zu bauen. Treten diese Bilder ins Bewusstsein, ist man meistens verwirrt und erstaunt. »Dabei sind sie Bestandteile des Lebens selbst«, wie Jung erklärt, »Bilder, die mit dem lebendigen Menschen durch die Brücke der Emotionen verbunden sind. Deshalb ist es unmöglich, einem Archetyp eine willkürliche (oder allgemeingültige) Deutung zu geben. Man muss ihn so deuten, wie es der Lebenssituation des betreffenden Menschen angemessen ist.«

Die Nashornvögel über dem Baram River waren ein solcher Archetyp: Schon im Hades trugen die Seelen ein »Federkleid«, und im alten Ägypten wurde der Ba-Seele als Vogel gedacht.

Mein Leben lang werde ich das Bild des Vogelpaares nicht vergessen. Was sich mir so stark einprägte und mich bewegte, war die beeindruckende Kraft der Zweisamkeit dieser beiden Tiere. Ihr Anblick schenkte Chef de Mulu und mir für einen Moment eine Ahnung von unserer Zukunft. Auch wenn wir die Gedanken daran zunächst beiseite schoben – ganz tief in unseren Seelen spürten wir, was die Botschaft der Nashornvögel war.

Chef sah mich einige Sekunden nachdenklich an. »Seltsam«, murmelte er. »Ich habe noch nie gehört, dass Nashornvögel über einen so belebten Fluss wie den Baram River fliegen.«

Jahre später erzählte Chef dieses Erlebnis seinem Onkel, einem bekannten Schamanen.

»Die Nashornvögel haben gezeigt, dass eure Seelen sich im Himmel getroffen haben«, erklärte er.

Wenig später machten wir an einem Langhaus halt. Eine alte Frau in einem braun und blau gemusterten Sarong mit passender Bluse, offenbar ihr Sonntagsstaat, kam an Bord. Das Auffälligste aber waren ihre Ohrläppchen, die ihr wie lange Fleischstricke bis über die Schultern reichten und in denen armreifengroße Metallringe hingen.

»Diese Frau ist vom Stamm der Kenyah«, erklärte Chef, als er meinen erstaunten Blick sah. »Die langen Ohrläppchen sind für sie ein Zeichen besonderer Schönheit. Von Kindheit an werden die Ohrläppchen durch schwere Ringe gedehnt, bis sie diese Länge erreicht haben. Dabei gilt: je länger, desto schöner.«

»Und was machen diese Frauen, wenn die Ohrläppchen sie bei irgendwelchen Tätigkeiten stören?«, fragte ich. »Beispielsweise, wenn sie über dem offenen Feuer kochen?«

»Dann rollen sie sie ganz einfach auf und stecken sie fest.«

Als wir an der Endstation des Expressboots in Long Terawan ankamen, blieb uns bis zur Weiterfahrt nach Mulu noch eine Stunde Zeit. Das Wetter war mittlerweile umgeschlagen, der Himmel hatte sich grau zugezogen, schwere Regentropfen fielen herab. Doch das störte in diesem Teil der Welt nicht weiter. Schließlich heißt die Region nicht ohne Grund »tropischer Regenwald«, und ein ordentlicher Guss kann bei der Hitze erfrischend wie eine kühle Dusche wirken.

»Lass uns zu dem Langhaus hochgehen«, schlug Chef vor.

Ein matschiger, rutschiger schmaler Pfad führte zu dem Haus, in dem eine ganze Dorfgemeinschaft von fast hundert Menschen unter einem Dach lebte. Es war ungewöhnlich ruhig, wahrscheinlich hatten sich die Bewohner, die zum Stamm der Berawan gehörten, vor dem Regen in das Holzgebäude zurückgezogen.

Wir gingen um das Gebäude herum. Und dann sah ich sie: Auf einer Holzbank, durch einen Dachvorsprung vor dem Regen geschützt, saß eine blonde Frau. Ich schätzte sie auf Ende zwanzig. Auf ihren Knien stand ein etwa einjähriges Kind. Die Frau hielt es an den Händen fest und schaute es an mit einem Blick voller Liebe und Traurigkeit. Wer hielt sich hier an wem fest? Das Kind an der Mutter oder die Mutter am Kind? Eine undurchdringliche Glocke der Einsamkeit schien sich über die Frau zu stülpen, die einem jegliche Annäherung verbot.

»Wer ist das?«, fragte ich Chef.

»Eine Engländerin«, antwortete er. »Sie kam als Touristin hierher und hat sich dann in einen Guide verliebt, der aus diesem Langhaus stammt. Sie wurde schwanger, die beiden haben geheiratet, sind dann zu seiner Familie gezogen und haben das Kind bekommen.«

»Und was macht der Mann, arbeitet er noch als Führer?«

»Nein, der wird wohl Reis anbauen, wie die anderen im Langhaus auch. Wenn man Familie hat, kann man nicht weiter als Guide arbeiten. Man ist zu viel unterwegs.«

Wieder blickte ich zu der Frau hinüber. Sie schien uns nicht zu bemerken. Ich fragte mich, ob das wohl das Leben war, das sie sich erträumt hatte, als sie sich in einen Dschungelführer verliebte und von ihm ein Kind erwartete. Ein Leben als Außenseiterin in einer jahrhundertealten Gemeinschaftsform, fernab von Straßen und Geschäften. Ein Leben an der Endstation des Expressboots.

Chef und ich kehrten zum Bootsanleger zurück. Irgendetwas hatte mich davon abgehalten, mit der Engländerin zu reden. Vielleicht hatte ich Angst, dass sie mir etwas sagen würde, was ich jetzt nicht hören wollte.

Während der Rückfahrt mit dem Langboot nach Mulu prasselte ein tropischer Regenguss auf uns herab, der die Sicht wie Nebel auf wenige Meter beschränkte. Murang, Chef, der Bootsmann und ich hockten zusammengekauert unter unseren weiten Regencapes wie Schnecken in ihren Häusern. Vom Schirm meiner Kapuze rannen silberne Wasserstreifen vor meinen Gesicht herab, durch die ich verschwommen den Rücken von Chef erkennen konnte, der vor mir saß. ›Eine Zigarette wäre jetzt schön‹, überlegte ich. ›Aber die kriege ich bei diesem Wetter niemals angezündet.‹ Kaum war mir der Gedanke durch den Kopf geschossen, reichte mir Chef wortlos eine schon glimmende indonesische Zigarette aus Gewürztabak herüber, die exotisch nach Nelken duftete.

Merkwürdig, wie hier die Bedeutsamkeiten wechselten. Im Trommelfeuer des Regens existierte jetzt nur noch dieses kleine bisschen Glut. Ich zog heftig an der Zigarette, die vom Regen immer mehr aufweichte. Meine Beine waren mit Schlammspritzern bedeckt, meine Haare hingen nass herunter, von meinem Gesicht rannen Regentropfen wie Tränenbäche. Mein Leben in Berlin war Lichtjahre entfernt, irreal. Das hier, der leicht süßliche Nelkengeschmack des Zigarettenrauchs auf meiner Zunge, der Wolkenbruch, das hastige Tuckern des Außenbordmotors und Chef de Mulu im Boot vor mir – das war Wirklichkeit; spürbar, erlebbar und echt.

Als wir am Bootssteg des »Royal Mulu Resort« anlegten, stieg nur ich aus. Chef und Murang fuhren zu den Quartieren am Eingang des Nationalparks weiter. Sie hatten noch einiges vorzubereiten: Am nächsten Tag wollten wir zu einer mehrtägigen Tour in den Dschungel aufbrechen. Unser Ziel hieß Camp 5, ursprünglich ein Expeditionslager. Jetzt diente es als Ausgangspunkt zur Besteigung der Pinnacles, jener scharfkantigen Kalksteingipfel, die wie Nadeln die Baumwipfel der Anhöhen des 1710 Meter hohen Berges Gunung Api überragen. Drei Nächte wollten wir dort bleiben.

Die Tour führte uns am nächsten Morgen zunächst mit dem Langboot zum Beginn des Pfades zum Camp 5. Chef und Murang hatten Toastbrot, Thunfischdosen, Teebeutel, Reis, Plastikteller und -tassen in ihren Rucksäcken verstaut. Im Camp 5 würden wir uns selbst verpflegen müssen. Dort gab es keine Kantine, keinen Service und erst recht keine Läden. Mein Gepäck war weniger umfangreich: Wäsche, Hosen und T-Shirts zum Wechseln, Seife, Zahncreme, Zahnbürste und natürlich Mückenschutz und Sonnencreme. Dazu mein Schlafsack, Isomatte und ein Moskitonetz.

Murang schnappte sich, noch bevor wir losmarschierten, meinen Rucksack und schnallte ihn sich vor den Oberkörper, auf dem Rücken trug er sein eigenes Gepäck. Dann lief er mit schnellen, festen Schritten los, gerade so, als würde nur ein winziges Täschchen an seiner Hand baumeln. Er wollte vor Chef und mir im Camp ankommen, um unseren Schlafplatz vorzubereiten.

Der Pfad zum Camp 5 war schmal und manchmal unwegsam. Mein Blick hatte sich am Boden festgehakt, damit ich nicht über hervorstehende Wurzeln stolperte. Manchmal mussten wir über die Stämme umgestürzter Bäume klettern, die sich wie eine Schranke über den Weg gelegt hatten. Chef und ich ließen uns Zeit, niemand trieb uns, niemand erwartete uns. Es war egal, ob wir drei oder sechs Stunden brauchen würden. Immer wieder blieb Chef stehen, um mir etwas zu zeigen, was mein ungeübtes Auge nie erkannt hätte: wilde Orchideen, die im Licht der wenigen Sonnenstrahlen blühten, die ihren Weg durch das dichte Blätterdach gefunden hatten; oder die nackte braune, wurmartige Sentipic-Raupe und ihr behaartes Gegenstück, die Ulat-Bulu-Raupe.

Zwischendurch führte unser Weg am Melinau River entlang, der hier mächtig und wie flüssiges Silber strömte. Und als wieder einer jener zahlreichen tropischen Wolkenbrüche auf uns niederging, brach Chef de Mulu mir ein festes Elefantenohrblatt von der Größe eines aufgespannten Knirps ab, das ich wie einen Schirm über meinen Kopf hielt.

Einmal fasste mich Chef de Mulu am Arm und befahl mir stehen zu bleiben.

»Was ist los?«, fragte ich.

»In der Nähe ist ein Bär, wir warten, bis er weg ist.«

»Woher weißt du das?«, wollte ich wissen.

»Ich habe ihn gerochen«, antwortete Chef mit einer Selbstverständlichkeit, als würde er über das Rot an einer Fußgängerampel reden.

»Kannst du auch andere Tiere riechen?«, wollte ich wissen.

»Ja, natürlich. Zum Beispiel die Spur einer Schlange.« Und nach einer kurzen Pause fügte er hinzu: »Man muss vor den Tieren im Dschungel keine Angst haben. Alle sind sehr höflich. Man darf sie nur nicht stören.«

Langsam und behutsam führte mich Chef de Mulu an die Natur heran, die mich sonst in ihrer Üppigkeit und Kraft sicherlich erschreckt hätte. Doch so fügte ich mich ein, ließ mich auf sie ein, dachte gleichzeitig viel und nichts und spürte, wie sich in mir neue Erkenntnisse entwickelten; noch unbenennbar, noch nicht fassbar, aber in fast greifbarer Nähe.

Nach mehr als vier Stunden erreichten wir das Camp 5. Wie durch eine Pforte traten wir aus dem dichten Wald heraus. Etwa fünf Meter unter uns ergoss sich der Melinau River wie ein breites Band durch eine Schlucht, dahinter erhob sich der mit Bäumen bewachsene Gunung Api im orangefarbenen Abendlicht. Es war ein Anblick von so berückender Schönheit, dass ich wie angewurzelt stehen blieb und einen Moment lang nicht fassen konnte, was ich sah. Auch Chef war stehen geblieben. Feierlich und zärtlich blickte er auf diese wunderbare Welt, die sich so unvermittelt vor uns aufgetan hatte.

»Immer wenn ich das sehe, denke ich, dass dort oben im Himmel jemand sein muss, der mit seiner Hand voller Liebe über diese Landschaft streicht«, sagte er leise.

Etwas dreißig Meter von uns entfernt stand ein auf Stelzen gebautes Holzhaus, dessen Vorderfront wie eine offene Galerie gestaltet war. Nur bis zur Hüfte reichte die Holzwand, darüber hing an Leinen Wäsche zum Trocknen. Ganze Bienenschwärme hatten sich laut summend auf den Kleidungsstücken versammelt, sodass ich zuerst einmal ängstlich auf Abstand ging.

»Keine Sorge«, sagte Chef. »Die Bienen sind harmlos. Sie mögen einfach nur vom Schweiß nasse Wäsche. Sie saugen das Salz ein.«

Im Inneren des Gebäudes befanden sich die Schlafplätze, Nischen von etwa sechs auf drei Metern, die wie offene Umkleidekabinen in einem Schwimmbad nur durch eine Holzwand voneinander getrennt waren. Murang hatte uns schon eine Schlafbox gesichert und unser Gepäck dort abgestellt.

Nebenan war wie auf einer Terrasse ein Aufenthaltsraum mit Holztischen und -bänken eingerichtet, an den sich die Toiletten und Waschräume – getrennt nach Geschlecht – anschlossen. Ein paar Meter von dem Holzhaus entfernt hatten sich die Dschungelführer auf ein lediglich überdachtes Plätzchen zurückgezogen, das aus der Entfernung an eine Futterkrippe für Rotwild erinnerte: Hier gab es nur einen Tisch, zwei Bänke und ein offenes Feuer, über dem die Führer für die Touristen Tee und kleine Mahlzeiten wie Tütennudeln oder Dosensuppe kochten. Chef und Murang nahmen mich dorthin mit.

Ehrlich gesagt gefiel es mir ganz gut, so aus der Masse der übrigen Touristen herausgehoben zu werden. Es war eine Auszeichnung. Ich, eine Fremde, wurde in den geschlossenen Kreis der Dschungelführer eingelassen. Das war fast so, als würde man von jemandem, zu dem man ein rein berufliches Verhältnis hat, nach Hause eingeladen.

Etwa zwei Stunden saß ich an jenem Abend bei den Dschungelführern. Das Feuer gab ein schwaches, warmes Licht wie ein Wohnzimmerkamin und entriss die Gesichter der Männer beim Anfachen der Glut für einige Sekunden dem Halbschatten. Sie wirkten geheimnisvoll fremd und gleichzeitig wissend und ruhig. Die Männer unterhielten sich gedämpft in ihrer Sprache, die mit dem lauten Konzert der Zikaden zu einer Nachtmusik des Dschungels verschmolz, nur hin und wieder unterbrochen von den knarrenden Geräuschen eines Walkie-Talkies, über das sie mit der Nationalparkleitung verbunden waren. Handys hatten hier kein Netz, und Telefon gab es in Camp 5 erst recht nicht.

Für kurze Zeit gesellte sich eine junge Frau zu uns, eine Dschungelführerin, etwa Ende zwanzig, schlank, drahtig, die Haare praktisch kurz geschnitten. Wie sie sich im Kreis der Männer bewegte, wie diese mit ihr sprachen, sie ansahen, merkte ich, dass sie voll und ganz zu dieser Gruppe der Dschungelspezialisten dazugehörte. Sie war akzeptiert, mehr noch, sie wurde respektiert. Wegen ihrer Kenntnisse, aber auch wegen ihrer körperlichen Kraft und Ausdauer. Sie stand keinem der Männer in etwas nach.

Im Dschungel geht man nicht spät ins Bett, denn der nächste Tag beginnt früh, zwischen 5 und 6 Uhr, bevor die Sonne ihre volle Kraft entfaltet. Auch für uns wurde es Zeit, schlafen zu gehen. Murang und Chef hatten unsere Betten schon vorbereitet. Die Schlafsäcke waren ausgerollt und lagen wie drei Mumien nebeneinander, Pullis waren zu Kissen gefaltet, an Haken in der Decke waren zwei Moskitonetze befestigt: eins für Murang, eins für Chef und mich. Mein Schlafplatz war in der Mitte, gut beschützt von rechts und links.

In der Nacht wachte ich mehrmals auf. Chef schlief unruhig, drehte sich, lag mal nah bei mir, mal fast an der Holzwand, die uns von der nächsten Kabine trennte. Zwischendurch knirschte er im Schlaf laut mit den Zähnen. Wenn ich ihm kurz meine Hand auf die Schulter legte, hörte er auf und schlief ruhig weiter.

Kurz vor sechs am nächsten Morgen wachten wir auf. Im Haus herrschte aufgeregte Aufbruchstimmung. Es wurde geräumt, gelacht, Schritte hallten dumpf auf dem Holzboden. Die rund zehn Touristen, die hier logierten, machten sich bereit zum Aufstieg auf die Pinnacles. Ihre Führer warteten schon im Aufenthaltsraum mit dem Frühstück: Tee, Sandwiches und Wasser standen auf den Tischen bereit. Wir ließen uns Zeit, uns hetzte niemand, wir hatten drei lange Tage vor uns, vielleicht mit, vielleicht auch ohne Bezwingung der Kalksteinfelsen. Man würde sehen.

Nach und nach leerte sich das Camp. Ich zog meinen geblümten Badeanzug an, ging zum Fluss hinunter und setzte mich auf einen Felsbrocken, der bequem wie ein Stuhl geformt war. Herrlich friedvoll war es hier, neben mir rauschte das Wasser, mein Blick verlor sich an den grünen Hängen des Mount Api. Ich weiß nicht, wie lange ich dort so saß, als plötzlich Chef hinter mir stand. Ich hatte ihn nicht kommen hören und merkte erst jetzt, dass er fähig war, sich völlig geräuschlos wie eine Katze in der Nacht zu bewegen. Er stellte eine Tasse Tee neben mich auf den Boden, genau so gesüßt, wie ich es liebte. Dann lächelte er mich kurz an und verschwand, wie er gekommen war. Woher wusste er, dass ich allein sein wollte?

Ich trank etwas Tee, saß dann wieder still, genoss die Ruhe. Als ich nach einer Weile zufällig auf meinen Badeanzug blickte, hielt ich vor Erstaunen den Atem an: Auf den bunten Blüten des Stoffes hatten sich Schmetterlinge niedergelassen, bewegten sich sanft im Rhythmus meines Atems.

Heute glaube ich, dass dies der Augenblick war, der mein Leben endgültig veränderte: Ich schaute auf die Schmetterlinge und begann zu weinen. Tränen liefen über mein Gesicht, hinterließen einen salzigen Geschmack auf den Lippen, und neue Tränen kamen, lange, immer wieder.

›Mein Gott, was für ein Leben führst du eigentlich?‹, fragte ich mich. ›Was für ein sinnloses, leeres Leben!‹ Ich blickte auf die Schmetterlinge, das Wasser, die Baumkronen, in den Himmel und fühlte mich verstanden, auf eigenartige Weise mit allem verbunden. Ich war traurig, aber nicht einsam.

Als ich im Februar beschlossen hatte, nach Mulu zurückzukehren, auch um zu lernen, um zu finden, was wir vor Jahrhunderten wussten, war mir nicht klar, was das sein würde. Jetzt wusste ich es etwas mehr: Es wurde mir Vergessenes gelehrt, und die Erinnerung kehrte langsam zurück.

Ich spürte, ja, ich begriff: Die Natur ist die größte Trösterin der Seele. Meine Tränen waren Ausdruck der Traurigkeit über das lange Verlorene, Vermisste. Und sie waren Ausdruck der Traurigkeit der Seele, die sich langsam erholte und endlich das sein durfte, was sie wirklich war: die Verbindung zur Welt. Hier in Mulu gewann meine Seele langsam ihre Selbstständigkeit zurück, hier wurde ihr endlich gestattet zu weinen, während die Natur sie sanft streichelte, ihr Kraft schenkte und sie heilte.

Irgendwann stand ich auf, nahm die Teetasse, die mittlerweile leer war, und ging zum Camp zurück. Von Weitem schon sah ich Chef de Mulu. Er saß auf einer Bank an einem Holztisch dicht am breiten Stamm eines Baumes und las ein Buch. Als ich näher kam, blickte er auf, sah mich an und lächelte. Weise, verständnisvoll, gütig. Er wusste, was in mir vorgegangen war. Auf magische Art.

»Komm, setz dich zu mir«, sagte er und klopfte auf den freien Platz neben sich.

»Was liest du?«, fragte ich. Chef schob mir das Buch zu, ein dickes Taschenbuch. Es war Jostein Gaarders Roman *Sophies Welt* auf Englisch. Ich war verwirrt. Dieser Mann, der nie eine Schule besucht hatte, aber die Spur einer Schlange riechen konnte, las eine Einführung in die Philosophie des Abendlands.

»Woher hast du das Buch?«, wollte ich wissen.

»Ein Tourist hat es mir dagelassen, er meinte, es würde mir gefallen. Tut's auch. Siehst du, ich hab es schon halb durch.«

Chef nahm das Buch wieder an sich und schlug eine Seite auf.

»Was heißt das?«, fragte er und unterstrich mit dem Zeigefinger drei Wörter. Dort stand auf Deutsch: »Ding an sich«.

Alles hätte ich erwartet auf dieser Reise, aber nicht, dass ich im Dschungel von Borneo auf Kants Kritik der reinen Vernunft treffen würde. Zwar habe ich Philosophie studiert, doch der Begriff »Ding an sich« zählt wohl zu den schwersten Brocken dieser Wissenschaft, ein Begriff, über den sich schon Fichte, Hegel und Nietzsche die Köpfe zerbrochen haben.

Ich versuchte, Chef zu erklären, dass Immanuel Kant damit das Ding als unabhängig von anderem, als an sich und absolut gedacht, bezeichnete. Doch wie die Beschaffenheit der Dinge sei, wüssten wir nicht. Wie sie an sich selbst sind, ist unbekannt. Wir kennen nur ihre Erscheinungen, das heißt die Vorstellungen, die sie in uns bewirken, indem sie von unseren Sinnen erfasst werden.

Chef de Mulu hörte mir aufmerksam zu. Er sagte nicht, was er von Kants Gedanken hielt. Auch mein Vortrag darüber war sicherlich nicht unbedingt für eine Habilitation geeignet. Vielleicht dachte er für sich weiter über das »Ding an sich« nach, vielleicht verwarf er es auch wie einst Fichte als »Ungedanke« oder wie Schelling als »ein wahres hölzernes Eisen«. Doch auf einmal sagte er: »Der Dschungel, das ist ein Ding an sich. Ihn gab es schon, bevor zum ersten Mal ein Mensch ihn sah. Und es wird ihn weiter geben, wenn keine Menschen mehr da sein werden. Wir bewegen uns in ihm, haben etwas über ihn erfahren, doch was er wirklich ist, wissen wir nicht. Wie so vieles in dieser Welt, was uns immer ein Geheimnis bleiben wird.«

Ich war sprachlos. Mit einer geistigen Leichtigkeit, so wie ein Seiltänzer behänden Schrittes von einer Seite der Zirkuskuppel zur anderen balanciert, hatte Chef das ausgesprochen, was man in der Philosophie die Kritik der Kritik am Begriff des »Dings an sich« nennt. Wofür andere Semester um Semester in Seminaren und Vorlesungen sitzen, hatte er innerhalb weniger Minuten auf der Holzbank im Camp 5 erfasst.

Am Nachmittag machten wir einen Spaziergang in die Umgebung, abseits der ausgetretenen Wege. Murang und ein Führer, der an dem Tag frei hatte, begleiteten uns. Chef ging vorweg und schlug den Weg durch das Dickicht mit seinem Buschmesser frei. Als wir einen kleinen Hang erreichten, blieb Chef stehen und deutete auf eine Pflanze, die wie ein dünner Ast mit länglichen, schmalen Blättern aus dem Boden ragte.

»Tongkat Ali«, sagte er so feierlich wie ein Priester bei der Eucharistiefeier. Auch die beiden anderen Männer blieben bei der Pflanze stehen und betrachteten sie voller Ehrfurcht.

»Tongkat Ali ist sehr selten«, sagte Chef an mich gewandt. »Aus der Wurzel stellt man ein Getränk zur Stärkung her, manche benutzen es auch als Aphrodisiakum. Wenn man es Hunden unter das Fressen mischt, werden sie aggressiver, bellen mehr.«

Und in einem Ton, der keinen Widerspruch zuließ, bestimmte Chef: »Die gehört mir!« Murang und der andere Führer traten respektvoll, ja fast ehrerbietig einen Schritt zurück. Was ging hier vor? Auch ich war aufgeregt, fasziniert, wie von einem geheimnisvollen Zauber berührt. Was hob Chef von den beiden anderen Männern ab? Was verschaffte ihm diese Sonderstellung, dass nur er die Tongkat Ali herausziehen, dass nur er sie behalten durfte? Was wussten Murang und sein Freund, was ich nicht wusste?

Chef stellte sich dicht mit dem Rücken vor die Pflanze, griff mit den Händen hinter sich und zog sie mit einem heftigen Ruck samt Wurzel aus dem Boden.

»Tongkat Ali darf nur von hinten herausgezogen werden«, sagte Chef zu mir. »Verstehst du, nur von hinten«, wiederholte er eindringlich. Murang und sein Kollege nickten ernst, ohne sich vom Fleck zu rühren. Chef wischte mit der Hand die Erde von der Wurzel, brach den daraus wachsenden Ast ab und verstaute sie in seinem Rucksack. »Das wird mir viel Kraft geben«, sagte er, diesmal mit einem glücklichen Lächeln. Auch Murang und sein Freund lächelten fast befreit, als sei eine eigenartige Anspannung von ihnen abgefallen.

»Kann ich auch etwas von dem Tongkat-Ali-Saft trinken, damit ich fit werde?«, fragte ich Chef.

»Nein«, antwortete er mit einem amüsierten Lachen. »Das ist nicht erlaubt.«

Wir streiften weiter durch das Dickicht.

»Hier, sieh mal«, sagte Chef de Mulu. »Bunga lembatajan. Diese Pflanze benutzen die Eingeborenen für eine Abtreibung. Das ist aber nur gestattet, wenn die Frau krank ist.« Und an einer anderen Stelle zeigte er mir einen Baum: »Kayu gaharu. Das Schwarze im Stamm ist Medizin. Damit wird Rauch erzeugt, den der Schamane zum Kranken hintreibt. Der Rauch trägt dann den Geist der Krankheit fort.«

Irgendwann kamen wir wieder am Melinau River an und setzten uns ans Ufer. Chef schnitt von einem Strauch einen dünnen, etwa einen Zentimeter dicken Ast ab und kürzte ihn auf zwanzig Zentimeter Länge. Dann holte er sein Taschenmesser heraus und schnitzte in die Rinde sich wiederholende Muster, die in geschwungenen und eckigen Linien miteinander verbunden waren.

Das Muster hatte ich schon einmal gesehen, aber ich konnte mich nicht erinnern, wo.

»Du hast schöne Muster im Kopf«, sagte ich.

»Ja«, antwortete Chef, »es sind die Muster meines Stammes.« Dann schnitt er in der Mitte des Astes eine etwas breitere Fläche der Rinde heraus, zündete einen stricknadeldünnen Ast mit dem Feuerzeug an, blies die Flamme aus und schrieb mit der glühenden Spitze in das Holz: *Chef, Hanna and Murang. Camp 5, 1998.*

»Für dich«, sagte er und reichte mir das kleine Kunstwerk. Ich hielt das Stück Holz vorsichtig in beiden Händen und fühlte mich, als hätte er mir ein Diamantkollier geschenkt. Chef und ich blickten uns in die Augen.

»Danke«, sagte ich leise.

Erst jetzt bemerkte ich, dass wir alleine waren. Murang und sein Freund waren schon zum Camp zurückgegangen.

Chef stand auf. »Komm, ich zeig dir, wo es auf die Pinnacles geht. Wenn du willst, steigen wir morgen rauf.« Er zog mich an der Hand hoch, drehte sich um und marschierte los. Nach einer Weile erreichten wir einen Dschungelpfad, der an einer Art steilem Klettersteig endete. Wurzeln ragten aus dem Boden, ein dickes Seil war mit dicken

Metallringen als Aufstiegshilfe an Felsvorsprüngen befestigt.

Geschmeidig wie eine Katze lief Chef die ersten Meter nach oben. Ich schleppte mich wie ein nasser Sack vier, fünf Meter hoch, blickte nach oben, wo sich das Seil in der Ferne verlor, und wusste: Das brauchte ich nicht. Ich musste hier keine Berge bezwingen; ich musste weder mir noch irgendjemandem etwas beweisen. Wonach ich suchte, würde ich nicht auf den Höhen von Kalksteingipfeln finden.

»Was ist los?«, rief Chef mir zu. »Wo bleibst du?«

»Ich geh wieder runter. Das ist mir zu steil. Das schaffe ich nicht!«

»Kein Problem. Ich kann dich auf den Rücken nehmen und hochtragen. Das habe ich schon mal mit einer Touristin gemacht, die hatte nur ein Bein.«

Ich musste lachen. »Nein, danke«, antwortete ich. »So schlimm ist es noch nicht. Mir reicht wirklich dieses Stück. Ich kehre um.«

»Okay. Macht nichts. Dann klettern wir eben nicht auf die Pinnacles, hier gibt's genug anderes zu unternehmen«, meinte er gut gelaunt und kam mit leichten Schritten wieder bei mir an.

Bei jedem anderen wäre es mir peinlich gewesen, wie ich da so ungelenk als komische Figur am Seil hing. Seltsamerweise machte es mir bei Chef nichts aus. Er ließ alles einfach geschehen, er ließ es zu. Er ließ mich.

Am nächsten Morgen setzte sich Serian, die Dschungelführerin, die ich am ersten Abend im Camp 5 kennengelernt hatte, zu uns. Fünf Tage hintereinander hatte sie Gruppen auf die Pinnacles gebracht, Schwerstarbeit für einen Mann, für eine Frau eine unvorstellbare Leistung. Während die Touristen bei einer Tour einmal aufstiegen, legten die Führer mindestens die dreifache Strecke zurück. Immer wieder mussten sie umkehren, Nachzüglern helfen, wieder an die Spitze der Gruppe vorlaufen. Drei Tage hatte Serian jetzt frei.

»Zeit, mich zu erholen«, sagte sie und schaute mich an. »Wollen wir baden gehen?«

Kurz darauf standen wir beide bis zur Hüfte im Melinau River. Über uns der unendliche blaue Himmel, um uns das Wasser, auf dem das Sonnenlicht wie Diamanten glitzerte. Ich hätte nicht gedacht, dass die Strömung so stark war. Fast wäre ich auf den glatten Steinen des Flussbetts ausgerutscht.

»Gib mir deine Hand!«, rief Serian. »Ich halte dich fest!« Und dann liefen wir wie zwei kleine Mädchen den Fluss hoch.

Serian setzte sich eine Taucherbrille auf.

»Lass uns sehen, ob hier Fische sind«, sagte sie, tauchte mit dem Kopf unter und kurz darauf prustend wieder auf. »Zwei Fische«, jubelte sie. »Jetzt du.«

Ich schob mir die Brille über die Augen. »Keine Fische«, rief ich, als ich wieder auftauchte. Und so ging es weiter, abwechselnd tauchten wir unter, meldeten immer wieder: »Drei Fische« oder: »Keine Fische« und umarmten uns lachend.

Wir waren wieder Kinder. Ich spürte Serians Hand, die fest die meine hielt, wurde von ihrer Kraft mitgezogen, mitgetragen. Eben noch Fremde, waren wir plötzlich Freundinnen; wir waren so unbeschreiblich jung, so ausgelassen, so glücklich wie die Fische im Wasser, die wir immer mal wieder kurz an uns vorbeihuschen sahen. Wir kletterten auf einen glatt gewaschenen Felsen im Wasser, auf dem man bequem sitzen konnte, ließen die Beine im Fluss baumeln und erzählten uns unser Leben.

Hier, auf diesem Stein im Melinau River, lagen Europa und Asien so nahe beieinander wie Gelsenkirchen und Recklinghausen. Hier war nichts Trennendes der Kontinente oder der Kulturen zu spüren. Hier waren wir zwei Menschen, die in derselben Welt lebten, die sich mochten, die sich verstanden. Was machte es da aus, dass bei der einen im Januar minus 10 Grad, bei der anderen plus 40 Grad herrschten, dass die eine braune, die andere grüne Augen, die eine dunklere, die andere helle Haut hatte, dass die eine achtundzwanzig, die andere zweiundvierzig war?

Serian stammte aus Mulu. Von der ersten Klasse an war sie in Marudi im Internat, wie alle Dschungelkinder dieser Region. Ihre Eltern sah sie nur alle paar Monate. Sie fühlte sich oft schrecklich einsam und verlassen, als sie klein war. Da war keine Mutter, die sie liebevoll in den Arm nahm, sie tröstete, wenn sie hingefallen war und sich das Knie aufgeschlagen hatte.

»Schon damals habe ich mir gesagt: Ich muss stark werden, ich muss allein zurechtkommen können«, erzählte sie. »Oft habe ich gedacht, meine Eltern würden mich nicht lieben, weil sie mich nie besucht haben. Dabei hatten sie dafür nur kein Geld.«

Ich nickte. Das alles kannte ich zu gut. »Ich bin auch nicht bei meinen Eltern aufgewachsen«, erzählte ich. »In der ersten Klasse bin ich zu meiner Tante und meinem Onkel gekommen. Meine Eltern hatten eine Firma und Geschäfte. Als ich in die Schule kommen sollte, überlegten sie, mich in ein Internat zu geben. Da boten meine Verwandten an, sich um mich zu kümmern. Sie wohnten in derselben Stadt. Meine Eltern waren einverstanden. Eigentlich sollte ich nur nach der Schule zu Tante und Onkel. Abends, nach Geschäftsschluss, wollte meine Mutter mich dann abholen. Aber meine Tante konnte keine Kinder bekommen, und so wurde ich zu ihrem Ersatzkind.«

Perfiderweise erzählten mir meine Verwandten, dass meine Eltern mich nicht haben wollten und ich deshalb bei ihnen sei. Als Kind glaubte ich ihnen das. Irgendwann wollte ich abends nicht mehr mit meiner Mutter nach Hause. Es gab jedes Mal Tränen, bis sie mich schließlich bei meinen Verwandten schlafen ließ. Daraus wurde ein Dauerzustand. Meine Eltern sah ich nur noch sonntags, wenn sie zu Besuch kamen oder wir zu ihnen fuhren.

»Ich hab als Kind auch oft weinend im Bett gelegen, weil ich dachte, dass meine Eltern mich nicht liebten«, erzählte ich Serian. »Dann sagte ich mir immer, dass ich hart werden müsse. Aber meine Mutter hat noch mehr geweint als ich. Sie hat mich so vermisst, so geliebt. Heute weiß ich, dass sie das alles nur zuließ, weil sie glaubte, dass ich mich bei meinen Verwandten so wohlfühlte. Sie wusste nicht, dass meine Tante und mein Onkel gegen sie gearbeitet haben, dass sie ihr die Tochter weggenommen haben. Das erfuhr sie erst, als ich einundzwanzig war. Da habe ich meinen Eltern alles erzählt.«

Serian hatte mir die ganze Zeit aufmerksam zugehört. Dann schwiegen wir beide eine Weile, während jede ihren Erinnerungen nachhing.

»Was haben deine Eltern denn gesagt, als du Dschungelführerin werden wolltest?«, fragte ich Serian.

»Die waren entsetzt, aber heute sind sie stolz auf mich«, antwortete sie. »Das ist ja eigentlich auch kein Beruf für Frauen. Die meisten schaffen das körperlich nicht. Aber ich habe immer davon geträumt und mich nicht abhalten lassen. Ich habe viel trainiert und für die Prüfung gebüffelt. Die ersten Monate als Führerin waren eine Qual. Ich hatte schrecklichen Muskelkater, aber ich musste trotzdem täglich los, hoch auf die Pinnacles oder raus zu längeren Touren. Schmerzen, Müdigkeit – niemand fragte danach. Einmal war ich mit Touristen in der Nähe der Clearwater-Höhle unterwegs. Es war noch ein zweiter Führer dabei. Ich ging vorweg, er bildete die Nachhut. Plötzlich hörte ich ein lautes, lang gezogenes Knarren. Dann Blätterrauschen und einen furchtbaren Knall. Ich drehte mich um. Ein hoher Baum war umgestürzt. Vor dem Stamm lag der Kopf meines Kollegen, wie abgehackt. Sein Körper war unter dem Baum begraben. Zum Glück war keinem der Touristen was passiert.«

Zwei Stunden saßen wir schon auf dem Stein, als ich mich plötzlich beobachtet fühlte. Ich blickte mich um. In unserer Nähe führte eine Hängebrücke über den Fluss. Dort oben stand Chef.

»Sieh mal«, sagte ich zu Serian. »Da steht Chef de Mulu!«

»Ich weiß«, antwortete sie. »Er steht schon die ganze Zeit da.«

Am nächsten Tag verließen wir Camp 5. Serian und ich umarmten uns zum Abschied, und ich musste ihr versprechen, dass ich sie bei meinem nächsten Urlaub in Mulu besuchen würde. Sie hatte ein kleines Zimmer in den Mitarbeiterhäusern des Nationalparks. Wir konnten ja nicht wissen, dass wir uns schon in wenigen Monaten wiedersehen würden.

Bei unserem Aufbruch regnete es. Chef und ich gingen voran, Murang folgte uns etwas langsamer mit meinem Rucksack. Der Weg war matschig, manchmal sank ich fast bis zu den Knöcheln ein. Nach einer halben Stunde blieb Chef stehen.

»Komm mal her«, sagte er, holte eine Zigarette aus seiner Hosentasche, riss das Papier ab und ließ den Tabak in seine Hand rieseln. Er bückte sich und stopfte den Tabak in den Rand meiner Socken. »Das ist gegen Blutegel, die sind bei diesem Wetter aktiv. Aber Tabak mögen sie nicht«, erklärte er mir.

Alle zwanzig Minuten musste ich stehen bleiben. Chef ging um mich herum und kontrollierte mit prüfendem Blick meine nackten Beine. Zweimal entdeckte er einen Blutegel. Die Tiere klebten wie längliche braune, glitschige Flecken auf meiner Haut und bewegten sich leicht. Chef befeuchtete Damen und Zeigefinger mit etwas Speichel, dann schnippte er den Blutegel mit einer schnellen Bewegung weg. »Der Speichel verhindert, dass sich der Blutegel an mir festsaugt«, sagte er. »Man kann auch Salz oder Zigarettenasche nehmen.«

Die Landegel auf Borneo haben keine Ähnlichkeit mit ihren großen, im Wasser lebenden Artgenossen, denen Humphrey Bogart im Film »African Queen« zu Berühmtheit verholfen hat. Hier ist ihr Lebensraum der Moorwald, und solange sie nicht vollgesogen sind, kann man sie von harmlosen Raupen nur an einem gelben Streifen auf dem Rücken unterscheiden. Farblich ihrer braunen Umgebung angepasst, verharren sie in Hungerstarre, bis sich ihnen ein Warmblüter, gleichgültig, ob Mensch oder Tier, nähert. Dann bewegen sie ihr vorderes Körperende, an dem sich Saugnäpfe befinden, kräftig hin und her und orten mit Hilfe von Wärmesensoren ihre Beute. Mit rasiermesserscharfen Zähnchen, die wie ein Mercedesstern auf drei Kieferplatten angeordnet sind, durchbeißen sie die Haut. Ihre Speicheldrüsen sondern dabei Hirudin ab, das die Blutgerinnung verhindert, und sie saugen sich voll. Auch nachdem der Egel entfernt ist, blutet die Wunde bis zu einer Stunde weiter, kann später sogar nässen und eitern. Im schlimmsten Fall schließt sie sich monatelang nicht und hinterlässt eine Narbe. Deshalb kontrollierte Chef de Mulu meine Haut so genau.

Wenn man mir zwei Wochen vorher einen Blutegel aufs Bein gesetzt hätte, wäre ich wahrscheinlich hysterisch geworden. Jetzt ekelte ich mich nicht einmal. Ich fand es sogar ganz interessant, etwa so, wie wenn man zum ersten Mal Schnecken isst.

Wie sehr ich mich der Natur genähert hatte, merkte ich auch, als mir Chef ein Pill Milipit in die Hand legte, einen raupenähnlichen Käfer. Bei der Berührung rollte er sich zu einer kleinen kühlen Kugel zusammen, und seine gelben Querstreifen verwandelten sich zu einem Stern. Raupen und Käfer, das war Getier, vor dem es mir seit meiner Kindheit grauste. Und jetzt hielt ich es behutsam in der Hand. Es war, als würde ich in eine neue Verbindung zur Welt treten. Es war beglückend, beruhigend. Langsam und vorsichtig hatte mich Chef de Mulu in den vergangenen Tagen dorthin geführt. Und er wusste genau, dass ich heute, und nicht einen Tag eher, so weit war, ein Pill Milipit anzufassen.

Wir waren sicher schon zwei Stunden unterwegs, als ich plötzlich abseits des Pfades laut Äste knacken hörte. Wahrscheinlich waren Parkranger damit beschäftigt, morsche Äste und abgefallene Blätter zu entfernen. Ich sang lauthals: »Auf die Bäume, ihr Affen, der Wald wird gefegt.«

Da drehte sich Chef zu mir um, winkte mich heran und zeigte in die Richtung, aus der die Geräusche kamen. »Guck mal, da oben ist ein Langschwanz-Makake.«

Der Affe schwang sich von Ast zu Ast und sorgte dabei für ordentlich Radau.

›So blöd kann auch nur eine Städterin sein, zu glauben, dass der Dschungel aufgeräumt wird‹, dachte ich bei mir.

Ein Stück weiter trafen wir auf eine ältere Penan-Frau, die auf der Erde saß, neben sich einen Rattankorb, in dem sie Kräuter und Beeren sammelte. Sie war aus der Siedlung am Melinau River. Hier, in der ihr vertrauten Umgebung, unter dem geliebten schattigen Blätterdach, wirkte sie gelöst und zufrieden, ganz anders als die niedergeschlagenen Frauen, die ich bei unserem Aufbruch zur Clearwater-Höhle getroffen hatte. Sie begrüßte Chef mit dem liebenswürdigen Lächeln einer Gastgeberin, die Besucher in ihr Heim bittet. Ja, der Dschungel war wirklich ihr Zuhause. Die beiden unterhielten sich kurz, dann gingen wir weiter. Die Frau lehnte sich mit dem Rücken an einen Baumstamm, so wie man es sich in einem Ohrensessel gemütlich macht, nachdem sich der Besuch verabschiedet hat.

An einer flachen Stelle durchquerten wir den Melinau River, und ich genoss es, dass das kühle Wasser wie ein erfrischendes Fußbad in meinen Schuhen schwappte. Die Wolken hatten sich verzogen, der Himmel war wieder hellblau, und die Sonne brannte mit gewohnter Kraft. Am Ufer suchten wir uns ein schattiges Plätzchen, setzten uns auf den Boden, und ich zog Boots und Socken aus. Chef nahm meine Schuhe und zog mit geübten Griffen Sohlen und Innenschuhe heraus, um sie zum Trocknen auszulegen. Nach einer halben Stunde erschien Murang am gegenüberliegenden Ufer und stieß lächelnd, mit beiden Rucksäcken beladen, zu uns.

»Schneller Treck«, sagte er mit anerkennendem Grinsen zu mir.

Nach einer kurzen Pause ging es weiter. Ein schmaler Pfad führte auf einen Schotterweg, an dem in einer engen Einbuchtung ein Mann am Steuer eines Jeeps wartete.

»Das ist unser Wagen«, sagte Chef.

»Und wo kommt der plötzlich her?«, wollte ich wissen.

»Haben wir über Walkie-Talkie im Camp 5 bestellt«, klärte er mich auf. Der Fahrer war mittlerweile ausgestiegen und begrüßte uns. Er hatte nur einen Arm.

Chef setzte sich ans Steuer, startete den Wagen und rangierte ihn gekonnt rückwärts auf den Schotterweg, bremste und rutschte auf den Beifahrersitz rüber.

»Wo hat der so gut Autofahren gelernt?«, fragte ich mich verwundert.

Jetzt übernahm der Einarmige das Steuer. Er raste los, als ginge es um den Großen Preis von Malaysia. Dabei wirbelte er das Lenkrad mit der Geschwindigkeit einer Roulettescheibe hin und her. Ich hielt mich am Vordersitz fest, damit ich bei der Jagd durch die Schlaglöcher nicht mit dem Kopf an die Decke knallte, und atmete auf, als der Wagen am Eingang zum Nationalpark scharf bremste und in einer Staubwolke zum Stehen kam.

An diesem Abend schlief ich zum letzten Mal im »Royal Mulu Resort«. Ich ging noch einmal in die Bar, trank noch einmal ein Tiger-Bier. Wieder spielte die Musik von »Michael Learns To Rock«. *»Animals / wild rivers and waterfalls …«*

Ich war müde und freute mich auf den nächsten Tag. Wir würden für den Rest meines Urlaubs tief im Dschungel bleiben, in Regionen, die nur Eingeborene kennen. Nur sie wissen, wie man dort überlebt. Und wer zu einer solchen Reise aufbricht, kehrt als ein anderer zurück.

Am Morgen kamen Chef und Murang ins Resort und setzten sich mit mir zusammen.

»Bei dem, was wir jetzt machen, musst du alles, was wir dir sagen, genau befolgen«, ermahnte mich Chef. »Du darfst nirgends alleine hingehen, dich nicht einmal ein paar Meter entfernen. Du musst immer bei uns bleiben. Es gibt zum Beispiel Bäume, die den ganzen Körper anschwellen lassen, wenn man in ihre Nähe kommt.« Und nach einer kurzen Pause fügte er hinzu: »Normalerweise sagen wir den Leuten, die wir in den Dschungel bringen, immer, dass der Treck sofort abgebrochen wird, wenn nur einmal jemand nicht auf unsere Anweisungen hört. Das Risiko ist einfach zu groß.«

Am Anleger des Resorts wartete schon das Langboot, mit dem wir unterwegs sein würden. Als Bootsmann und Träger war Robert zu uns gestoßen, ein dreiundzwanzigjähriger, schüchterner, liebenswürdiger junger Mann aus Mulu. Das Boot war voll beladen. Zu unserer Ausrüstung gehörten ein Wasserkessel und ein Wok, Reis, Teebeutel, Zucker, Konserven, zwei Moskitonetze, Schlaf- und Rucksäcke, Plastikplanen, Kerosin- und Taschenlampe, Kerzen, Fischernetz, Benzinkanister, ein Gewehr – und ein Hahn. Der hockte mit zusammengebundenen Beinen vorne im Boot.

»Was macht denn der da?«, fragte ich Chef und Murang.

Die beiden lachten: »Der gehört zum Proviant.«

Unser Weg führte uns in die Nebenarme des Melinau River. Nach fast zwei Stunden Bootsfahrt hielten die Männer Ausschau nach einem geeigneten Lagerplatz. An einer steilen Uferstelle wurde das Boot festgemacht. Die Männer schlugen mit Buschmessern einen Weg frei und begannen an einer vier Meter über dem Wasserspiegel liegenden, flacheren Stelle eine Hütte zu bauen. Mir wurde ein Baumstumpf als Platz zugewiesen, auf dem ich sitzen bleiben sollte. Der Hahn wurde wie ein Hund mit einem Strick an einen Baum gebunden und scharrte in der Erde, während er mit ruckartigen Kopfbewegungen die Szenerie beäugte.

Chef, Murang und Robert arbeiteten Hand in Hand. Ohne dass sie sich absprechen mussten, schlugen sie Äste ab, rammten sie in den Boden, verbanden andere mit Rattan. Jeder wusste genau, was er zu tun hatte. Nach drei Stunden stand das »Haus«: Der Boden befand sich einen halben Meter über der Erde, damit keine Kriechtiere den Schlaf störten, zwei Plastikplanen dienten als Dach, der Rauch der Feuerstelle hielt Moskitos ab, darüber war Holz zum Trocknen aufgeschichtet und eine Ablage zum Räuchern von Fischen eingerichtet, die Robert später aus dem Fluss holen würde. Alles war perfekt organisiert, einschließlich meiner persönlichen »Toilette«, die ein bisschen abseits sichtgeschützt lag und zu der mir die Männer einen Weg freigeschlagen hatten.

Bis ins Detail lieferte die Natur das, was für das Leben nötig war: Die Seife lag sauber und wohl aufbewahrt auf einem Hurg-Blatt, und auf einem Gestell aus Ästen lagerte das Geschirr. Im Innern der Hütte dienten die Bänke aus dem Langboot als Tisch. Störend waren nur die Bienen, die immer wieder angeflogen kamen. Robert erschlug sie mit seinem Buschmesser.

Am Abend, als der Kessel für das Teewasser über dem Feuer hing und die Kerosinlampe ihr warmes Licht verbreitete, saßen wir auf dem Boden der Hütte und redeten. An den Seiten der Hütte waren Moskitokeulen angezündet worden, deren nach verbranntem Papier riechender Rauch die Mücken vertrieb.

Der Tag endete wie alle folgenden während unserer Dschungelexkursion: Wenn die Kerosinlampe leer war, wurde die Umgebung mit Taschenlampen abgeleuchtet, die Moskitonetze wurden heruntergelassen, und nur noch das glimmende Feuer warf kleine Lichtpunkte. Es würde die ganze Nacht brennen.

»Es bringt Unglück, wenn das Feuer im Dschungel ausgeht«, sagte Murang.

Der Dschungel war im Dunkel der Nacht versunken. Wir lagen in unseren Schlafsäcken nebeneinander auf dem Boden, Murang und Robert, Chef und ich unter je einem Moskitonetz. Chef bemerkte, dass ich besorgt auf einige kleine Falter blickte, die sich in unser Netz verirrt hatten.

»Schmetterlinge tun nichts«, sagte er nur und lächelte.

Innerlich sagte ich mir: ›Wir sprechen in unserer zivilisierten Welt immer von Erd-, Feuer-, Luft- und Wasserzeichen. Dabei haben wir die Bedeutung der Worte vergessen. Wir haben die Verbindung zur Natur, zur Grundlage unserer Existenz verloren und wundern uns, dass wir so hart geworden sind.‹

Die Menschen im Dschungel leben mit diesen Zeichen. Sie sind freundlich, höflich, verständnisvoll, hilfsbereit und feinfühlig. Sie benutzen für das Leben ihr ganzes Ich. Den Körper und die Seele.

Irgendwann in der Nacht wachte ich auf. Ich war unruhig, setzte mich auf und hörte auf das ruhige Atmen der Männer. Plötzlich richtete sich Chef auf, kroch unter dem Moskitonetz hervor und leuchtete die Umgebung mit der

Taschenlampe ab. Dann zündete er zwei Meter von mir entfernt auf dem Boden eine Kerze an. Schweigend hockte er sich daneben und blickte in die Nacht. Als die Kerze zur Hälfte niedergebrannt war, legte ich mich wieder hin. Chef blies die Kerze aus. Jetzt begriff ich, was ein Licht in der Nacht bedeutet: Er wollte mir mit dem Licht etwas Ruhe schenken.

Wir standen um 6 Uhr auf. Als Erstes wurde das Feuer, das nur noch schwach glomm, neu entfacht und Holz nachgelegt. Dann stiegen wir zum Fluss hinab und nahmen gemeinsam unser Morgenbad. Die Seife wurde reihum gereicht, und ich war froh, wenn ich sie weitergeben konnte, ohne dass sie mir aus der Hand rutschte.

Im tropischen Regenwald ist das Bad am Morgen und am Abend ein so fester Teil des Tagesablaufs wie die 20-Uhr-Nachrichten im Programm der ARD. Wer sich nicht daran hält, wird durch den Schweißgeruch zur leichten Beute für Moskitos und andere Insekten. Und selbst wenn man nicht schwitzt, fühlen sich Körper und Kleidung immer klamm an. Das liegt an der drückenden, fast greifbaren Luftfeuchtigkeit, die alles durchdringt. Von ihr geht ein an Schimmel und Moschus erinnernder Geruch aus, an den man sich erst nach Tagen gewöhnt.

Es war für mich ungewohnt, aber nicht unangenehm, mich in einer vollkommen unbewohnten Region aufzuhalten. Hier waren wir vier die einzigen Menschen inmitten einer Welt, in der ich mich ein bisschen wie ein Eindringling fühlte. Auch Chef, Murang und Robert wirkten verändert. Sie redeten mit gedämpften Stimmen, bewegten sich mit geschmeidiger Lautlosigkeit, gleichzeitig hoch konzentriert, aber nicht angespannt.

»Bevor wir in den Dschungel eintreten, bitten wir ihn

um Erlaubnis«, erklärte mir Chef. »Wir sprechen auch ein Gebet, um die Geister zu besänftigen. Der Mensch ist hier nur Gast, er muss sich einfügen. Er muss sich gut benehmen und darf nicht stören. Er muss Respekt haben. Wenn Mutter Natur zurückschlägt, hat der Mensch keine Chance.«

Jetzt verstand ich, warum die Männer, als sie den Platz für unsere Hütte betraten und ich im Boot wartete, eine Weile regungslos verharrten. Ich dachte, sie würden noch überlegen, ob die Stelle ein guter Lagerplatz sei. In Wirklichkeit hatten sie den Dschungel um Einlass gebeten.

»Einmal war ich allein im Dschungel unterwegs und habe einen Fehler gemacht«, erzählte Chef weiter. »Ich hatte ein paar Äste beiseitegeschoben und war mit meinen Gedanken woanders. Da hat mich eine Grüne Viper gebissen. Sie hing an einem Ast, und ich hatte sie gestört. Wenn ich aufgepasst hätte, wäre das nicht passiert.«

»Und was war dann? Grüne Vipern sind doch hochgiftig«, wollte ich wissen.

»Ja, ihr Biss ist eigentlich tödlich, wenn nicht rechtzeitig ein Gegengift gespritzt wird. Aber wer sich im Dschungel auskennt, weiß sich anders zu helfen. Erst muss man schnell bestimmte Blätter auf die Wunde legen, die ziehen das Gift heraus. Dabei wird das herausfließende Blut dunkelbraun. Dann saugt man die Wunde aus. Ich fand zum Glück in der Nähe die Blätter und habe den Biss damit behandelt. Anschließend hatte ich zwei Wochen Fieber, dann war alles gut.«

Chef de Mulu hielt mir die Unterseite seines rechten Handgelenks hin. Dort waren an der Stelle, an der man den Puls fühlt, zwei winzige Vertiefungen, noch kleiner als ein Stecknadelkopf. Es waren die Narben des Schlangenbisses.

Wir bewegten uns nur in einem Radius von etwa dreißig Metern um unsere Hütte. Auch dort durfte ich erst herumlaufen, nachdem die Männer den Bereich abgeschritten und erkundet hatten. Wir unternahmen keine Trecks, keine Ausflüge, sondern blieben an unserem Platz. Und ich spürte, dass Chef das entschieden hatte. Er wusste, wie schon so oft, was für mich das Beste war. Hier war nicht der Ort für einen Marathon, bei dem der Geist den Körper bezwingen musste, um ihn bis an seine Grenzen zu treiben. Hier ging die Seele auf Wanderschaft, lief sich frei, erholte sich, gab dem Geist neue Kraft. »Der tropische Regenwald ist das Komplexeste, was ein Mensch auf diesem Planeten erleben kann. Wer hier umhergeht, hat Zugang zu den Vorstellungen Gottes«, schrieb einmal die berühmte Orang-Utan-Forscherin Biruté Galdikas in ihrem Buch *Meine Orang-Utans*.

Der begrenzte Raum, in dem wir uns aufhielten, war für mich so voll von Eindrücken, dass seine Erweiterung mich nur verwirrt, vielleicht sogar geängstigt hätte. Da war nicht nur das Dunkel der Nacht, der modrige Geruch, die Abgeschiedenheit und die alles beherrschende Vegetation, die mit gigantischen Baumstämmen, Tausenden von Blättern in den mächtigen Baumkronen und dem undurchdringlich erscheinenden Dickicht von Sträuchern, Lianen und Farnen eine ehrfurchtgebietende ruhige Kraft und Macht verströmte. Da war auch die Symphonie des Dschungels, wie Chef es nannte.

Im tropischen Regenwald herrscht nicht die heilige Stille einer leeren Kathedrale. Hier ist Leben. Hier ist es laut, sehr laut. Vögel schreien und rufen, Äste brechen und knacken, Blätter rauschen im niederprasselnden Regen, Bienen summen, überall kriecht und läuft etwas raschelnd, ohne gesehen zu werden. Wildschweine, kleine Rehe und Eichhörnchen, Zibetkatzen und Mungos. Und natürlich Schlangen und Skorpione. Wegen Letzteren mussten die Schuhe immer mit der Öffnung nach unten hingestellt, und ich durfte sie erst anziehen, nachdem Chef kontrolliert hatte, ob sich auch kein Tier darin verirrt hatte.

Es gab viel zu tun und viel für mich zu lernen. Dschungelfarn wurde mit dem Buschmesser abgeschlagen, um es als Gemüse zu verwerten. Daneben wuchs Zitronengras, das zum Würzen verwendet wurde. Große Blätter vom Baum der wilden Bananen, die nur Affen vertragen und Menschen beim Verzehr schlimme Bauchschmerzen bereiten, wurden abgeschnitten, um sie als Teller zu benutzen.

Chef war dabei immer an meiner Seite. Er war es, der mir alles zeigte und erklärte. Murang und Robert waren dabei, aber sie ließen Chef immer den Vortritt. Es herrschte eine Hierarchie, an deren Spitze Chef de Mulu stand. Die Freundschaft der drei Männer blieb davon unberührt.

Dann wurde gekocht. Robert hatte das Netz im Fluss ausgeworfen. Als er es einzog, zappelten einige Batan-Fische darin, grau-silbrig geschuppt und groß wie Heringe. Robert und Murang nahmen die Fische aus, während Chef mir zeigte, wie man mit dem Buschmesser die dünnen, wie eine Faschingströte eingerollten Blätter des Dschungelfarns vom harten Stiel abschneidet. Er merkte, dass ich es auch gerne versuchen wollte, und reichte mir, ohne dass ich darum bitten musste, sein Messer. Ich stellte mich zwar etwas ungeschickt an, aber immerhin trug auch ich damit etwas zu unserem Mahl bei.

Das Einfache gewann an Größe. Der Tand wurde enttarnt.

Chef hatte ein langes Stück Bambus abgeschlagen und zerteilte es mit geraden Schnitten unterhalb der braunen Ringe in mehrere Stücke.

»Das sind unsere Töpfe«, erklärte er lachend, als er mein erstauntes Gesicht sah, und hielt mir ein Rohr hin. Unten, wo der Ring saß, war es innen vom Holz verschlossen. »In Bambus kann man alles kochen«, sagte Chef. »Zuerst muss man das Rohr gut auswaschen, dann wird es mit einem großen Bananenblatt ausgekleidet, sodass noch ein Stück des Blattes übersteht. Auf den Boden des Rohrs wird ein Stein gelegt, der die Hitze speichert. Dann gibt man das, was man kochen will, Fisch oder Dschungelfarn, mit Salz oder Zitronengras gewürzt hinein. Zum Schluss wird das Rohr mit dem überstehenden Blattrand verschlossen und über der Glut des Feuers gedreht. Wenn vorne Rauch herauskommt, ist das Essen fertig. Es gibt hier fünf verschiedene Bambusarten, aber nur eine, Bulut Talang, eine dünnere Sorte, kann man fürs Kochen gebrauchen. Reis kocht man nicht in Bambus. Man gibt ihn in ein Bananenblatt und gräbt ihn etwa zwanzig Zentimeter unter der Feuerstelle ein.«

Fasziniert schaute ich zu, wie die Männer vor der Glut hockten und die Rohre drehten.

»Bambus ist eine wunderbare Pflanze«, erklärte mir Chef jetzt. »Man kann daraus ein Haus bauen und vor Regen geschützt mit seiner Frau und seinen Kindern darin leben. Wenn man müde ist, kann man auf einem Bett aus Bambus schlafen. Wenn man sich ausruhen und nachdenken möchte, kann man sich auf einen Stuhl aus Bambus setzen. Man kann mit Bambus Brücken bauen und bei Regen das Wasser auffangen. Bambus ist sehr gut zum Menschen.«

Das Essen schmeckte so unvergleichlich gut, dass sich junge Kochstars wie Tim Mälzer oder Jamie Oliver wahrscheinlich vom Herd verabschieden würden, um hier am offenen Feuer noch mal in die Lehre zu gehen. Der Fisch war zart und würzig, der Dschungelfarn schmeckte ein bisschen wie Spinat und bildete die ideale Beilage. Alles war auf tellergroßen Bananenblättern angerichtet, die das von mir so geliebte ungarische Herend-Porzellan vollständig in den Schatten stellten.

Wir aßen mit den Fingern, was gekonnt sein will. Chef machte es mir vor: Der Bissen, den man in den Mund stecken wollte, wurde zusammengeschoben, die vier Finger der rechten Hand presste man zu einer Schaufel zusammen, auf die dann mit Hilfe des Daumens in einer zangenartigen Bewegung das Essen geschoben und zum Mund geführt wurde.

Als Erster hatte Robert seinen Teller leer. Er klappte sein Blatt an zwei Seiten ein, rollte es zusammen und warf es ins Feuer. Ich machte es ihm nach und freute mich wie ein Kind, das eine Wunderkerze abbrennen darf, als die Funken sprühten. Chef, der mich genau beobachtet hatte, schob mir sein zusammengerolltes Blatt fürs Feuer rüber.

Dann wurde geputzt. Die Holzbänke aus dem Boot, die als Tisch dienten, der Boden unserer Hütte, alles wurde so lange gewienert, bis auch der kleinste Speiserest verschwunden war.

»Sonst kommen die Ameisen, und dann wird's ungemütlich«, klärte Chef mich auf.

Erst später, als ich in Sarawak lebte, begriff ich die Dimension des hygienischen Standards, der in den Tropen eingehalten werden muss. Ständig wird gewischt und geschrubbt, poliert. Verglichen dazu, geht es selbst in einem gepflegten europäischen Haushalt schmuddelig zu. Schon das kleinste Krümelchen Zucker reicht, um eine ganze Kolonie von Ameisen anzulocken. Sie bahnen sich ihren Weg durch winzigste, für das Auge nicht erkennbare Ritzen und Löcher im Mauerwerk, im Boden und an den Fenstern. Ganz zu schweigen von den Kakerlaken, die so allgegenwärtig sind wie die Luft zum Atmen.

Am Abend gingen Murang und Robert auf die Jagd. Robert trug das Gewehr, Murang hatte sich einen Rattankorb, Bakang genannt, über die Schulter gehängt.

»Darin kann man alles transportieren«, erklärte er. »Besonders nasse Sachen, weil das Wasser abfließt. Wichtig ist, dass man den Korb gut pflegt. Er muss immer ausgewaschen werden, damit sich in ihm keine Insekten einnisten. Dann kann er Generationen halten.« Ganz anders als in unserer Wegwerfgesellschaft, ergänzte ich innerlich.

Chef und ich waren jetzt allein. Im sanften Licht der Kerosinlampe lagen wir nebeneinander auf unseren Schlafsäcken, das Moskitonetz umschloss uns wie ein durchsichtiges Haus. Dann begann Chef mir von seinem Leben zu erzählen. Wie gerne er zur Schule gegangen wäre, wie gerne er mehr gelernt hätte. Er erzählte von seinen Eltern, die er schon lange nicht mehr gesehen hatte, und von seiner Großmutter, die er über alles liebte. Und von der Verachtung, der Herablassung, mit der er wegen seiner geringen Bildung behandelt wurde.

»Für mich bist du einer der weisesten Menschen, denen ich je begegnet bin. Du blickst in Seelen«, sagte ich leise.

Chef nahm für einen Moment meine Hand und hielt sie fest.

Ich fragte mich, ob er allen Touristen so viel von sich erzählte, und wusste gleichzeitig die Antwort. Chef und ich –

das war schon längst nicht mehr ein Verhältnis zwischen Führer und Touristin. Uns verband eine besondere Nähe, da war Vertrauen und Verständnis und etwas, das ich noch nie zuvor empfunden hatte. Es war keine Verliebtheit, es war etwas Tieferes und Ernsteres. Und so wie Chef mit mir sprach, wie er mich ansah, wusste ich, dass es ihm genauso ging.

›Ist das Liebe?‹, fragte ich mich und wagte nicht weiterzudenken. Und dann schoss mir ein Gedanke durch den Kopf, von dem ich nicht wusste, woher er kam: ›Man muss bereit sein, die größte Dummheit zu begehen, wenn sie die Chance für das größte Glück in sich birgt.‹

Es war schon fast Mitternacht, als Murang und Robert zurückkamen. Das Jagdglück war ihnen hold gewesen: Murang zog aus seinem Rattankorb ein possierliches, fuchsartiges Tierchen mit schwarzen Querstreifen auf dem beigefarbenen Fell und einer spitzen Schnauze mit langen, hellen, abstehenden Barthaaren. Ein Palan Alut, eine Zibetkatze. Der Schuss hatte das Tier mitten in die Brust getroffen. Hier klaffte ein Loch, an dem schwarzes, geronnenes Blut klebte.

Ich hatte nicht damit gerechnet, dass Murangs und Roberts Jagdausflug erfolgreich sein würde. Mir war es unbegreiflich, wie man in der Dunkelheit etwas erkennen konnte. Selbst nachts, wenn ich einmal aufwachte und sich meine Augen an die Finsternis gewöhnt hatten, war die Welt um mich herum nur eine schwarze Fläche, auf der ich nicht einmal die Konturen der nächsten Bäume ausmachen konnte.

»Konntet ihr eigentlich etwas sehen?«, fragte ich die beiden. Die drei Männer lachten, als hätte ich einen guten Blondinenwitz erzählt.

»Natürlich können wir was sehen, sehr gut sogar«, antwortete Murang. »Bei der Jagd sieht man außerdem noch, wie die Augen der Tiere leuchten, und man erkennt schattenhaft ihre Bewegungen.«

Dann zog Murang das Palan Alut ab, zerlegte es in kleine Stücke und kochte diese, gewürzt mit Salz und Zitronengras, im Wok über dem Feuer. Das Fleisch schmeckte köstlich, ein bisschen wie Kaninchen. Nur Chef aß nichts davon. Wenige Monate später sollte ich erfahren, warum.

Am nächsten Tag wurde der Hahn geschlachtet. Er hatte die Tage über, an seinen Baum gebunden, in der Erde gescharrt und sich offenbar an seine neue Umgebung gewöhnt. Robert und Murang hielten das zappelnde und sich wehrende Tier fest, während Chef ihm mit seinem Buschmesser schnell die Kehle durchschnitt. Das Blut schoss auf den Waldboden, und Chef wartete, bis der Hahn vollkommen ausgeblutet war. Ich hatte damit kein Problem. Blut zu sehen hatte mir noch nie etwas ausgemacht, und Hähne gehörten für meine Begriffe sowieso irgendwann in den Topf.

Nachdem Robert den Hahn gerupft hatte, zerlegten Chef und Murang ihn in kleine Stücke, die zum Kochen in Bambusrohren verschwanden. Was dann auf die Bananenbaumblätter kam, war das beste Hähnchen, das ich je gegessen habe.

An diesem Tag gingen wir eher schlafen als am Abend zuvor. Gegen drei Uhr wachte ich auf. Irgendetwas stimmte nicht. Auf unser Plastikplanendach prasselte wie ein Trommelfeuer ein heftiger Regenguss, dazu kam das gurgelnde Geräusch schnell fließenden Wassers. Chef, Murang und Robert waren schon auf und leuchteten die Umgebung mit Taschenlampen ab. Murang und Robert wirkten angespannt, Chef war ganz ruhig.

Als ich unter dem Moskitonetz hervorkroch, sah ich, was passiert war: Der Wasserspiegel des Flusses war um mindestens drei Meter gestiegen. Chef bedeutete mir mit einer Handbewegung zu bleiben, wo ich war. Er leuchtete noch einmal ganz langsam die Gegend ab und rief dann Murang und Robert einen kurzen Befehl zu. Die beiden begannen sofort, alles in Windeseile zusammenzupacken. Wok, Tee, Salz, Zucker, Kerosinlampe, Gewehr. Alles wurde in das Boot geworfen, das sich mit dem steigenden Wasser immer mehr unserem Lagerplatz näherte.

»Schnell den Schlafsack einrollen und alles in deinem Rucksack verstauen«, wies mich Chef an.

Robert vertäute das Boot an einem Baum. Als wir die letzten Sachen hineinschafften und einstiegen, stand uns das Wasser bis zu den Waden. Das Boot schwamm mittlerweile auf der Höhe unserer Hütte. Es hatte aufgehört zu regnen, aber der Fluss trat immer weiter über seine Ufer. Das sonst so kristallklare Wasser hatte sich in eine schlammbraune Brühe verwandelt, die mit starker Strömung dahinfloss. Unsere Hütte war jetzt bis zur Hälfte im Wasser versunken und brach schließlich zusammen. Die Äste wurden von den Wassermassen wie Strohhalme weggerissen.

»Alles okay«, glaubte Chef mich beruhigen zu müssen. »Im Boot sind wir sicher. Bei starken Regenfällen schwellen die Flüsse im Dschungel innerhalb kürzester Zeit an. Das ist ganz normal.«

Aber ich hatte gar keine Angst. Ich fühlte mich mit den drei Männern in diesem kleinen Boot, an dem die Strömung zerrte, so sicher wie ein Kreuzfahrtpassagier bei leichter See auf einem Ozeandampfer.

Direkt vor dem Boot ragte ein abgebrochener Baumstumpf aus dem Wasser. Darauf schichteten die Männer einige trockene Äste, die sie aus unserer Behausung gerettet hatten, und machten Feuer. Chef holte den Kessel hinten aus dem Boot, goss Mineralwasser hinein und setzte ihn aufs Feuer. Wenig später hockten wir mitten in einem reißenden Fluss vor einem offenen Feuer, hielten warme Tassen in unseren Händen und tranken in aller Ruhe Tee.

Wenn ich in London war, ging ich immer zum Nachmittagstee ins »Ritz«. Die Ober im Frack, die zarten Porzellantässchen, die delikaten kleinen Sandwiches, die älteren Engländerinnen mit ihren hell-lila gefärbten, toupierten Haaren, die Atmosphäre gediegener Eleganz aus einer längst vergangenen Epoche – das war für mich bis zu dieser Nacht die Krönung der Teekultur. Doch was sich hier auf dem tosenden Fluss abspielte, stellte alles in den Schatten.

Murang, Robert und Chef machten sich daran, das Boot aufzuräumen. Alles wurde ordentlich eingepackt und so gelagert, dass das Boot stabil im Wasser lag. Gegen halb sechs legten wir uns auf den Boden, deckten uns mit den Schlafsäcken zu und schlossen die Augen. Selten habe ich so tief und fest geschlafen wie in den folgenden Stunden.

Als ich gegen 8 Uhr aufwachte, war der Himmel wieder so blau und sonnig, als wollte er sich über den gewaltigen Regenguss, den er in der Nacht herabgeschickt hatte, mokieren. Chef, Robert und Murang waren schon auf und ordneten leise unsere Sachen.

Eine Stunde später legten wir ab. Zum ersten Mal, seit wir unterwegs waren, musste ich eine Schwimmweste tragen. Kurz vor der Einmündung in den Tutoh River, über den es zum Melinau River ging, steuerte Robert das Boot ans Ufer.

»Wir müssen ein bisschen warten, bis sich der Tutoh beruhigt hat. Die Strömung ist noch zu stark für unseren

Motor«, erklärte Chef. Obwohl man den Fluss noch nicht sehen konnte, hörte man bis hierhin sein dunkles, mächtiges Rauschen.

Fast zwei Stunden später ging es in schneller Fahrt weiter.

»Nicht mit den Händen am Bootsrand festhalten, Hände innen im Boot lassen!«, rief mir Chef zu. »Jetzt gibt's viele Wasserschlangen.«

Auch der Melinau River war über die Ufer getreten und hatte sich in einen reißenden Strom verwandelt. Die Pfahlbauten der Eingeborenen standen wie kleine Bohrtürme im Wasser, das fast bis zur Höhe der Eingänge schwappte.

Robert steuerte auf eines der Häuser zu. Dass davor einmal ein Garten gewesen war, konnte man nur noch an den Wipfeln einiger Sträucher erkennen, die aus dem Wasser ragten.

»Wohin fahren wir?«, fragte ich Chef.

»Zu Roberts Mutter. Da bleiben wir bis morgen.«

Robert hielt vor einer Holztreppe, von der nur noch die drei obersten Stufen aus dem Wasser schauten. Auf einer kleinen Plattform vor der Eingangstür lag eine vier Meter lange, fette Pythonschlange ohne Kopf.

»Was ist mit der?«, fragte ich Chef.

»Die haben sie bestimmt auf dem Reisfeld gefunden und getötet. Jetzt wird sie gegessen. Schmeckt gut.«

An der Tür erschien Roberts Mutter Awind, eine Frau um die sechzig. Sie begrüßte uns mit einer solchen Herzlichkeit, als wären wir alte Freunde und als hätte sie uns schon seit Stunden erwartet. Nicht mit einem Wimpernschlag ließ sie sich die Überraschung anmerken, dass Robert ihr aus heiterem Himmel drei Logiergäste ins Haus schleppte.

Awind führte uns ins Wohnzimmer, bat uns, auf zwei Rattansofas mit weichen, hellrosa bezogenen Kissen Platz zu nehmen, und servierte Tee. Die Frau faszinierte mich. Sie musste früher eine große Schönheit gewesen sein, und man spürte, dass sie sich bis heute dieser Schönheit bewusst war. Obwohl sie keinen Besuch erwartet hatte, war sie derart gepflegt und geschmackvoll gekleidet, dass sie es mit jeder Frau, die sich gerade bei Chanel in Paris neu eingekleidet hatte, aufnehmen konnte. Sie trug Ohrringe mit Steinen in einem dunklen Violett, eine goldgelb und schwarz gemusterte Bluse und einen Sarong in Orange, Gelb und Braun. Dabei bewegte sie sich mit jener selbstverständlichen Eleganz, die der Franzose anerkennend *allure* nennt.

Bislang hatte ich nur einmal eine Frau wie Awind getroffen, in Sankt Petersburg, wo ich mich in Abständen insgesamt fast ein halbes Jahr für die Recherchen zu einem Buch aufgehalten hatte. Awind erinnerte mich an Natella, die Frau von Jewgenij Lebedjew, der von vielen damals als größter Schauspieler Russlands bezeichnet wurde. Er war mit seiner Kunst den Menschen in der Zarenstadt über Jahrzehnte hinweg Halt und Hoffnung zugleich. Und wenn die Behauptung stimmt, dass Gott in den Genies wacht, dann war Lebedjew der Beweis dafür, dass dieser Gott ein gütiger sein muss.

Hätten die beiden nicht unter dem Knebelregime der Sowjetunion gelebt, wäre Lebedjew wohl einer der bestbezahlten Schauspieler seiner Generation gewesen. So reichte es gerade zu bescheidenem Wohlstand, einer größeren Wohnung und kleineren Reisen.

Jewgenij Lebedjew war, als ich ihn kennenlernte, schon weit über siebzig, und Natella war nur wenige Jahre jünger. Ihre Mutter war Zofe bei der letzten Zarin gewesen und hatte ihrer Tochter heimlich Französisch beigebracht. Ebenso heimlich hatte sie ihren Brillantschmuck vergraben, den Natella nach dem Zusammenbruch der Sowjetunion aus seinem Versteck holte.

Natella war eine schlanke, hochgewachsene Frau mit einem schmalen, von schwarzen Haaren umrahmten Gesicht, in dem sich Schönheit mit Intelligenz paarte. Sie rauchte Kette, sprach mit einer rauen, melodisch-tiefen Stimme und bewegte sich mit einer derart lässigen Eleganz, dass man hätte meinen können, sie sei im Katharinenpalast aufgewachsen.

Mit Jewgenij und Natella hatte sich eine freundschaftliche Beziehung entwickelt. Wenn ich in Sankt Petersburg war, besuchte ich sie entweder in ihrer Wohnung mit Newa-Blick oder lud sie ins Restaurant des edlen Hotels »Europa« ein.

Ich werde nie vergessen, wie Natella mir eines Abends im »Europa« gegenübersaß. Sie trug einen abgetragenen, schwarzbraunen Pullover, aber an ihren Ohren hingen Diamant-Chandeliers, die man bei Cartier abends aus Angst vor Einbrechern aus dem Schaufenster geräumt hätte. Natella in ihrem schäbigen Pulli war zweifellos die attraktivste Frau im Saal, und das lag nicht nur an dem Vermögen, das sie an den Ohren trug. Es war ihre Haltung, ihre Ausstrahlung. Und genau so war auch Awind. Beide hatten etwas Aristokratisches.

Jetzt nahm mich Awind bei der Hand und führte mich zu einer Kommode. Darauf standen, wie auf einem Altar, Fotos in Silberrahmen. Auf einem Bild war eine wunderschöne, lächelnde junge Frau zu sehen.

»Das bin ich«, sagte Awind stolz. »Aber das ist lange her. Ich war die Schönheitskönigin von Mulu.«

Zum Abendessen gab es Reis und zartes Fleisch, das in einer braunen Sauce schwamm. Ich wollte lieber nicht wissen, was ich da aß. Vielleicht Python? Auf jeden Fall schmeckte es gut, so ähnlich wie Gulasch.

Am nächsten Morgen fuhren wir mit dem Boot zum Resort, um unsere Sachen in den Wäschetrockner zu geben. Die Regennacht hatte vieles feucht werden lassen, und wegen der Überschwemmung konnten wir nichts draußen zum Trocknen aufhängen. Awind saß auf der obersten Treppenstufe vor dem Eingang zu ihrem Haus und winkte uns nach. Graziös wie Prinzessin Diana in der Hochzeitskutsche.

Gut zwei Stunden mussten wir auf unsere Wäsche warten. Während Chef sich noch am Boot zu schaffen machte, ging ich mit Murang und Robert in die Bar, und wir nahmen auf den hohen Hockern am Tresen Platz. Als Chef hereinkam, stand Murang auf, um ihm den Platz neben mir frei zu machen. Mit der Feinfühligkeit der Menschen im Dschungel hatte er begriffen und akzeptiert, dass Chef und ich irgendwie zusammengehörten.

Aus den Lautsprechern klang wieder das bekannte Lied: »*Animals / wild rivers and waterfalls ...*«

»Hör mal, was die singen«, sagte ich zu Chef. Er lauschte eine Weile und nickte dann lächelnd.

»Ja, das ist das Lied zu Mulu.« Dann stellte er den CD-Player auf Repeat. Es wurde unser Lied.

In diesem Moment segelte Walter Kohli auf mich zu, der Direktor des Resorts, den ich noch von meinem Besuch mit der Journalistengruppe her kannte. Er begrüßte mich überschwänglich.

»Habe schon gehört, dass Sie mit Chef de Mulu unterwegs sind. Sie könnten nicht in besseren Händen sein«, erklärte er mit seinem Schweizer Akzent und klopfte Chef jovial auf die Schulter. Walter Kohli war das, was der Psychiater Ernst Kretschmer in seiner Konstitutionstypologie einen »Pykniker« nennt. Seine Kennzeichen sind Breitwüchsigkeit, kurze Gliedmaßen, Neigung zu Fettansatz und die Temperamentsform der Zyklothymie, sprich Kontaktfreudigkeit, Extraversion, sinnenfroher, umwelt- und gegenwartsbezogener Realismus. Walter Kohli passte eigentlich überhaupt nicht hierher, er hätte besser einen Club Med auf Ibiza leiten sollen.

»Für die Männer sind solche Touren auch was Schönes«, verkündete er jetzt. »Das ist für sie wie Urlaub.«

»Wir gehen zurück in den Wald«, stellte Chef trocken fest. Er sprach zwar kein Deutsch, hatte aber offenbar verstanden, was Walter Kohli gesagt hatte. »Aber vorher duschen wir bei dir auf dem Zimmer. Im Fluss kann man noch nicht baden.«

Die Wäsche war fertig, die Sonne schien, und mein Urlaub näherte sich seinem Ende. Nur noch zwei Tage blieben mir für unser nächstes Ziel: eine an der Vorderfront offene Hütte am Melinau River, zusammengezimmert aus Holzlatten, die sich ein Freund von Chef quasi als Wochenendhaus ein Stück flussaufwärts im Dschungel errichtet hatte.

Das Leben hier verlief ähnlich wie in unserer weggeschwemmten Hütte: kochen, aufräumen, reden, hin und wieder ein kleiner Spaziergang. Robert ging voran und schlug den Weg mit dem Buschmesser frei, Chef und Murang folgten mit mir in der Mitte.

Am Abend beobachtete ich Murang, wie er vor dem Feuer hockte und Holz nachlegte. Auf seinem rechten Oberarm war eine Eidechse eintätowiert.

»Was bedeutet das?«, fragte ich ihn.

»Sie ist ein Symbol«, erklärte er. »Eine Eidechse geht Wände hoch und an Decken entlang. So halte ich an meinen Zielen fest.«

Und jetzt war es Murang, der mir aus seinem Leben erzählte. Er stammte aus Bakelalan, einem kleinen Ort im Bario-Hochland, in das Touristen nur mit Genehmigung einreisen dürfen. Der Stamm der Lunbawang, der hier lebt, will nicht von Fremden überrannt werden, denn er hat vieles, das er schützen möchte. In dem kühleren Hochland wird nicht nur der beste und teuerste Reis Borneos angebaut, dort werden sogar Äpfel geerntet.

»Im Jahr 1995 kamen Holzfällertrucks in unser Gebiet«, berichtete Murang weiter. »Wir haben eine Menschenblockade gebildet, denn wenn die Bäume gefällt werden, kommt es zu Erosionen. Die Erde rutscht in die Flüsse und verschmutzt das Wasser. Aber wir brauchen sauberes Wasser für den Reisanbau. Und den Reisanbau brauchen wir für unsere Kultur, für unsere Gemeinschaft. Jede Familie besitzt fünf bis sechs Reisfelder. Selbst als das Militär geschickt wurde, um die Blockade zu brechen, haben wir nicht nachgegeben. Schließlich zogen alle wieder ab. Die Soldaten, die Holzfäller und die Trucks. Wir hatten gewonnen. Jeder Mann, der bei der Blockade mitgemacht hatte, ließ sich eine Eidechse auf den Oberarm tätowieren.«

Als wir am nächsten Morgen aufstanden, war der Wasserspiegel des Melinau wieder gesunken. Statt brauner Brühe floss wieder klares, sauberes Wasser, gerade so, als wolle es sich zu meinen Abschied noch einmal von seiner besten Seite zeigen.

Ich hatte einen Entschluss gefasst: Ich wollte wiederkommen, sehr bald schon. Mir standen noch fünf Wochen Resturlaub aus vergangenen Jahren zu, und den wollte ich wieder mit Chef und Murang verbringen. Vor allem mit Chef. In den letzten Augusttagen könnte ich schon wieder zurück sein und bis Ende September bleiben.

Am Abend erzählte ich den beiden von meiner Idee. Murang war begeistert, und Chef sah mich mit einem glücklichen Lächeln an. Er war in den letzten zwei Tagen ernster und stiller gewesen als sonst.

Allerdings hatte ich wenig Lust, Richard Hi weiter durch das Engagieren seiner Führer reich zu machen.

»Kann ich euch auch direkt buchen, ohne an Richard Hi zu zahlen?«, fragte ich Chef.

»Kein Problem«, meinte er. »Wir sagen Richard einfach, dass wir zu den Commonwealth-Spielen nach Kuala Lumpur wollen. Die finden nämlich genau zu der Zeit statt.«

»Könnt ihr denn ohne Weiteres wegbleiben?«

»Was will er machen?«, befand Chef. »Er braucht uns. Wir sind seine besten Führer. Er wird uns nicht feuern.«

Dann machten wir uns an die Planung. Wir würden lange Trecks unternehmen, bis hinüber nach Kalimantan. Chef und Murang diktierten mir eine Liste von Dingen, die ich mitzubringen hätte, denn diesmal würde die Ausrüstung nicht von »Tropical Adventure« gestellt werden. Ich schrieb auf: ein leichtes Zelt, zwanzig Meter Kletterseil, vier große Karabinerhaken, einen großen, wasserdichten Rucksack, eine Aluminiumkanne, eine Kopflampe, Medikamente und Verbandszeug, ein wasserdichter Plastik-Brustbeutel für Pass und andere Dokumente sowie Energieriegel.

Chef und Murang würden mich in Kuching vom Flughafen abholen. Ich ließ ihnen gleich Geld für den Flug von Mulu nach Kuching da, außerdem Telefongeld, damit sie mich anrufen konnten. Chef schrieb mir die Nummer der Kantine im Nationalpark auf. Dort würde er zu erreichen sein, wenn er nicht gerade im Camp 5 oder irgendwo anders unterwegs wäre. Er hatte im hinteren Teil der Kantine ein kleines, fensterloses Zimmer, gerade groß genug für eine schmale Pritsche und eine Kleiderstange.

Ich wachte schon um 5 Uhr am nächsten Morgen in der Holzhütte auf. Es war mein letzter Tag in Mulu, und ich war unendlich traurig. Ein paar Tränen liefen mir über das Gesicht, und ich war froh, dass die anderen noch schliefen und mich nicht weinen sahen.

Nach dem Frühstück blickte ich auf den Fluss und dachte daran, dass ich gleich mein letztes Bad nehmen würde. Chef schaute mich an und fragte: »Möchtest du ins Wasser? Du kannst ruhig alleine gehen.« Was für ein Kompliment!

Ich ging zum Fluss hinunter und genoss es, in das kühle, klare Wasser einzutauchen. Nach ein paar Schwimmzügen stellte ich mich hin, blickte in den Himmel und atmete tief durch. Bei aller Traurigkeit wegen des bevorstehenden Abschieds war der Gedanke, dass ich in sechs Wochen wieder hier sein würde, ein Trost.

Dann sah ich Chef. Er stand auf einer Anhöhe und beobachtete mich. Er hatte mich all die Tage nie aus den Augen gelassen.

Meine Sachen im Resort waren schnell gepackt. Die Männer waren mit auf mein Zimmer gekommen und hatten es sich auf den beiden Betten bequem gemacht.

»Lass mir deine Boots da«, bat Chef, der meine Schuhgröße hatte. »Ich möchte sie gerne tragen, solange du weg bist.« Das zweite Paar, das ich kein einziges Mal angehabt hatte, schenkte ich Murang.

Wir hatten noch Zeit, einen Tee zu trinken, bevor ich zum Flugplatz musste, und setzten uns ins Restaurant.

»Wenn du zurückkommst, gehen wir in ein Langhaus und veranstalten eine Zeremonie, die uns drei zu Geschwistern macht«, plante Murang. Geschwister? Ich war mir nicht so sicher, ob ich Chefs Schwester sein wollte.

Es lief wieder Musik von »Michael Learns To Rock«, diesmal aber ein anderes Lied, ein trauriges. Ich hörte ein paar Textfetzen: *»... but you know how I feel / well since the first time I took your hand / my love for you / has just been growing / you always seem to understand / you know how I am... don't be sad / don't be afraid / I'm gonna turn my thoughts to you / like I always do ...«*

Ich hätte heulen können.

Chef und ich schauten uns für ein paar Sekunden in die Augen. Auch er hatte dem Lied zugehört.

Murang und Chef brachten mich zum Flugplatz. Zum Abschied umarmten wir uns, Chef drückte mich ein bisschen länger.

»Komm bald zurück«, sagte er leise.

Von Miri aus flog ich gleich weiter nach Kuching. Dort würde ich noch eine Nacht im »Hilton« bleiben. Am Abend war ich bei Manfred Kurz, der unsere Journalistengruppe begleitet hatte, und seiner Frau Doris zu Hause eingeladen. Sie war eine bildhübsche, warmherzige, intelligente Chinesin mit hellrot gefärbten, überschulterlangen Haaren. Wir aßen auf der Terrasse, der Tisch war mit allen Köstlichkeiten Sarawaks gedeckt: Saté-Spieße, Erdnuss-Sauce, Reis, Nudeln, appetitlich in Scheiben geschnittene Ananas und gewürfelte Mangos.

Es wurde ein wundervoller Abend. Ich erzählte den beiden von meinen Touren, von Murang und immer wieder von Chef, den sie natürlich kannten. Hier, in seinem eigenen Haus und im Kreis seiner Familie, lernte ich einen ganz anderen Manfred kennen als bei meinem ersten Besuch. Dieser Manfred war ein verständnisvoller Zuhörer, ein ruhiger, offenherziger Mann, der stolz seine kleine Tochter Jacqueline vorführte. Sie war ein süßes, vierjähriges Mädchen mit mittelblonden Locken wie ihr Vater und der zarten Statur der Mutter. Als ich ins Hotel zurückfuhr, hatte ich das Gefühl, einen Abend bei guten Freunden verbracht zu haben.

Am folgenden Nachmittag ging meine Maschine nach Kuala Lumpur, und kurz vor Mitternacht saß ich wieder in einer doppelstöckigen Boeing Richtung Frankfurt. Es war der letzte Flug zurück in mein altes Leben.

Die Nacht der Wahrheit

Der Rückflug nach Deutschland war ein Albtraum. Die schwere Maschine wurde von Turbulenzen geschüttelt wie ein Trabi bei neunzig auf einer DDR-Autobahn. Ich krallte mich an den Armlehnen meines Sitzes fest und tat während des gesamten Fluges kein Auge zu. Eigentlich hätte ich daran gewöhnt sein müssen, denn für meinen Job saß ich früher bis zu dreimal wöchentlich im Flugzeug. Doch wie bei so manchen Vielfliegern hatte das auch bei mir nicht zu einem größeren Vertrauen in die Technik, sondern auf irrationale Weise zu einer sich steigernden Flugangst geführt. Während ich einst das Absacken der Maschine in Luftlöcher amüsant fand wie eine Fahrt in einer Achterbahn, schnürte es mir inzwischen vor Angst die Kehle zu, und ich überlegte immer, ob wir gleich im Meer versinken oder am Boden zerschellen würden.

Wir landeten sicher und pünktlich in Frankfurt. Ich war fix und fertig. Vor Übermüdung, vor Anspannung und auch vor Grübeln. Schon jetzt vermisste ich Chef. Wohin würde mich das führen?

In Frankfurt hatte ich drei Stunden Aufenthalt bis zu meinem Weiterflug nach Berlin. Ich ließ mich in einem Flughafenrestaurant auf einen Stuhl fallen, bestellte einen Kaffee und legte vollkommen erledigt meinen Kopf auf die Tischplatte. In mir drehten sich die Gedanken wie ein Kreisel, ohne zu einem Ziel zu kommen. Als ich mich nach einer Weile umschaute, stellte ich fest, dass gleich nebenan ein Plattenladen war. Ob es da die CD von »Michael Learns To Rock« gab? Ich trank schnell meinen Kaffee aus und ging in das Geschäft. Tatsächlich. Die CD war genau einmal da. Ich kaufte sie, und es ging mir ein bisschen besser, so, als hielte ich eine Verbindung zu Chef de Mulu in den Händen.

Als ich ein paar Stunden später in meiner Berliner Wohnung ankam, legte ich die CD sofort ein. »*Animals / wild rivers and waterfalls / I can hear the planet call / show a little respect...*« erklang es jetzt in Moabit. Chef und Mulu – das war weit weg und doch so nah.

Der nächste Tag begann wie hunderte zuvor. Ich duschte, schminkte mich, aß eine Scheibe Toast, trank eine Tasse Kaffee, fuhr in meinem schwarzen Volvo 850 aus der Tiefgarage, passierte die Goldelse und das Brandenburger Tor und stellte meinen Wagen auf dem Mitarbeiterparkplatz vor dem Axel Springer Verlag in der Kochstraße ab.

In der Redaktion setzte ich mich an meinen Platz am langen Produktionstisch der Berlin-Redaktion, begrüßte die Kollegen, schaute in vertraute Gesichter und begann die Agenturnachrichten zu sortieren. Alles wie gehabt.

Und doch war etwas anders. Nicht nur, dass in meinem Kopf synchron zwei Filme abliefen, bei dem der eine Chef und Mulu, der andere den Redaktionsalltag zeigte. Das Gravierendste war, wie ich in den nächsten Tagen erfahren sollte, dass ich nicht mehr bossy sein konnte.

Bei Tageszeitungen, vor allem bei Regionalausgaben, darf man nicht allzu zimperlich sein. Wenn plötzlich am Nachmittag ein Haus durch eine Gasexplosion in die Luft fliegt, wenn nur wenige Stunden vor dem Andruck ein stadtbekannter Politiker zurücktritt oder wenn ein schwerer Unfall mehrere Verletzte, vielleicht sogar Tote gefordert hat, dann steigt der Adrenalinspiegel, dann wird der Ton leicht schärfer, um nicht zu sagen rauer. Dann drängt die Zeit, denn die Druckmaschinen warten nicht lange, und die Lkws, die die Zeitungen zu den Vertriebsstellen bringen, erst recht nicht.

Bisher hatte ich nie ein Problem damit, auf die Tempotube zu drücken und das, was nötig war, einzufordern – wenn es sein musste auch mal in einem Ton, der nicht zu einem Bankett gepasst hätte. Doch nach der Zeit in Mulu funktionierte das nicht mehr. Ich war dauerhaft milde gestimmt. Statt zu drängen, konnte ich nur noch freundlich bitten. Ich merkte, wie manche von meinem neuen Verhalten verwirrt waren. Ein paar Kollegen sprachen mich irgendwann darauf an, erklärten, dass ich mich verändert hätte. Und ich wusste, woran es lag. Chef de Mulu, der Dschungel, die Schmetterlinge, der Melinau River und die unzähligen weiteren Eindrücke hatten wie eine gute Massage meine Seele von ihren Verhärtungen befreit. Auch wenn das, wie sich später herausstellen sollte, nicht für immer war.

Ich fühlte mich mit meinem neuen Auftreten wohl. Es war nicht gespielt und aufgesetzt, sondern echt. Gleichzeitig hatte ich mich von verschiedenen alltäglichen Eitelkeiten verabschiedet. Ich schminkte mich kaum noch, und der einzige Schmuck, den ich trug, waren die Armreifen aus Baumrinde, die ich den Penan-Frauen auf dem Weg zur Clearwater-Höhle abgekauft hatte. Meinen gesamten echten Schmuck hatte ich in den Banksafe gebracht. Ich, die immer ein Faible für Gold, Perlen und Edelsteine hatte, mochte das alles nicht mehr tragen. Es war mir regelrecht zuwider geworden.

Die Dschungel-Armreifen behielt ich Tag und Nacht an. Auch Chef war immer in meinen Gedanken. Ich ging nur noch selten aus, saß in jenem warmen Berliner Sommer abends lieber auf meinem Balkon, blickte rechts auf den beleuchteten Funkturm, links auf den Fernsehturm und hörte über Kopfhörer »Michael Learns To Rock«. Ich träumte mich zurück und vorwärts nach Mulu. Und wenn ich in den Nachthimmel blickte, dachte ich: ›Zwischen Chef und mir liegen mehr als zehntausend Kilometer, aber wir sehen beide denselben Mond.‹

Nachts schlief ich schlecht. Immer wieder wachte ich auf, warf mich von einer Seite auf die andere und fragte mich, wie es mit meinem Leben weitergehen sollte.

Gut eine Woche nach meiner Rückkehr, an einem Samstag, hielt ich es nicht länger aus. Nicht weit von meiner Wohnung entfernt schob sich fast eine Million Menschen bei der Love Parade durch die Straßen. Bis zu meinem Balkon waberten die dumpfen Bässe aus den Lautsprechern der Zugwagen, über mir kreisten Hubschrauber, von denen aus die Polizei das Spektakel beobachtete.

Ich nahm das Telefon und wählte die Nummer der Kantine am Eingang zum Mulu-Nationalpark. Dort war es etwa neun Uhr abends. Ich war aufgeregt wie ein Teenager beim ersten Date, als ich die Zahlen eintippte. Einige Male ertönte das Rufzeichen, dann wurde abgenommen.

»Hallo«, meldete sich eine Männerstimme. Es war Chef de Mulu.

»Hallo, Chef, hier ist Hanna«, rief ich atemlos vor Aufregung. War ich wirklich zweiundvierzig?

»Hanna, wie geht es dir? Was machst du gerade?«

»Hörst du das?«, schrie ich ins Telefon und hielt es in Richtung Himmel, um die Hubschrauber- und Bassgeräusche nach Borneo zu schicken. »Hier gleich in der Nähe ist die Love Parade. Eine Million Menschen sind unterwegs, zu Techno-Musik. Kannst du dir das vorstellen?«

»Das würde ich auch gerne mal sehen«, antwortete Chef. Und ich konnte mir gut vorstellen, wie er amüsiert lächelnd in Mulu saß, umgeben von einem anderen, viel mächtigeren Konzert: der Symphonie des Dschungels.

»Weißt du schon, wann du wiederkommst?«, fragte Chef.

»Ende August, ich muss noch den Flug buchen. Aber mein Urlaub ist schon genehmigt.«

»Das ist gut. Ich freue mich auf dich. Rufst du mich morgen wieder an?«

»Natürlich, bis morgen dann.«

Als ich auflegte, stand ich noch einen Moment lang benommen da. Chef hatte mich tatsächlich gefragt, ob ich ihn schon am nächsten Tag wieder anrufen würde. Ich war plötzlich sehr ruhig und sehr glücklich. Der Weg, der vor mir lag, begann sich klarer abzuzeichnen. Später sollte ich erfahren, dass Chef jeden Abend, wenn er nicht im Dschungel unterwegs war, neben dem Telefon in der Kantine saß und auf meinen Anruf wartete.

Etwas Wichtiges hatte sich während meines Urlaubs in der Redaktion verändert. *Die Welt* hatte einen neuen Chefredakteur bekommen: Dr. Mathias Döpfner, mittlerweile Vorstandsvorsitzender und Vorstand Zeitungen der Axel Springer Verlag AG. Er war damals erst fünfunddreißig Jahre alt, verdammt jung für ein Traditionsblatt wie *Die Welt*, und doch war er keinen Tag zu früh auf den Posten berufen worden. Ich lernte einen Mann kennen, der zuhören konnte und für den das bessere Argument zählte. Ein Mann, der Entscheidungen fällte, bedachtsam, aber nie bedächtig.

Ich mochte ihn. Er war seit Langem wieder ein Chefredakteur, unter dem mir die Arbeit richtig Spaß machte. So viel Spaß wie unter Claus Jacobi, einem der großen weißen Elefanten unter den deutschen Journalisten, meinem Ziehvater und Mentor, der mich als Jungredakteurin geformt, gefordert und gefördert hatte.

Jacobi ging als Chefredakteur des *Spiegel* während der Strauß-Affäre in Beugehaft, war Chefredakteur der *Welt*, der *Welt am Sonntag*, der *Wirtschaftswoche* und Redaktionsdirektor der *Bild-Zeitung*. Er ist immer ein Gentleman mit scharfem Verstand, brillanter Schreibe und gnadenlos klarem Blick gewesen. Zusammen mit dem Verleger Axel Springer und anderen großen Journalisten der Nachkriegszeit, wie Henri Nannen, Rudolf Augstein, Marion Gräfin Dönhoff und Gerd Bucerius, war er maßgeblich am Aufbau der Presse in Deutschland beteiligt, die nach Jahren der Diktatur und Gräuelherrschaft des Nazi-Regimes vor allem eins wollte: Pressefreiheit und Informationen, unabhängig von wirtschaftlichen und politischen Zwängen.

Der Axel Springer Verlag war mehr als ein Jahrzehnt lang meine journalistische Heimat. Ich erinnere mich noch genau an meinen ersten Arbeitstag. Damals war ich neunundzwanzig und Praktikantin in der Herstellungsabteilung der *Welt* in Essen-Kettwig. Hier wurden in einer gigantischen Druckerei nicht nur die Regionalausgabe der *Bild*-Zeitung, sondern auch große Teile der *Welt* und der *Welt am Sonntag* gedruckt. Betrat man das Gebäude, schlug einem der Geruch von Druckerschwärze entgegen. Und dieser Geruch hatte mich vom ersten Tag an infiziert. Ich war süchtig nach Zeitung. Fünf Monate später hatte ich mir ein Volontariat in der Lokalredaktion der *Welt* in Hamburg erkämpft.

Ich war als Polizeireporterin eingesetzt und oft sieben Tage die Woche im Einsatz, freiwillig. Der St.-Pauli-Killer Mucki Pinzer hatte Staatsanwalt Bistry im Polizeipräsidium erschossen, der Hamburger Kessel sorgte für regelmäßige Randale, und in Brockdorf wurde nicht gerade gewaltfrei gegen Atomkraft demonstriert.

Nur ein gutes halbes Jahr später kam ein Anruf aus dem Büro von Claus Jacobi, damals Chefredakteur der *Welt am Sonntag*. Er wolle mich sprechen, wurde mir mitgeteilt. Und ich hatte gleich am nächsten Tag einen Termin in seinem Büro.

An den Wänden des Redaktionszimmers standen Regale voller Bücher. Es gab einen antiken Schreibtisch, ein Sofa und einen Ohrensessel, in dem Jacobi Platz genommen hatte, ein eleganter Herr mit Charisma und Autorität. Und dieser Mann bot mir, der kleinen Volontärin, jetzt eine Redakteursstelle an. Ich sollte die Seite »Lebens-Art« der *Welt am Sonntag* übernehmen.

»Ich glaube nicht, dass ich schon weit genug für diese Aufgabe bin«, war meine einzige Reaktion auf das Angebot. »Außerdem habe ich wenig Ahnung von der Welt des Luxus.«

»Sie können das«, entschied Jacobi. »Ich habe gelesen, was Sie geschrieben haben. Und ich bin sicher, dass Sie sich in der Welt des Luxus schnell zurechtfinden. Ich gebe Ihnen achtundvierzig Stunden Zeit, sich mein Angebot zu überlegen. Friedrich der Große war auch ein Mann der schnellen Entschlüsse.«

»Aber ich bin nicht Friedrich der Große, ich bin Hanne-

Lore Heilmann«, antwortete ich nur. »Ich überlege mir das eine Woche.«

»In Ordnung«, erwiderte Jacobi, »rufen Sie mich dann an.«

Damit war die Audienz beendet.

Ich ging in mein Zimmer zurück und dachte nach. Genau zehn Minuten. Dann wusste ich eines: Von Claus Jacobi könnte ich viel lernen, und ich war mir sicher, dass ich mich immer auf ihn verlassen könnte. Ich wählte seine Nummer.

»Herr Jacobi, ich komme zu Ihnen«, sagte ich.

»Das freut mich«, antwortete er. »Ich kümmere mich um alles Weitere.«

Es war eine der besten Entscheidungen meines Lebens. Claus Jacobi wurde mein Lehrmeister. Jede Bildunterschrift, jede Meldung, jeder noch so kleine Artikel ging über seinen Tisch. Oft genug musste ich einen Text siebenmal umschreiben, bis er von Jacobi für gut befunden wurden. Und oft genug trat ich damals vor Wut gegen den Drucker, wenn er die soundsovielte geänderte Version meines Manuskripts ausspuckte. Aber abends zu Hause dachte ich jedes Mal: ›Er hat recht gehabt. Niemand außer meinem Vater hat mich so geformt wie er.‹

Jacobi baute mich vorsichtig auf. Er wusste nur zu gut, dass junge Journalisten leicht verbrennen, wenn ihr Ego anfängt, verrückt zu spielen. Später schüttelte mir Prinzessin Diana auf einem Ball in London die Hand und plauderte mit mir, ich traf regelmäßig Karl Lagerfeld in Paris, den ich als Kolumnisten für die *Welt am Sonntag* gewinnen konnte, ich war Tischdame von Frédéric Chandon und Hubert de Givenchy. Ich interviewte viele Megastars der Rockmusik, darunter Stevie Wonder im Pariser Hotel »George V«, die

»Bee Gees« in Düsseldorf, David Gilmour von »Pink Floyd« in London und Randy Newman in Zürich. Dabei war mir eines immer bewusst: Sie alle schüttelten nicht mir die Hand, sondern dem Medium, das mich geschickt hatte.

Nur einer machte eine Ausnahme: Elton John. Ich hatte den Auftrag bekommen, ihn zu Beginn seiner Europatournee in Brüssel zu interviewen. Kurz zuvor hatte eine englische Boulevardzeitung rufschädigende Artikel über ihn veröffentlicht. Elton John verklagte die Zeitung, und sie musste ein Vermögen an Schmerzensgeld zahlen. Aber er reagierte noch auf andere Weise: Er gab keine Interviews mehr. Da war absolut nichts zu machen. Ich rief deshalb Bruce Oldfield an, einen der Designer von Prinzessin Diana und damals ein Freund von mir. Er kannte den Manager von Elton John gut, setzte sich mit ihm in Verbindung und verbürgte sich für mich. Am nächsten Tag sollte ich Elton John in Brüssel treffen. Wann, war noch offen. Man würde mich anrufen. Ich flog mit der ersten Maschine nach Brüssel und saß bis mittags mit einem Fotografen in meinem Hotelzimmer bei Tee und Gebäck wie auf heißen Kohlen. Dann kam der erlösende Anruf: Interview um 16 Uhr im Backstage der Konzerthalle Forêt National, in der Elton John am Abend auftreten würde.

Ich hatte schon viele Backstage-Bereiche bei Konzerten von Rockstars gesehen, doch in keinem waren die Sicherheitsvorkehrungen so streng wie hier. An der letzten Absperrung wurde der Fotograf zurückgehalten. Keine Fotos! »Ich habe ein Problem mit meinem stämmigen Körper und kein Selbstbewusstsein. Deshalb mag ich nicht fotografiert werden«, hatte Elton John einmal erklärt.

Elton Johns Manager brachte mich alleine in die Garderobe. Und dort traf ich einen der bescheidensten und liebenswertesten Weltstars. Wir saßen nebeneinander auf einem kleinen Sofa. Ich stellte meine Fragen, ohne den prekären Artikel anzusprechen. Das war, wie man mir vorher zu verstehen gegeben hatte, ein Tabuthema. Und dann begann Elton John selbst davon zu erzählen. Ich spürte, dass er mich nicht mehr als Journalistin, sondern als Privatperson sah. Ich stellte das Band ab und nahm spontan seine Hand. Etwa eine halbe Stunde saßen wir so zusammen und unterhielten uns. Er ein verletzter Mensch und ich jemand, der einfach zuhörte und vielleicht ein bisschen trösten konnte. Wir waren beide ganz normale Geschöpfe auf einem großen Planeten, auf dem jeder hin und wieder jemanden braucht, der einem die Hand hält.

Bevor ich ging, fragte ich Elton John, ob der Fotograf reinkommen dürfe, um ein paar Fotos zu machen. »Na klar, warum denn nicht?«, lachte er. Ich hatte eine Superstory. Aber was noch mehr zählte: eine wunderbare Begegnung.

»Übrigens«, meinte Elton John zum Abschied, »ich schmeiße demnächst meine ganze Einrichtung in meinem Haus in London raus. Wenn du willst, kannst du mich vorher besuchen und eine Geschichte darüber machen.«

Dazu kam es nicht mehr: Claus Jacobi hatte die *Welt am Sonntag* verlassen, und ich wechselte wenig später zur Männerzeitschrift *Lui* nach München. Von dort aus zog es mich gleich nach der Wende zur *Bild* nach Dresden und später nach Berlin.

Erst 1992 arbeitete ich wieder mit Jacobi zusammen. Er hatte die Chefredaktion der *Welt* übernommen, bereitete den Umzug des Blattes von Bonn nach Berlin vor und hatte mich erneut geholt.

Und jetzt saß ich bei der *Welt*, und Mathias Döpfner war mein neuer Chef. Ausgerechnet in dem Moment, in dem sich mein ganzes Leben veränderte.

Wenn ich von meiner nächsten Reise nach Borneo zurückkehren würde, hätte ich in diesem Jahr keinen Urlaub mehr. Ich überlegte, dass ich bis Dezember sechs Tage die Woche arbeiten könnte, um so freie Tage anzusparen und noch mal für einen Kurztrip von einer Woche zu Chef zu reisen. Doch das konnte auf die Dauer keine Lösung sein. Auf unerklärliche Weise war ich mir mittlerweile absolut sicher, dass Chef und ich zusammengehörten und dass wir zusammenleben würden. Nur wie – das war die Frage.

Eines war klar: Chef, dessen Heimat der Dschungel war, konnte nicht zu mir nach Berlin ziehen. Hier würde er irr werden, eingesperrt in vier Wände, den Blick verstellt von Häusermauern, mit Asphalt statt Erde unter den Füßen.

Eine Alternative wäre, dass ich nach Borneo übersiedeln würde. Ich malte mir aus, wie ich mit Chef in einer kleinen Hütte am Melinau River in Mulu leben würde und ihm am Morgen, mit einem Sarong bekleidet, nachwinken würde, wenn er mit dem Langboot zur nächsten Tour aufbrach. Was würde ich dann den lieben langen Tag machen? Über dem offenen Feuer kochen und im Fluss die Wäsche waschen? Unsere Habseligkeiten, vielleicht ein Bett, zwei Stühle, einen Tisch und einen Schrank – für mehr wäre wohl kaum Platz – abstauben? Für ein, zwei Wochen konnte ich mir so ein Leben vorstellen. Aber dann? Nein, das hätte ich auf Dauer nicht gekonnt. Ich war nicht Bruno Manser und auch nicht die Weiße Massai.

Dennoch war ich mir sicher, dass sich eine Lösung finden würde. Ich hatte ständig das Gefühl, dass eine höhere Macht schützend ihre Hand über Chef und mich hielt. Und irgendwie war ich mir auf seltsame Weise sicher, dass der Axel Springer Verlag eine wichtige Rolle bei der Lösung unseres Problems spielen würde.

Noch lief mein Leben hauptsächlich in der Redaktion ab. Es war jener Sommer, in dem das Thema Kinderpornographie hochkochte. In Belgien hatte die so genannte Gruppe Morkhoven um den selbsternannten Privatermittler Marcel Vervloesem zigtausend Pornobilder im niederländischen Zandvoort gefunden, die den Missbrauch von Babys und Kleinkindern belegten. Die Spur eines der Pornoringe führte nach Berlin. Immer wieder bezeichnete Vervloesem die Hauptstadt Deutschlands als »Drehscheibe«, als Zentrale eines »Netzwerks« oder eines »Menschenhändlerrings«. Nicht nur die deutsche, auch die internationale Presse sprang auf dieses Thema an: CNN, das japanische Fernsehen und viele europäische Medien campierten im Garten vor Vervloesems Sozialwohnung in Morkhoven. Aber der von Vervloesem angekündigte »weltgrößte Pädophilenring« wurde nicht gefunden.

Natürlich stieg auch die *Welt* in die Berichterstattung ein. Dr. Döpfner beauftragte mich damit, die Recherchen zu leiten. Zwei Reporter der Berlin-Redaktion begaben sich in die für normale Menschen unvorstellbare Welt der Perversitäten und des moralischen Drecks. Die beiden jungen Männer waren erfolgreich – und tapfer. Oft waren sie bis spät in die Nacht unterwegs, um an Informationen zu kommen. Und sie spürten einen Kenner der Kinderpornographie-Szene auf: Peter G., ein Homosexueller, der eine Zeit lang Jungen in das »House of Boys« in Rotterdam gefahren hatte. Die Vierzehn- bis Fünfzehnjährigen, die meist aus zerrütteten Familien stammten, wurden in einem Jugendclub nahe der tschechischen Grenze »akquiriert« und dann zu Liebesdiensten in die Niederlande gekarrt.

Doch Peter G. wollte nicht reden. Die beiden Reporter besuchten ihn sogar in seiner Wohnung und waren froh, als sie in die Redaktion zurückkehren konnten. Die ganze Zeit über hatte Peter G.s scharfer Dobermann knurrend und zähnefletschend vor ihnen gesessen. Ich schlug vor, die Reporter zu einem weiteren Treffen mit Peter G. zu begleiten. Meiner Erfahrung nach würde sich ein Homosexueller eher einer Frau als einem heterosexuellen Mann öffnen.

Wir trafen Peter G. in einer Kneipe. Vor mir saß eine blasse, schmale Gestalt mit rasiertem Kopf und Augenbrauen, entlang deren Linie sich dicht an dicht Piercings reihten. Auch die Ohren waren mit unzähligen dünnen Silberringen und Metallkugeln bestückt. Wie verabredet, verabschiedeten sich die Reporter nach einer Weile und ließen mich mit dem Mann allein.

Er war schüchtern und vorsichtig, aber sehr höflich. Und dann begann er doch zu erzählen. Vor zwei Jahren war er aus der Szene ausgestiegen. Großen Mist habe er damals gebaut, bekannte er. Sein Lebensgefährte war an Aids gestorben, und ihm selbst war danach alles egal. Die Jungen in das »House of Boys« zu bringen sei für ihn vor allem eine Gelegenheit gewesen, ans schnelle Geld zu kommen. Aber er habe auch manchen geholfen, dem Bordell zu entkommen, und sie mit zurück nach Deutschland genommen. Heimlich.

Das »House of Boys« war mittlerweile von der Polizei geschlossen worden, und Peter G. arbeitete wieder in seinem Beruf als Koch. Doch nach wie vor war er einer der wenigen, die die Hintermänner der perfekt organisierten

Welt der Kinderpornographie kannten. Aber diese Namen waren ihm nicht zu entlocken. Er wusste, dass er mit der Preisgabe seines Wissens sein Leben riskierte. Dafür bot er mir etwas anderes an: Er wollte mir zeigen, wie man im Internet pornographisches Material finden kann.

Am folgenden Samstag besuchte ich ihn zu Hause. Der scharfe Dobermann leckte mir zur Begrüßung die Hand und legte sich auf meine Füße. Für Peter G. war die Reaktion des Hundes wohl so etwas wie die saubere Schufa-Akte eines Kredit-Antragstellers für einen Banker. Er fasste Vertrauen zu mir, in dem begrenzten Maße, wie es ihm möglich war, ohne mit seinem Leben zu spielen.

Mit der Sicherheit und Geschwindigkeit eines Informatikers schob er verschiedene CD-ROMs in seinen Computer und tippte Befehle ein, um auf illegale Server zu gelangen, die ihm Zugang zu Kinderpornographie-Seiten verschafften. Dabei behielt er immer die Uhr im Blick. Würde er länger als eine halbe Stunde auf einem dieser Server bleiben, bestand die Gefahr, dass bei der Polizei eine Meldung einging. Ich sah Fotos von Kindern, meist Jungen, in eindeutigen Posen und bei sexuellen Handlungen. Es war das Widerlichste und Traurigste, das mir in meinem Leben unter die Augen gekommen ist. Und es war erschreckend, wie schnell und wie leicht man sich auf diese Seiten einloggen konnte – vorausgesetzt, man wusste, wie es funktionierte.

Als ich nach Hause kam, musste ich mich übergeben.

Die Recherchen zur Kinderpornographie zogen sich über mehrere Wochen hin. Es war eine verworrene Welt, in der es nur schwer und selten gelang, Zusammenhänge zu erkennen. Immer wieder stieß man auf eine Mauer des Schweigens und auf Lügen. Bestes Beispiel dafür war der Anti-Porno-Aktivist Marcel Vervloesem. Ein Gericht stellte später fest, dass er zwischen 2003 und 2005 selbst drei Minderjährige missbraucht hatte, und verurteilte ihn zu fünf Jahren Haft, davon zwei auf Bewährung. »In der Zeit, als Vervloesem aktiv und intensiv gegen Kinderporno-Netzwerke kämpfte und die Aufmerksamkeit der Medien auf sich gezogen hat, war er selber Täter«, stellte der Richter fest.

Ab und zu begleitete ich die Reporter bei Treffen mit Informanten. Dabei ahnte ich: Dies würde für lange Zeit, wenn nicht sogar für immer, die letzte harte Recherche sein, an der ich mitarbeitete.

Dr. Döpfner hatte mittlerweile mit der Umstrukturierung der Redaktion begonnen. Er führte die *Welt* auf einen liberalkonservativen Kurs und nahm personelle Veränderungen vor. Man trennte sich von verschiedenen Mitarbeitern, was bei der Neuorientierung eines Blattes oft unvermeidlich und auch sinnvoll ist. Neue Besen kehren bekanntlich gut. Irgendwie hoffte ich, dass auch ich als »alter Besen« eingestuft werden würde, und ließ hier und da eine entsprechende Bemerkung fallen. Aber es tat sich nichts.

So rückte meine nächste Borneoreise immer näher. Wenn Chef nicht unterwegs war, telefonierten wir täglich. Ich wusste immer, wo er sich befand. Und er lief immer in meinen Schuhen.

Meine Abende verbrachte ich in dieser Zeit meist allein. Die Menschen, denen ich von Chef und mir erzählt hatte, konnte ich an einer Hand abzählen. Einer davon war Udo Walz, mit dem ich mich mich ab und an zum Essen traf. Über mehrere Jahre hinweg hatte sich eine Freundschaft entwickelt, die auf Respekt und Vertrauen beruhte. Wer Udo Walz näher kennt, weiß, dass er privat nur wenig dem

Bild des Tausendsassas der Society entspricht, das die Medien von ihm zeichnen. Er ist vielmehr ein ruhiger Zuhörer, der mit wenigen klaren Sätzen und viel gesundem Menschenverstand die Dinge auf den Punkt bringt. Er ist eine Schulter zum Anlehnen, und er ist verschwiegen. Er lästert nicht, er tratscht nicht, er ist ohne Häme. Ein starker und guter Charakter eben.

Natürlich hatte ich auch mit meiner Mutter über Chef gesprochen. Sie hörte sich alles gelassen an und glaubte wahrscheinlich, dass ich mich in einem vorübergehenden Zustand geistiger Umnachtung befand, der sich durch die Entfernung zwischen Berlin und Borneo von selbst legen würde.

Einen anderen Abend verbrachte ich bis spät in die Nacht mit Gimmo Etro, dem Patriarchen des berühmten Mailänder Modeimperiums. Ute Schrader, eine gute alte Bekannte, machte die PR für verschiedene Nobelmarken, darunter auch für Etro. An einem Freitag sollte Etro im eleganten Quartier 206 an der Friedrichstraße eine eigene Boutique eröffnen. Ute Schrader rief mich ein paar Tage vorher an und erzählte mir, dass Gimmo Etro persönlich mit seiner Tochter Veronica, seinem Sohn Ippolito sowie dessen amerikanischer Frau zu diesem Event anreisen werde. Nach der Eröffnung wollte man gemeinsam im kleinen Kreis essen gehen. Sie fragte mich, ob ich dazukommen wolle, und wir überlegten gemeinsam, welches Restaurant sich am besten eignete. Ich schlug das »Callas« in der Nähe des Ku'damms vor, damals Helmut Kohls Berliner Lieblingsrestaurant und bekannt für seine exzellente mediterrane Küche.

Bei dem Abendessen saß ich neben Gimmo Etro, einem Mann mit frappierender äußerer Ähnlichkeit mit Mohammed Al Fayed, dem Vater von Prinzessin Dianas Freund Dodi. Es war ein fröhliches, unkompliziertes Dinner, bei dessen Ende Veronica erklärte, sie würde jetzt gerne noch in eine richtige Berliner Szenekneipe gehen. Ich solle doch mal einen Vorschlag machen. Das war leichter gesagt, als getan. Was nicht daran lag, dass in Berlin ein Mangel an schrägen Läden herrschte. Das Problem war vielmehr die Kleidung. Alle, die am Tisch saßen, hatten sich in Schale geworfen. Ute und ich trugen schwarze Cocktailkleider, Veronica und ihre Schwägerin Etro-Modelle aus Seide, Gimmo Etro und sein Sohn dunkle Anzüge. Wir hätten erstklassig auf eine Taufe oder eine Hochzeit gepasst, aber nicht in eine schmuddelige Kneipe im Ostteil der Stadt. Das höchste der Gefühle war für meine Begriffe ein Besuch im »Würgeengel«, einem Laden mit allerlei buntem Volk in der Dresdner Straße in Kreuzberg, einer nur spärlich beleuchteten Sackgasse.

Ich fuhr mit Gimmo Etro in seinem dunkelblauen BMW mit italienisch sprechendem Chauffeur vor. Ute folgte mit den anderen im Taxi. Den »Würgeengel« muss man sich als eine Mischung aus alternativer Kneipe mit Holztischen und -stühlen, Boudoir-Atmosphäre mit rotem Samt und American Bar vorstellen. Ein verqualmter, lauter, voller Treffpunkt für sympathische Tagediebe, Künstler, Studenten und oft auch Journalisten. Gimmo Etro und ich setzten uns gleich auf zwei Barhocker an den Tresen. Ich bestellte mir, wie immer hier, ein Glas Rioja, Gimmo Etro ein Pils und einen Steinhäger. Der Abend versprach nett zu werden.

Ute und der Rest der Etro-Familie blieben auf einen Drink, dann siegte die Müdigkeit, und sie fuhren ins Hotel. Für Gimmo Etro und mich dagegen hatte der Abend erst begonnen. Und es war einer der schönsten, bevor ich wieder nach Borneo flog. Wie so oft, machte die Nacht Fremde zu Vertrauten. Ich erzählte Gimmo von Mulu, er erzählte mir von seinem Leben, so wie man sich mit einem alten Freund unterhält. Wir saßen bis kurz vor vier an der Bar.

»So einen schönen Abend hatte ich schon lange nicht mehr«, sagte Gimmo irgendwann.

»Ich kann dir sagen woran das liegt«, antwortete ich. »Ich will nichts von dir. Keinen Job, keinen Geschäftskontakt und auch kein Interview. Wir sitzen hier als zwei ganz normale Menschen. Und wenn ich mich nicht gerne mit dir unterhalten würde, wäre ich schon längst weg. Es ist ein schöner Abend, weil nur du und weil nur ich als Menschen zählen.«

Einige Tage später hatte ich einen handgeschriebenen Brief von ihm im Kasten. Er bedankte sich noch mal für den Abend. Damals wusste ich nicht, dass es der letzte Abend war, den ich mit jemandem verbrachte, dessen Name weltweit bekannt war. Es war ein guter Abschluss.

Knapp drei Wochen, bevor ich nach Malaysia flog, telefonierte ich wieder einmal von der Redaktion aus mit Chef.

»Ich wollte dich etwas fragen«, sagte er zögernd. »Könntest du zwei Wochen später kommen? Ich soll Filmaufnahmen von National Geographic führen, davon habe ich immer geträumt.«

Es war, als würde mir alles Blut aus dem Kopf gezogen, als würde ich in einen unendlich tiefen Abgrund stürzen. Ich muss so erschrocken ausgesehen haben, dass Kollegen, die mir am Produktionstisch gegenübersaßen, mich erstaunt anstarrten. Ich brachte keinen Ton hervor. Was sollte ich darauf antworten? Hatte ich mir die ganze Zeit etwas vorgemacht? Empfand Chef nicht das Gleiche für mich wie ich für ihn? War ich doch nur eine normale Touristin für ihn?

In mein Schweigen hinein sagte Chef: »Keine Sorge. Ich bin wie verabredet am 28. August in Kuching am Flughafen und hole dich ab. Ich sage einfach, dass ich nur bis zum 27. August zur Verfügung stehe. Dann muss ein anderer Führer übernehmen.«

Ich merkte, wie langsam wieder Farbe in mein Gesicht zurückkehrte, wie sich eine unendliche Erleichterung in mir ausbreitete. Chef hatte gespürt, was in mir vorging, ohne dass ich etwas sagen musste. Es war unser letztes Telefonat vor meinem Abflug. Bis dahin würde ich ihn nicht mehr erreichen können. Er würde vom nächsten Tag an mit der Filmcrew im Dschungel unterwegs sein.

»Alles in Ordnung?«, fragte mich ein Kollege besorgt, als ich auflegte.

»Ja«, antwortete ich, »jetzt ist alles in Ordnung.«

Es blieben nur noch wenige Tage bis zu meiner Abreise. Vom 24. August an hatte ich Urlaub. Meine Mutter feierte an diesem Tag ihren 80. Geburtstag, und viele ihrer alten Freundinnen waren als Überraschungsgäste angereist. Am nächsten Tag fuhr ich mit der Liste, die Chef mir an unserem letzten Abend in Mulu diktiert hatte, zu einem großen Expeditions- und Trecking-Ausstatter. Ich suchte gerade ein Zelt aus, als mein Handy klingelte. Die Personalleiterin der *Welt* war dran. »Könnten Sie wohl sofort in den Verlag kommen?«, fragte sie. Mir war klar, was das zu bedeuten hatte: Man wollte mir einen Auflösungsvertrag anbieten, ebendas, was ich mir die letzten Tage immer wieder gewünscht hatte. Ich ahnte, wer an der Schraube gedreht hatte, und war dankbar dafür. Dennoch fuhr ich beklommen und nervös in die Redaktion.

Man bot mir eine Abfindung an, und ich war einverstanden. Die Details sollten nach meiner Rückkehr aus Borneo besprochen werden. Dr. Döpfner stünde mir auch zu einem Gespräch zur Verfügung, wurde mir mitgeteilt, aber das wollte ich lieber erst nach dem Abschluss der Verhandlungen führen. Was wäre, wenn er plötzlich seine Meinung änderte?

Vom Verlag aus fuhr ich sofort nach Hause. Meine Einkäufe verschob ich auf den nächsten Tag, ich wollte allein sein. Wenn man ein Unternehmen verlässt, dem man über Jahre verbunden war, ist es immer ein wehmütiger Abschied, auch wenn dieser gerade gut zu meiner eigenen Planung passte. Und so fühlte ich mich jetzt gleichzeitig erleichtert und traurig. Wieder einmal war ich davon überzeugt, dass man für alles im Leben einen Preis zahlen muss. Der Preis, den ich zahlen musste, war die Trennung vom Axel Springer Verlag, der mehr als ein Jahrzehnt mein Leben dominiert hatte und an dem ich auch hing. Dabei hatte es etwas Tröstendes, dass genau dieser Verlag mir jetzt die finanziellen Mittel für den Aufbau einer neuen Existenz auf Borneo verschaffte.

Am Ende des Tages überwog bei mir die Erleichterung. Ich konnte so oft und so lange zu Chef reisen, wie ich wollte. Und ich konnte vollkommen frei mein künftiges Leben planen, auch wenn mir noch vollkommen unklar war, wie das aussehen sollte. Doch das würde sich finden. Letztendlich hatte sich in meinen Leben immer alles zum Guten gefügt. Warum nicht auch jetzt?

Wirklich nervös machte mich momentan eine ganz andere Frage: Würde Chef tatsächlich in Kuching am Flughafen stehen? Seit über zwei Wochen hatte ich ihn nicht mehr gesprochen. Was, wenn er es sich anders überlegt hatte?

Die Urwaldriesen auf Borneo bilden in einer Höhe von rund vierzig Metern ein Blätterdach.

Der Weg zur Fledermaushöhle im Gunung Mulu Nationalpark. Man darf ihn nur in Begleitung von Führern betreten.

An einer teilweise bewachsenen Felswand entlang führt ein Holzsteg zur Clearwater-Höhle.

Die scharfen Kalksteinspitzen, Pinnacles genannt, im Gunung Mulu Nationalpark.

In Mulu befindet sich das größte Höhlensystem der Welt. Einige sind für Besichtigungen ausgebaut.

Penan-Frauen bieten am Melinau-River in Mulu Touristen ihre Handarbeiten zum Kauf an. Die meisten dieser letzten Dschungel-Nomaden der Welt sind inzwischen halbsesshaft.

Vorne breiten die Penan-Frauen ihre Waren aus, dahinter beginnt ihre Siedlung aus Stelzenhäusern. Die Penan sind besonders scheue Menschen. Sie vermeiden den direkten Augenkontakt.

Eine Penan-Frau bei der Arbeit. Sie stellt mit Pflanzen gefärbte Armreifen aus Baumrinde und Körbe her.

Die Penan-Siedlung am Melinau-River in Mulu. Nachdem ein von der Regierung errichtetes Langhaus niedergebrannt war, haben die Dschungel-Nomaden sich Hütten am Fluss gebaut.

Der natürliche Pool bei der Clearwater-Höhle in Mulu. Hier kann man ein herrlich erfrischendes Bad nehmen.

Leben im Dschungel: Murang hält eine erlegte Zibetkatze, ein Palan alut, ans Feuer. Später wird das Tier zerlegt und gegessen. Es schmeckt ein bisschen wie Kaninchen.

Der Melinau-River ist nach starken Regenfällen in der Nacht über seine Ufer getreten. Robert scheppt Wasser aus einem der Boote, die seiner Familie gehören.

Unser Dschungelcamp in der Nacht des Hochwassers. Innerhalb weniger Stunden war der Wasserspiegel um mehrere Meter gestiegen und überflutete alles.

Roberts Mutter Awind in ihrem Haus. Sie war früher die Schönheitskönigin von Mulu.

Dschungel, kristallklares Wasser und blauer Himmel: Fahrt mit einem Langboot auf dem Melinau-River. Vorne: Chef de Mulu.

Voll bepackt bringt uns ein Langboot zu einer unbewohnten Insel auf dem Batang Ai Stausee. Chef de Mulu ist die Freude anzusehen.

Chef de Mulu richtet unser Lager auf der unbewohnten Insel ein. Zum Kochen hat er ein Feuer entfacht.

Gongs haben in der Kultur der Iban eine besondere Bedeutung. Sie sind Zeichen für Reichtum und auf ihnen wird die traditionelle Musik gespielt.

Der Schamane Unding im Serubah-Langhaus. Sein Körper ist voller Tattoos. Sie erzählen die Geschichte seines Lebens.

Der Häuptling des Serubah-Langhauses beim Tanz. Dabei ahmt er die Bewegungen eines Fasans nach.

Zur Begrüßung der Besucher warten der Häuptling des Serubah-Langhauses, Schamane Unding und zwei Iban-Frauen am Ufer.

Ein unvergesslicher Moment im Semenggoh Wildlife Center bei Kuching: Ich darf ein Orang-Utan-Baby in den Armen halten.

Unser Freund und Gastgeber, der Amerikaner John Lincoln Girard. Seit über zwanzig Jahren lebt er in Sarawak.

Johns Haus »Southern Comfort« am Dschungelrand bei Lawas. Hier können sich auch Rucksack-Touristen einmieten, aber nur solche, die er mag.

Ein Langhaus der Rungus in Sabah. Hier lebt nur eine Sippe unter einem Dach.

Eine Rungus-Frau bläst die Flöte mit der Nase. So entsteht ein zarter, melancholischer Ton.

Ein Rungus-Brautpaar in prächtiger traditioneller Hochzeitskleidung. Die Braut trägt zu diesem Anlass die typischen spiralförmigen Armreifen.

Eine Rungus-Frau beim Sticken. Die farbenprächtige, kunstvolle, im Plattstich gefertigte Arbeit wird von den Männern als turbanartiger Kopfschmuck getragen.

Ein Gemeinschafts-Langhaus der Rungus. Es ist Treffpunkt, Beratungszentrum und Gästehaus in einem. Die traditionelle Kleidung wird meist nur zu besonderen Anlässen getragen.

Johns Freund Saloy vom Stamm der Kelabit. Es ist ein stolzer Stamm, der sich wenig um Gesetze schert, die nicht seine eigenen sind. Saloy brachte uns über die Holzfällerstraßen ins Bario-Hochland.

Der Führer Murang Tadem. Mit ihm und Chef war ich im Dschungel von Mulu unterwegs. Später trafen wir ihn in seinem Heimatort Bakelalan wieder.

Chefs Freund Roslan, der uns auf einem Teil unserer Reise als Träger begleitete. Als ich in Miri lebte, war er einer meiner engsten Freunde.

Die Chinesin Conny und ihren aus London stammenden Freund Andy besuchten wir in ihrem Kampong-Haus in Kota Kinabalu. Chef hilft bei der Vorbereitung des Abendessens auf dem Fußboden.

Mit Chefs Stiefmutter Ugulk verstand ich mich auf Anhieb. In dem Langhaus bei Limbang am Ende des Headhunter-Trails, in dem sie lebt, erzählte mir Chef die Geschichte seines Lebens.

Mit einem Langboot setzten wir von dem Dorf mit typischen Stelzenhütten – auf der gegenüberliegenden Flussseite – zum Langhaus von Ugulk über.

Chef und ich im Haus meiner Schwiegereltern in Miri. Oft zog ich hierfür ein traditionelles malaysisches Gewand an, um mich den Sitten der Familie anzupassen. Chef trägt wie ein Penan unter den Knien Schmuck aus Baumrinden.

Mein erster Abend im Haus meiner künftigen Schwiegereltern: Um mir eine besondere Freude zu machen, wurde traditionell auf dem Boden gespeist. Vorne links sitzt Chef, dahinter sein Vater, hinten in der Mitte seine Mutter.

Chef im Kreise seiner Nichten und Neffen. Nicht alle sind auf dem Bild. Im Jahre 1998 waren es immerhin schon 23, später kamen noch weitere dazu.

Meine Schwiegermutter bereitet auf einem überdachten Platz an ihrem Haus das Essen vor.

Hari Raya 2000. Wir sind an diesem Festtag natürlich mit Bidaya im Haus meiner Schwiegereltern. Es sind nur noch wenige Tage bis zu unserer Rückkehr nach Deutschland.

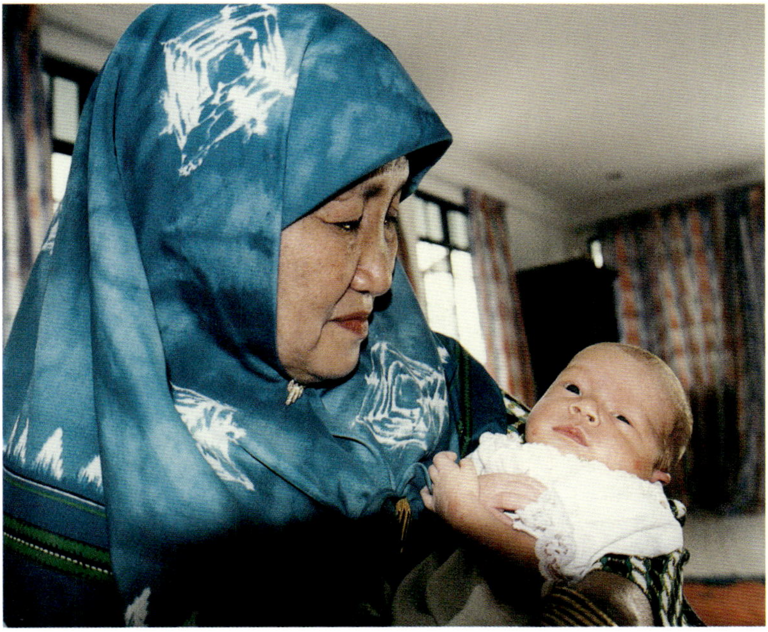

Meine Schwiegermutter mit Bidaya in unserem Haus in Miri.

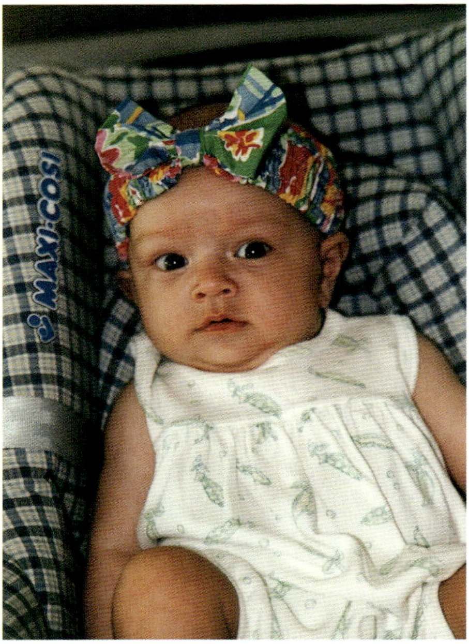

Bidaya als Baby in Miri.

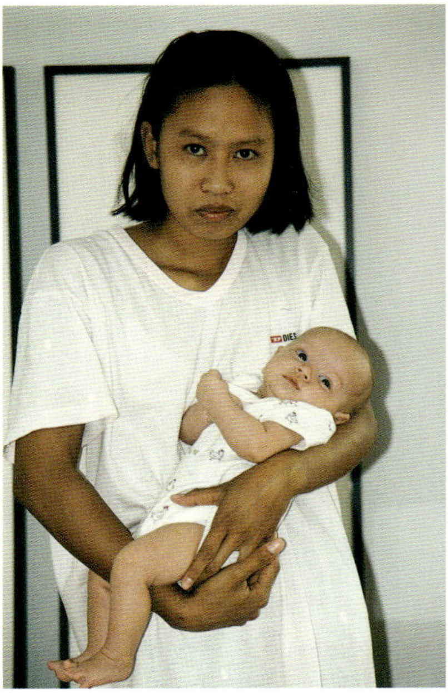

Unser indonesisches Hausmädchen Yanti mit Bidaya. Sie kümmerte sich rührend um unser Kind.

Chefs Großmutter Taibah, eine berühmte Heilerin, mit Bidaya.

Chef mit seinen alten Schulfreunden Paul und Eva. Paul erzählte mir viel über chinesische Kultur und Denkweise.

Mein Schwiegervater (hinten links) besucht uns nach der Geburt von Bidaya mit den alten Männern aus seiner Moschee.

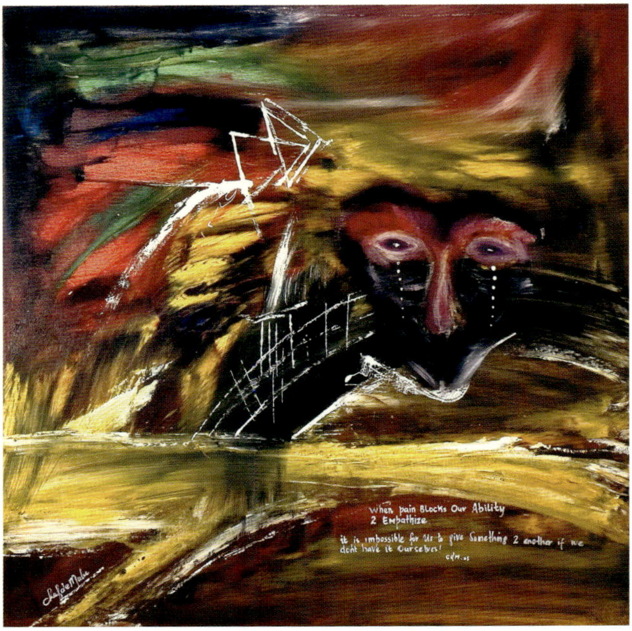

Gemälde von Chef de Mulu aus dem Themenbereich Schamanismus. Öl auf Leinwand, 85 x 85 cm.

Großformatiges Gemälde von Chef de Mulu aus dem Themenbereich Schamanismus. Öl auf Leinwand, 210 x 155 cm.

Wenn er doch lieber die Filmaufnahmen von National Geographic bis zum Ende führen wollte? Schon bei Verabredungen innerhalb Berlins, die fünf Tage zuvor abgesprochen worden waren, vergewisserte ich mich am Abend zuvor, ob es dabei bleiben würde. Und jetzt flog ich sozusagen ins Blaue nach Borneo, geführt von einem Gefühl, von dem ich nur vermutete, dass es erwidert wurde.

Doch als die Maschine von Malaysia Airlines dann am Mittag des 27. August in Frankfurt abhob, war ich vollkommen gelassen. Ich kannte diese Reaktion aus Prüfungssituationen. Ob Staatsexamen oder Vorstellungsgespräch – vorher war ich tagelang ein Nervenbündel. Sobald es ernst wurde, fielen von der ersten Sekunde an alle Ängste von mir ab. Ich war konzentriert, hellwach und ruhig. Genauso erging es mir auf diesem Flug.

Schon am Abend zuvor war ich nach Frankfurt geflogen und hatte im »Sheraton« am Flughafen übernachtet. Ich wollte kein Risiko eingehen, durch eine Verspätung des Fluges von Berlin nach Frankfurt die Maschine nach Kuala Lumpur zu verpassen. Chef würde womöglich in Kuching am Flughafen vergeblich auf mich warten. Vielleicht nahm er dann an, er habe sich in meinen Gefühlen getäuscht, und verschwand irgendwo im Dschungel.

Den Morgen am Frankfurter Flughafen hatte ich für einen Friseurbesuch genutzt. Schließlich war ich auf dem Weg zu der wahrscheinlich wichtigsten Verabredung mit einem Mann in meinem Leben. Und dafür wollte ich möglichst gut aussehen, auch wenn der Treffpunkt etwas weiter entfernt war als sonst üblich.

Eine Stunde vor der Landung in Kuching zog ich mich auf der Toilette um. Die bequemen Leggings und das T-Shirt wechselte ich gegen ein sonnengelbes Sommerkleid, kniekurz und mit überkreuzten Rückträgern, ich schminkte und kämmte mich. Meine vom Langstreckenflug geschwollenen Füße zwängte ich in braune Wildleder-Ballerinas.

Meine Ankunft auf Borneo unterschied sich in keiner Weise von den vorigen. Die schwüle Hitze umschloss mich wieder mit der ihr eigenen Kraft. Mein Make-up begann sich durch den Schweiß langsam aufzulösen, und für einen Moment fragte ich mich, wofür ich in Frankfurt eigentlich beim Friseur gewesen war, wenn mir die Haare nach wenigen Minuten sowieso feucht am Kopf klebten.

Der Flughafen von Kuching war damals noch ein kastenförmiger, zweistöckiger Flachbau ohne Aufzug. Von der Passkontrolle führte eine steile Treppe zur Gepäckausgabe, die nur durch eine hüfthohe Absperrung von der Ankunftshalle getrennt war. Ich quälte mich gerade mit meinem Handgepäck-Trolley die Stufen herunter, als Chef plötzlich neben mir stand. Er hatte mich gesehen, war einfach über die Absperrung gesprungen, durch die Halle gesprintet und fast lautlos, mehrere Stufen auf einmal nehmend, die Treppe hochgehechtet. Kein Zöllner, kein Flughafenpolizist hatte sich ihm in den Weg gestellt.

Chef und ich umarmten uns. Ich musste ihn immer wieder anschauen. Er sah so schön aus. Und er trug meine Schuhe. Anders als in Mulu hatte er jetzt einen bis zu den Augenbrauen reichenden Pony, wie ihn die Penan tragen. Die langen Haare waren zu einem Pferdeschwanz gebunden. Offenbar hatte auch er seine besten Sachen angezogen: eine lange, weite braune Baumwollhose mit Tunnelbund, ein weißes T-Shirt und darüber eine graue, leinenartige Jacke im chinesischen Stil. Kenzo hätte diese Kombination bestimmt sofort für seine Herrenkollektion kopiert und in Paris auf den Laufsteg geschickt.

Wir fuhren mit dem Taxi zum »Hilton«. Dort hatte ich für Chef und mich je ein Einzelzimmer gebucht. Als ich die Tür zu meinem Zimmer öffnete, staunte ich: Christina Wendt, die Sales-Managerin, die mich von meinem ersten Besuch auf Borneo kannte, hatte mir für den Preis eines Einzelzimmers eine Suite mit Blick auf den Sarawak River gegeben. Von einem großen Wohnzimmer ging es in ein geräumiges Schlafzimmer mit separatem Schrankraum. Und das Bad stand diesen Räumen an üppiger Ausstattung in nichts nach.

Chef und ich gingen erst einmal ins Restaurant und tranken Kaffee. Noch etwas benommen vom Flug und vor allem von der Erleichterung, dass wir wieder zusammen waren, erzählte ich ihm, was sich in den letzten Tagen in der Redaktion zugetragen hatte. Er hörte aufmerksam zu, und ohne dass einer von uns es aussprechen musste, war klar, was mein Ausscheiden bei der *Welt* für uns bedeuten würde.

Später gingen wir in meine Suite. Im Wohnzimmer stand mein Gepäck, das diesmal, anders als bei meiner letzten Reise nach Borneo, recht bescheiden war. Es bestand lediglich aus einem leichten Zelt und zwei wasserdichten Rucksäcken mit verschweißten Nähten, die ich in Berlin gekauft hatte. Ein voller roter für mich und ein fast leerer für Chef. In diesen hatte ich Geschenke für ihn gepackt: ein rotes Tommy-Hilfiger-Sweatshirt und ein dazu passendes Polohemd. Er zog beides sofort an, und erst jetzt sah ich, dass seine Unterarme bis zur Hälfte mit Dschungelarmbändern, wie sie von den Penan-Frauen in Mulu verkauft wurden, bedeckt waren. Hier in der Stadt trug er den Wald an den Armen.

Nachdem ich mich drei Stunden ausgeruht hatte, war ich topfit, und wir beschlossen, essen zu gehen. Ich schlug das

»Benson's« vor, ein Open-Air-Fischrestaurant, das ich besonders gern mochte. Wir aßen, redeten, und als ich nach der Rechnung fragte, stellte sich heraus, dass Chef schon bezahlt hatte. Ich war gerührt, denn das Monatsgehalt eines Dschungelführers betrug nur magere hundert Euro im Monat. Kamen nicht noch Trinkgelder dazu, war das auch in Malaysia zu wenig, um zu leben, und zu viel, um zu sterben.

Im Hotel gingen wir noch auf einen Drink in die Bar. Ich setzte mich auf einen Hocker, und Chef lehnte mit einer solchen Lässigkeit und Selbstverständlichkeit am Tresen, als wäre er sein Leben lang in den Harry's-New-York-Bars dieser Welt ein und aus gegangen. Dann bestellte er sich einen Black Russian. Ich war verblüfft. Von jemandem, der, sagen wir mal, auf dem Baum aufgewachsen war und sein Leben im Dschungel verbracht hatte, hätte ich ein solch selbstbewusstes, sicheres Verhalten nicht erwartet. Aber Chef schien sich in der luxuriösen Umgebung durchaus heimisch zu fühlen.

Eigentlich sollte am nächsten Morgen Murang ankommen, aber wir wussten nicht, mit welcher Maschine. Also hinterließen wir nach dem Frühstück eine Nachricht für ihn an der Rezeption und baten ihn, im Hotel auf uns zu warten. Wir machten einen kleinen Spaziergang durch Kuching und trafen uns am Nachmittag mit Doris, Manfred und Christina Wendt im Hotel. Es war schön, sie wiederzusehen. Irgendwie waren sie für mich so etwas wie menschliche Fixpunkte auf Borneo.

Nur Murang kreuzte nicht auf. Chef begann sich zu ärgern und rief schließlich einen Cousin von Murang in Miri an. Das ist, wie ich später feststellen sollte, das übliche Informationssystem auf Borneo: Jemand kennt jemanden, der jemanden kennt, der vielleicht etwas weiß. Der Cousin hatte tatsächlich eine Nachricht für uns: Murang führte noch eine Gruppe im Dschungel und würde deshalb erst später zu uns stoßen. Wann, würde er dem Cousin mitteilen, den wir in einigen Tagen wieder anrufen sollten. Dann könnten wir über ihn einen Treffpunkt mit Murang ausmachen.

Für mich hörte sich das alles etwas verrückt an, aber eigentlich war ich recht froh, dass ich noch etwas mit Chef allein sein konnte. Allerdings hatten wir ein Problem: Wir brauchten einen Träger, und das möglichst schnell, da wir in drei Tagen aufbrechen wollten. Chef schlug vor, seinen Freund Roslan in Miri anzurufen. Ein netter junger Mann, Mitte zwanzig, momentan ohne Job. Ich war einverstanden, Roslan auch. Er versprach, am 31. August in Kuching zu sein.

Am nächsten Tag herrschte rege Betriebsamkeit im Hotel. Überall wurden Girlanden, kleine Fähnchen und Wimpel in den Nationalfarben Malaysias angebracht.

»Was ist denn hier los?«, fragte ich Chef.

»Morgen ist Merdeka«, antwortete er, »der Unabhängigkeitstag Malaysias. Das ist einer der höchsten Feiertage hier, seit mein Land im Jahr 1957 aufhörte, britische Kronkolonie zu sein, und Mitglied im British Commonwealth wurde.«

»Und wie wird das gefeiert?«

»In allen Städten gibt es um Mitternacht ein Feuerwerk. Dann fahren Autos und Motorräder hupend durch die Straßen, die voll von jubelnden Menschen sind. Außerdem sagt man zu den Leuten, die man trifft, dreimal hintereinander ›Merdeka‹. Das heißt ›Freiheit‹.«

»Das möchte ich mir unbedingt anschauen«, sagte ich.

»Besser nicht«, meinte Chef. »Da sind viele Betrunkene unterwegs. Für eine Ausländerin ist das nicht ganz ungefährlich.«

Am Abend gingen wir in die Diskothek des Hotels. Wie in allen Diskos in Malaysia war die Musik so laut, dass man sich nur anschreien konnte. Dabei ging mir die Merdeka-Feier auf den Straßen nicht aus dem Kopf. Wenn Chef nicht mit mir dorthin wollte, dann würde ich eben alleine gehen, beschloss ich. Kurz nach elf erklärte ich, dass ich müde sei und ins Bett wolle. Wir umarmten uns zum Abschied, ich blieb noch kurz in meinem Zimmer, dann machte ich mich auf den Weg.

Ich hatte mir überlegt, dass ich das Feuerwerk wohl am besten vom Sarawak River aus beobachten könnte. Also ging ich zum Flussufer hinunter, an dem Sampangs lagen, Boote wie Nussschalen, die zur Hälfte von einem bogenförmigen Stoffdach überspannt sind.

Der Bootsmann wies mir meinen Platz auf einer Bank unter der Plane zu, er selbst saß im Freien. Mit keiner Regung ließ er sich seine Verwunderung anmerken, dass eine Frau alleine in der Nacht auf dem Fluss unterwegs sein wollte. Schweigend bediente er das Ruder und rauchte. Auch ich hatte mir eine Zigarette angesteckt.

Der Fluss, der sich sonst wie ein breites braunes Band durch Kuching schlängelte, war jetzt eine glänzende schwarze Bahn, gesäumt von den Lichtern der Stadt. Auch ohne Feuerwerk hatte diese Fahrt in der Nacht etwas Festliches und gleichzeitig unendlich Friedliches an sich. Nur das Geräusch des Motors und das leise Plätschern des Wasser waren zu hören. Und dann schossen plötzlich die ersten Raketen mit Pfeifen und Krachen in den Himmel und ergossen sich in bunten Kaskaden über der Stadtkulisse. Es war Mitternacht. Bis zum Boot drangen die Jubelschreie der Menschen.

Ich schaute den Bootsmann an und sagte: »Merdeka. Merdeka. Merdeka.«

Für ein paar Sekunden blickte er mich an, perplex, ja fast fassungslos. Dann antwortete er lächelnd: »Merdeka. Merdeka. Merdeka.«

Er bot mir eine Zigarette an und schlug mit der flachen Hand leicht auf den Platz neben sich. Ich setzte mich zu ihm. Abwechselnd rauchten wir von seinen und von meinen Zigaretten und bewunderten zusammen das Feuerwerk.

Als das Spektakel zu Ende war, fuhren wir wieder zur Anlegestelle zurück. Ich stieg aus, bezahlte und verabschiedete mich. Nach ein paar Schritten drehte ich mich noch einmal um. Der Mann stand immer noch vor seinem Boot und sah mir nach. Unsere Blick trafen sich, er winkte, und ich winkte zurück. Für uns beide dürfte es eine unvergessliche Merdeka-Nacht gewesen sein.

Ich tauchte in das Treiben auf der Hauptstraße von Kuching ein. Wie Chef gesagt hatte, veranstalteten die vorbeifahrenden Autos und Motorräder ein gigantisches Hupkonzert. Fahnen wurden aus den Wagenfenstern geschwenkt, und der Bürgersteig war voller Menschen. Wildfremde fielen mir um den Hals, hielten mir ihre Becher mit Bier hin, schüttelten mir die Hand. Und immer wieder hieß es: »Merdeka. Merdeka. Merdeka.« Es war eine wunderbare Stimmung, und ich fragte mich, wo Chef hier eine Gefahr gesehen hatte.

Langsam arbeitete ich mich durch die Menschenmassen in Richtung meines Hotels vor. Eine einsame und nur spärlich beleuchtete Straße zweigte dorthin ab. Plötzlich lief ein Mann, etwa Ende dreißig, neben mir her. Erst blickte er mich nur schweigend an, dann griff er nach mir. Chef hatte also doch recht gehabt mit seiner Warnung. Weit und breit war niemand zu sehen, den ich hätte zu Hilfe rufen können. Mit einer schnellen Bewegung ergriff ich deshalb das Handgelenk des Mannes und riss seinen Arm hinter seinem Rücken so weit nach oben, dass er sich mit einem Schmerzensschrei nach vorne krümmte. Dann stieß ich ihn mit aller Kraft weg, sodass er fast auf dem Pflaster aufschlug. So lautlos, wie er neben mir aufgetaucht war, verschwand der Typ wieder im Dunkeln. Den Griff hatte mir einmal der Bodyguard von Steffen Jacob, dem Rotlichtkönig von Berlin, gezeigt. Vollkontakt-Karatekämpfer, Schwarzgurt, dritter Dan.

Als ich die Tür zu meiner Suite aufschloss, war es halb drei. Auf dem Teppichboden lag ein Zettel, eine Nachricht von Chef: »Ich habe bei Dir geklopft, aber Du warst nicht da. Ruf mich an, wenn Du zurück bist.«

Ich wählte Chefs Zimmernummer, und er hob sofort ab. »Ich bin wieder zurück, du brauchst dir keine Sorgen zu machen«, erklärte ich gut gelaunt.

»Wo warst du?«, fragte er. »Ich habe dich überall gesucht, in der Bar, in der Diskothek.«

»Merdeka feiern, draußen«, antwortete ich.

»Gut, dass du heil zurück bist. Wir sehen uns dann beim Frühstück. Schlaf gut.«

Das tat ich.

Am nächsten Morgen erzählte ich Chef meine Erlebnisse. Er hörte mir fassungslos zu und schüttelte den Kopf. »Das war sehr leichtsinnig. Mach so etwas nicht wieder«, rügte er mich. »Schließlich bin ich für dich verantwortlich.«

Als wir den Frühstücksraum verlassen hatten, nahm mich Chef in den Arm. »Ich glaube, es ist besser, wenn ich dich nicht mehr allein lasse«, sagte er. »Weder bei Tag noch bei Nacht.« Dann gingen wir Hand in Hand weiter. Wir kamen an einem Bankettraum vorbei, der für eine Hochzeitsfeier hergerichtet wurde. »Das werden wir auch einmal machen«, meinte er und lächelte mich an. Ich nickte.

Am Abend kam Roslan an. Er war wirklich nett, ein Happy-go-lucky-Typ. Von Beruf war er eigentlich Laborant, jobbte hier und da mal ein bisschen und lag ansonsten seinen Eltern auf der Tasche. Bei uns als Träger anzuheuern war für ihn eine gute Gelegenheit, gratis Urlaub zu machen und sich gleichzeitig etwas zu verdienen. Das Schleppen nahm er dafür gerne in Kauf.

Und dann ging es los. Unser Ziel war der Batang-Ai-Stausee nahe der Grenze zu Kalimantan. Am Batang Ai wurde in den siebziger Jahren das erste Wasserkraftwerk Sarawaks erbaut, das bis zu sechzig Prozent des Energiebedarfs des Landes deckt. Dafür wurde ein fünfundachtzig Meter hoher und achthundert Meter langer Damm errichtet, der das Wasser des Batang Ai aufstaute. Neunzig Quadratkilometer Land wurden überflutet, neunundzwanzig Langhäuser, was ebenso vielen Dorfgemeinschaften entsprach, mussten geräumt werden. Die Tierwelt schützte man durch einen Trick: Der Pegel wurde über ein halbes Jahr hinweg langsam angehoben, sodass sich die Tiere auf höher gelegenes Gebiet zurückziehen konnten. Anhöhen in der ursprünglichen Landschaft ragen heute als Inseln aus dem Stausee. Auf einer befindet sich das »Hilton Batang Ai Resort«, das sich architektonisch an den traditionellen Langhausstil anlehnt. Die übrigen Inseln stehen unter Naturschutz und dürfen nicht betreten werden.

Christina Wendt, die auch für das »Hilton Batang Ai« als Sales-Managerin zuständig war, verfügte in der Region über gute Kontakte und hatte uns die Genehmigung zum Aufenthalt auf einer der Inseln besorgt. Manfred und Doris stellten uns einen Kleinbus mit Fahrer zur Verfügung, der uns in einer fast sechsstündigen Tour nach Batang Ai chauffierte. Dort quartierten wir uns für eine Nacht im »Hilton« ein.

Am Abend gesellte sich der alte Winson zu uns. Er war über siebzig und galt früher als der beste Dschungelführer Borneos. Jetzt, auf seinem Altenteil, lebte er im »Hilton Batang Ai« als eine Art Touristenattraktion und verdiente sich so ein paar Ringgit. Natürlich kannte er Chef, der vom Ruf her sozusagen sein Nachfolger war.

Winson blieb den ganzen Abend bei uns und erzählte bei der nächtlichen Symphonie der Zikaden von den Schönheiten des Dschungels, voller Sehnsucht und Heimweh. Wer wie Winson sein Leben im Dschungel verbracht hatte, musste sich im »Hilton Batang Ai« wie auf einer Gefangeneninsel fühlen. Menschen wie er waren andere Pfade, andere Gerüche, andere Weiten gewohnt. Wie ich später erfuhr, fing er irgendwann an zu trinken. Kein Wunder. Er musste das »Hilton« verlassen, und seine Spur verlor sich in Kota Kinabalu im benachbarten malaysischen Staat Sabah. Niemand weiß, was aus ihm geworden ist. Und eigentlich interessierte es auch niemanden. Auch das ist Asien.

Nach dem Frühstück wurden wir in einem Langboot auf unsere Insel gebracht. Sie erinnerte an ein Stückchen Dschungel, das jemand ausgeschnitten und in einen See verpflanzt hat. An einer ebenen Stelle, etwa zwanzig Meter vom Ufer entfernt, schlugen wir unser Lager auf. Ein Zelt für Chef und für mich, eines für Roslan, das er aus Miri mitgebracht hatte. Chef holte aus seinem Rucksack noch eine Hängematte heraus, die er als Überraschung für mich besorgt hatte. Gekocht wurde wieder über dem offenen Feuer. In Kuching hatten Chef und ich noch eine Pfanne, eine Kerosinlampe, einen Wasserkessel, Plastikteller und -becher eingekauft. Als Proviant hatten wir Reis, Tee, Fischkonserven, Eier und Mineralwasser dabei.

Alles war ähnlich wie in Mulu, nur dass wir jetzt die einzigen Menschen auf einer unbewohnten Insel waren, fast ohne Kontakt zur Außenwelt. Wir nannten sie »Smoky Island«, weil sie die einzige Insel im Stausee war, von der der Rauch offenen Feuers aufstieg. Einmal täglich bekamen wir allerdings Besuch: Der Bootsmann, ein alter Mann mit zerfurchtem Gesicht, das von einem wagenradgroßen Strohhut beschattet wurde, schaute regelmäßig vorbei. Er hockte sich zu uns, trank Tee und unterhielt sich mit Chef und Roslan. Es war wohl weniger Sorge, die ihn zu uns trieb. Vielmehr waren wir für ihn im Einerlei seiner Tage eine Abwechslung und Attraktion, wie es ein Zirkusbesuch für Kinder ist.

Die Tage verstrichen in wunderbarer Trägheit. Und es war in einer der Nächte auf Smoky Island, als Chef und ich beschlossen, ein Kind zu bekommen.

»Lass uns neuem Leben eine Chance geben«, sagte Chef. »Ein Kind wird uns für immer verbinden.«

Es waren nur noch wenige Tage bis zu meinem 43. Geburtstag. Ein Kind war bislang nie ein Thema für mich gewesen. In meiner ersten Ehe, die geschieden wurde, als ich einunddreißig war, hatte der Beruf für mich Vorrang gehabt. Später fehlte mir der passende Partner, mit dem ich mir ein gemeinsames Leben hätte vorstellen können. Aber mit Chef wünschte auch ich mir ein Kind.

»Ich muss dir noch etwas über mich erzählen«, sagte Chef in jener Nacht. »Aber nicht jetzt. Erst später. Vielleicht wirst du mich dann hassen.«

Ich war beunruhigt. Was verschwieg er mir? Was war sein Geheimnis? War er vielleicht verheiratet? Oder hatte er im Gefängnis gesessen? Ich wollte nicht länger darüber nachdenken. ›Wird schon nichts Schlimmes sein‹, sagte ich mir. Aber die Ungewissheit blieb. Mir fiel auch wieder ein, mit welcher Sicherheit sich Chef im »Hilton« in Kuching bewegt hatte. Irgendwie passte das alles nicht zusammen. Was wusste ich eigentlich von ihm?

Am Morgen unseres letzten Tages auf Smoky Island holte uns der alte Bootsmann ab. Panch, der Chief Guide von Singai, wartete auf uns am Ufer. Wir waren mit ihm verabredet, weil wir zwei Tage im Serubah-Langhaus verbringen wollten, in dem seine Schwiegereltern lebten.

Diesmal waren wir die einzigen Besucher im Langhaus. Und da Panch bei uns war, wurden wir nicht wie Touristen behandelt, sondern wie Freunde, die einfach mal vorbeischauten. Nachdem wir über einen Holzstamm, in den kurze Stufen eingekerbt waren, zum Eingang hochgeklettert waren, übernahm Chef ganz selbstverständlich die Führung. Er redete und lachte mit den Bewohnern, die sich ihm gegenüber ganz vertraut verhielten. Ich wusste, dass alle Stämme ihren eigenen Dialekt haben, der sich von den anderen oft so stark unterscheidet, dass er einer Fremdsprache gleicht. In diesem Langhaus lebten Iban, Mitglieder des größten Stammes auf Borneo und einst die gefürchtetsten Kopfjäger.

»Woher kannst du die Sprache der Iban?«, fragte ich Chef verwundert.

»Ich spreche die Sprachen vieler Stämme«, antwortete er lachend. »Nicht nur die der Iban und der Penan.«

Dann erklärte er mir den Aufbau des Langhauses. Er wusste alles, bis ins kleinste Detail. Ein solches Haus, in dem eine ganze Dorfgemeinschaft unter einem Dach lebt, kann bis zu zweihundert Meter lang und bis zu zwanzig Meter breit sein. Betritt man ein Langhaus, reiht sich an der linken Seite in bestimmten Abständen Tür an Tür. Jede Familie besitzt einen eigenen Wohnbereich, ein *bilik*, das meist nur aus Wohn-Schlafraum und Küche besteht. Der freie Bereich vor den *biliks* ist die sogenannte *ruai*. Sie ist quasi der Boulevard, der durch das Langhaus führt. Die Fläche vor jedem *bilik* gehört zum Besitz der jeweiligen Familie und muss von ihr sauber gehalten werden. Gleichzeitig ist die *ruai* Treffpunkt und Arbeitsraum. Hier sitzen die Frauen an ihren Web- und Flechtarbeiten, hier werden Zeremonien und Besprechungen abgehalten. Und hier versammeln sich am Morgen die Männer und erzählen sich ihre Träume der letzten Nacht, die gemeinsam gedeutet werden.

Im Grunde genommen praktizieren die Iban seit Jahrhunderten das, was Carl Gustav Jung in seiner Psychologie postulierte, indem er sich von der Freud'schen Methode der freien Assoziation bei der Traumdeutung abwandte. »Ich wollte eher auf die Assoziationen zum Traum selbst achten, da ich glaube, dass dieser etwas Bestimmtes ausdrückte, was das Unbewusste zu sagen versuchte«, schrieb Jung in *Symbole der Traumdeutung.* »Eine mit bewusstem Verstand erzählte Geschichte hat einen Anfang, eine Entwicklung und ein Ende; für den Traum gilt das nicht. Seine zeitlichen und räumlichen Dimensionen sind andere; um ihn zu verstehen, muss man ihn von verschiedenen Seiten aus untersuchen – ähnlich wie wenn man einen unbekannten Gegenstand in der Hand hält und ihn so lange herumdreht, bis man mit seiner Form ganz vertraut ist.«

So kann es passieren, dass manche Männer den ganzen Tag über das Langhaus nicht verlassen dürfen, wenn man bei der Deutung des Traumes zu dem Schluss kam, dass die Symbole vor Gefahren warnen. Auch das dürfte ganz im Sinne Jungs sein. »Wenn die Warnungen des Traums nicht beachtet werden, können wirkliche Unfälle die Folge sein«, so seine Überzeugung.

An der Decke der *ruai* hingen in Netzen skelettierte Köpfe. Sie stammten noch aus den Zeiten der Kopfjagd, die seit Anfang des 20. Jahrhunderts verboten war. Doch während des Zweiten Weltkriegs wurde sie unter den Iban von den verbliebenen britischen und australischen Truppen wiederbelebt. Allerdings erbeuteten die Iban nur Köpfe von Japanern. Im Jahr 1941 hatten die Japaner die Ölfelder in Miri besetzt, Kuching in ihre Gewalt gebracht und anschließend versucht, auch die Bewohner der entlegenen Landesteile zu unterjochen.

In den alten Zeiten war die Kopfjagd Teil von Gebietskämpfen. Mit den abgeschlagenen Köpfen wurden die Grenzen des Hoheitsgebiets eines Langhauses markiert. Dafür steckte man die Köpfe auf einen langen Bambusstock, der im oberen Teil mit Längsschnitten wie zu einem Korb ausdehnt wurde. Die Enden der Bambusstreifen wurden zusammengebunden, damit der Kopf nicht herausfallen oder von Tieren weggeschleppt werden konnte. Dann wurde der Bambusstab an der Grenzlinie in den Boden gerammt. Dort blieb er mehrere Monate, während Vögel nach und nach das Fleisch vom Kopf pickten, bis nur noch das Skelett übrig blieb.

Da die Iban glaubten, dass die abgeschlagenen Köpfe Macht und Kraft schenkten, wurden am Fuß der Bambusstangen oft Feuer für rituelle Handlungen entzündet. Der Rauch, der nach oben stieg, schwärzte den Totenkopf. Nach Monaten wurde er ins Langhaus gebracht und zu den anderen Köpfen in eines der Netze in der *ruai* gelegt. Je mehr Köpfe dort aufbewahrt wurden, desto größer war der Schutz vor bösen Geistern und vor Unglück.

Aber es gab noch eine zweite Variante zur Präparierung der Köpfe, wie Chef mir erzählte: »Mit dem Buschmesser wurde das Fleisch von den Köpfen geschnitten, dann wurden sie in den Fluss gehängt, damit die Fische die Reste abfraßen. Anschließend wurden die Köpfe vom Rauch eines Feuers geschwärzt. Die Haare befestigte der Krieger an seinem Parang. Sie waren ein Zeichen für seinen Mut und seine Tapferkeit.«

Wie bei meinem ersten Besuch im Langhaus traute ich mich auch diesmal nicht, die Netze mit den Köpfen zu fotografieren. Irgendetwas, das ich nicht erklären konnte, hielt mich davon ab. »Dann solltest du es auch nicht tun«, antwortete Chef, als ich ihm von meinen Bedenken erzählte. »Es gibt keine Regeln für den Umgang mit den Köpfen, man muss seinem Gefühl folgen. Wenn du sie trotzdem fotografierst, könnte es dir Unglück bringen. Der Geist der Toten ist sehr mächtig.«

Wenig später brachte uns einer der Iban vor das Langhaus und zeigte uns ein Blasrohr. Dafür wird ein schlankes, gerades Baumstämmchen auf teilweise mehrere Meter Länge exakt gleichmäßig durchbohrt, damit der Pfeil gerade fliegt. Der Mann nagelte ein großes Blatt an einen Baumstamm, und wir nahmen in etwa zehn Metern Entfernung Aufstellung. Er zielte mit dem Blasrohr und traf den Stamm neben dem Blatt. Dann reichte er mir das Rohr. Ich blies – und der Pfeil bohrte sich genau in die Mitte des Blattes. Anfängerglück. Der Iban war perplex. Er starrte mich an und schüttelte ungläubig den Kopf. Ich lachte und beließ es bei meinem ersten Versuch. Schließlich konnte ich mich nur verschlechtern.

Am Abend wurde zu den Klängen von Gongs getanzt. In genau festgelegten, geschmeidigen Bewegungen und Sprüngen ahmten die Männer einen Fasan nach. Chef reihte sich ein. Jede Schrittfolge, jede kleinste Kopfdrehung schien ihm so vertraut wie der Samba einem Profi bei der Weltmeisterschaft der lateinamerikanischen Tänze. Er war vollkommen in die Gemeinschaft der Langhausbewohner aufgenommen, gerade so, als sei er einer von ihnen. Wir saßen mit Männern und Frauen auf dem Boden der *ruai* und tranken Reiswein. Das Sitzen auf dem Fußboden war etwas beschwerlich für mich, denn ich musste immer darauf achten, meinem Gegenüber nicht die Fußsohlen zu zeigen. Das, so hatte mir Chef erklärt, galt als Beleidigung.

Ein Tabu war es auch, Kindern den Kopf zu tätscheln. Diese Geste brachte angeblich Krankheiten mit sich. Und es war den Iban verboten, Tiere, beispielsweise einen bellenden Hund, nachzuäffen. Zu groß war der Respekt vor der Kreatur.

Am nächsten Tag fuhren wir mit Panch nach Kuching zurück. Von unserem ursprünglichen Plan, einem mehrwöchigen Dschungeltreck, hatten wir uns verabschiedet. Die letzten Wochen in Berlin waren recht anstrengend für mich gewesen. Ich war groggy und hatte kaum Zeit gehabt, im »Adlon« zu trainieren. Wir wollten deshalb spontan entscheiden, welches Ziel wir als nächstes ansteuern würden. Klar, dass es keines auf Touristenpfaden sein würde.

Wir checkten noch einmal für eine Nacht im »Hilton« ein. Am nächsten Tag wollten wir nach Lawas fliegen, einem Nest nahe der Grenze zu Sabah. Dort lebte am Rand des Dschungels ein Freund von Roslan: John, ein Amerikaner.

In jener Nacht im »Hilton« hatte ich einen seltsamen Traum: Chef und ich waren zu Besuch bei Bekannten in Deutschland. Wir saßen im Wohnzimmer auf einer Couch, die drei Kinder des Ehepaars rannten schreiend und trampelnd auf und ab. Ich dachte: ›Was für nervige Kinder.‹ Plötzlich öffnete sich eine Tür, und ein etwa vierjähriges eurasisches Mädchen betrat den Raum. Es trug ein grün gemustertes Kleid, die Haare waren im klassischen chinesischen Stil geschnitten. Gerader Pony bis zu den Augenbrauen. Das kleine Mädchen ging auf uns zu, blieb vor uns stehen, sah uns an und sagte: »Ich heiße Bidaya.« In dem Moment wusste ich: Das ist unser Kind. Dann wachte ich auf.

Oft verschwinden Träume aus der Erinnerung schnell wie Sternschnuppen am Nachthimmel. Doch dieser Traum prägte sich meinem Gedächtnis wie ein Brandzeichen ein. Immer wieder musste ich an das kleine Mädchen mit dem Namen Bidaya denken. Chef erzählte ich nichts von dem Traum.

In Lawas holte uns Roslans Freund am Flughafen ab. John Lincoln Girard war Mitte fünfzig, über eins achtzig groß und athletisch. Die vorne etwas schütteren hellgrauen Haare hatte er nach hinten gekämmt und zu einem Zopf gebunden. Er hatte ein Gesicht, das man nicht wieder vergisst. Härte und Herzlichkeit, Willenskraft und Wehmut, Lebenshunger und Düsterkeit hatten darin ihre Linien eingegraben. John war ein Mann, der lange auf der Überholspur des Lebens unterwegs gewesen war und irgendwann ein paar Gänge heruntergeschaltet hatte. Bis ihn die Langsamkeit langweilte und er wieder Gas gab. Ein Abenteurer und Einzelgänger, ganz im Sinne Hemingways und Bukowskis. Was andere dachten, war ihm scheißegal. »I Do It My Way« war seine Lebenshymne. Mir waren solche Typen schon immer sympathisch.

John freute sich, uns zu sehen. Von Chef hatte er schon vorher gehört und wollte ihn längst einmal kennenlernen. Die beiden waren sich vom ersten Moment an so nah wie Wahlverwandte. John brachte uns in seinem klapprigen dunkelroten Proton, einem in Malaysia hergestellten Auto, zu seinem Haus. Wir fuhren kilometerweit über eine endlose staubige Schotterstraße, an der kein einziges Haus stand. Hier war nur noch Dschungel. Plötzlich tat sich vor uns eine Lichtung auf. Und da sah ich es: ein achteckiges, zweistöckiges, riesiges Holzhaus, um das in der ersten Etage eine breite Veranda führte, die von einem spitz zulaufenden Dach überschattet wurde. Vergitterte Glasfronten zogen sich wie breite helle Streifen bis zur Decke der zweiten Etage. Das Haus war eine architektonische Meisterleistung und musste ein Vermögen gekostet haben. »Southern Comfort« hatte John seinen Besitz getauft.

Innen setzte sich die Pracht, wenn auch leicht angestaubt, fort. Kunstvoll gearbeitete indonesische Möbel aus schwerem Holz, Seidenteppiche, Regale voller Bücher und ein Tigerfell an der Wand. Auf einem Regal standen mehrere Fotos einer wunderschönen jungen Frau, die frappierende Ähnlichkeit mit Cindy Crawford hatte. Bestimmt Johns Freundin. Männer wie er haben immer schöne und meist auch junge Frauen an ihrer Seite. Doch ich hatte mich geirrt: Es war Johns Tochter aus erster Ehe, in den USA ein erfolgreiches Model. Momentan war John Single. Was man auch daran erkannte, dass das ganze Haus das Flair einer Junggesellenbude hatte. Sessel und Stühle hätten mal wieder an ihren Platz gerückt werden müssen, hier hing eine Hose, dort ein T-Shirt oder ein Handtuch über einer Lehne. Und eine ordentliche Grundreinigung hätte auch nicht geschadet. Aber ich war mir sicher, dass dieser Zustand bald beendet sein würde. Männer wie John bleiben nie lange allein.

Wir bezogen zwei Gästezimmer in der ersten Etage. Im Parterre waren noch Bauarbeiten im Gang. Hier wollte John vier Zimmer einrichten, um sie an Touristen zu vermieten. »Aber nur an Rucksacktouristen, die auf eigene Faust unterwegs sind. Und auch nur an Leute, die mir gefallen«, erklärte er. Da er nicht auf das Geld angewiesen war, konnte er sich diese Extravaganz durchaus leisten.

John war vor zwanzig Jahren als Experte für Ölbohrarbeiten nach Sarawak gekommen, und er war geblieben. Er war genau einer jener hungrigen, unbequemen und tief im Herzen einsamen Typen, denen es bestimmt ist, von Asien verschlungen zu werden. Die in der Ferne Heimat suchen. Die ihrer rastlosen Getriebenheit mit der schwülen Hitze Fesseln anlegen. Die in der geheimnisvollen Fremdartigkeit hoffen, die Antworten auf ihre Fragen zu finden. Das alles mischt sich zu einem Narkotikum, das süchtig macht.

John war mit einer Frau aus Lawas verheiratet gewesen, hatte mit ihr einen mittlerweile sechzehnjährigen Sohn und durch die Eheschließung irgendwann die unbefristete Aufenthaltsgenehmigung erhalten, die auch nach seiner Scheidung gültig blieb.

Seit einigen Jahren arbeitete er nur noch sporadisch als Berater für Bohrarbeiten vor der Küste Malaysias. Er erzählte uns, dass er erst vor zwei Wochen von einem solchen Job zurückgekehrt sei. Bei der Rückfahrt hatte sein Schiff in Singapur angelegt. Er hatte sich dort eine Harley-Davidson gekauft und mit an Bord gebracht, doch das Motorrad kam nie in Lawas an. »Von Singapur aus mussten wir durch die Straße von Malakka nach Kuala Lumpur«, erzählte John. »In der Meerenge wurde unser Schiff von Piraten überfallen. Sie kamen mit einem Schnellboot und hatten Maschinengewehre. Wir mussten ihnen alles geben, was wir hatten. Uhren, Schmuck, Geld – und meine Harley nahmen sie natürlich auch mit. Aber was sollten wir machen? Wenn wir uns gewehrt hätten, wären wir erschossen worden.«

Piraterie, einer der ältesten Schrecken der Meere, ist in indonesischen Gewässern und insbesondere in der Straße von Malakka mittlerweile fast an der Tagesordnung. Die Straße von Malakka, achthundert Kilometer lang und an den engsten Stellen 17,5 Kilometer schmal, verbindet den Indischen Ozean über das Südchinesische Meer mit dem Pazifik und ist der meistbefahrene Wasserweg der Welt. In vierundzwanzig Stunden pflügen bis zu neunhundert schwere Schiffe hindurch, vorbei an indonesischen Inseln, auf denen eine verrottete Holzhütte neben der anderen steht, während draußen das vermeintliche Schlaraffenland vorbeischwimmt. Auf diesen kleinen Inseln lauern die Piraten. Sie stoßen mit wendigen, schnellen Booten in internationale Gewässer vor, machen Beute und ziehen sich sofort auf indonesisches Hoheitsgebiet zurück, wohin ihnen kein malaysisches Polizeischiff folgen darf.

Die Nächte in Johns Haus waren speziell. Wenn Roslan, Chef und ich zu Bett gegangen waren, setzte John sich im Wohnzimmer an den Schreibtisch, stellte eine Flasche Whisky und ein Glas vor sich, legte die CD »Enigma II« ein und drehte die Stereoanlage auf. In die Musik mischten sich die bellenden Geräusche eines Geckos, der seit geraumer Zeit hinter dem Küchenschrank wohnte. Er war fast einen Meter groß und führte dort ein geruhsames, vor allem aber sicheres Leben. Bei seinen stattlichen Ausmaßen wäre er in freier Wildbahn von Einheimischen längst erlegt und verspeist worden, denn Geckofleisch ist begehrt. Es gilt als gesund, soll die Blutzirkulation fördern und Kraft spenden.

In der ersten Nacht öffnete ich die Tür unseres Zimmers einen Spaltbreit und schaute nach, was John trieb. Vor ihm stand in dem ansonsten dunklen Raum eine brennende Kerze. Mit versteinertem Gesicht starrte er in das Licht, hielt das Whiskyglas in der Hand und trank hin und wieder einen Schluck. So saß er jede Nacht bis morgens um drei oder vier. Es war eine unheimliche, morbide Szenerie, die mich an den abtrünnigen Colonel Kurtz in »Apocalypse Now« erinnerte. »Das Grauen und der moralische Terror sind deine Freunde. Falls es nicht so ist, sind sie deine gefürchteten Feinde. Sie sind deine wirklichen Feinde«, hatte Kurtz in seinem kambodschanischen Lager gesagt. Bei wem war John nachts mit seinen Gedanken? Bei Freund oder Feind?

Morgens war er wieder der Alte. Ein großzügiger Gastgeber, bei dem wir uns zu Hause fühlten und der uns nie das Gefühl gab zu stören. Ganz ungezwungen machte jeder, worauf er gerade Lust hatte: lesen, auf der Veranda in der Sonne dösen, kochen, reden und vor allem schwimmen. Hinter dem Haus führte ein Fluss vorbei, in den sich wie in einen natürlichen Pool ein Wasserfall ergoss. Hier badeten wir jeden Tag. Es war wie im Garten Eden.

Regelmäßig kam Johns Freund Saloy aus Lawas zu Besuch. Er war Mitte dreißig und gehörte zum Stamm der Kelabit, die in dieser Region leben. Es sind große, kräftige Männer. Harte, stolze Typen, die sich von niemandem reinreden lassen und sich wenig um Gesetze, die nicht ihre eigenen sind, scheren. John passte hier bestens hin.

Einmal waren wir mit Saloy in Lawas essen. Eine Frau kam an unseren Tisch und unterhielt sich mit ihm. »Das ist meine Schwester«, stellte Saloy sie mit seinem rauen Lachen vor. »Eigentlich ist sie's aber auch nicht.«

»Das verstehe ich nicht. Wieso ist sie deine Schwester und dann wieder nicht?«, wollte ich wissen.

»Weil sie unsere Amah war, unser Hausmädchen aus Indonesien. Vor ein paar Jahren gab es eine Verordnung, dass alle Amahs Sarawak verlassen müssten. Zu viele hatten falsche Papiere. Aber unsere Amah war schon sieben Jahre bei uns und wollte nicht weg. Wir hatten sie sehr gern, sie gehörte zur Familie. Meine Mutter ging deshalb zum Amt und erklärte, dass sie vollkommen vergessen habe, die Geburt einer Tochter anzumelden. Vor dreißig Jahren! Das wolle sie nun nachholen. Nachträglich wurde eine Geburtsurkunde ausgestellt. So wurde unsere indonesische Amah Malaiin und konnte bleiben. Inzwischen ist sie verheiratet und hat selbst eine Amah.«

Ein paar Tage später rief Chef Murangs Cousin an und erfuhr von ihm, dass Murang auf dem Weg in sein Heimatdorf Bakelalan im Bario-Hochland sei. Voraussichtlich in zwei Tagen werde er dort ankommen und auf uns warten. Saloy schlug vor, uns mit seinem Jeep hinzufahren. Der kürzeste Weg, immerhin noch eine eintägige Tour, führte über eine für Fremde verbotene Strecke: die Holzfällerstraße. Sie durfte nur von den schweren Lastwagen, die die Baumstämme transportierten, und von Fahrzeugen der

Holzfirmen oder deren Mitarbeitern passiert werden. Für alle anderen blieb die bewachte Schranke am Beginn der Straße verschlossen – außer man war in Begleitung von Kelabits, die über die richtigen Kontakte verfügten. Denn das ganze Gebiet, in dem die Bäume gefällt wurden, war fest in den Händen dieses Stammes. Die Arbeiter und auch die Besitzer der kleinen Kantinen und Lebensmittelgeschäfte in den Camps waren ausschließlich Kelabits. Die geschäftstüchtigen Chinesen, die in anderen Regionen Malaysias meist das Sagen haben, bekamen im Kelabit-Gebiet keinen Fuß auf den Boden.

Der Weg über die Holzfällerstraße hatte noch einen weiteren Vorteil: Ich musste mir als Ausländerin keine Genehmigung für die Einreise in das Bario-Hochland besorgen. Wir kämen sozusagen durch die Hintertür.

Als Saloy uns abholte, saß sein Freund Jelelutong mit im Jeep. Auch er war vom Stamm der Kelabit und wollte seine Tante besuchen, die eine der Camp-Kantinen betrieb. Ich setzte mich vorne zu Saloy in den Wagen, und er raste los, als wollte er die Rallye Paris–Dakar gewinnen. Als wir am Beginn der Holzfällerstraße ankamen, hob sich die Schranke sofort. Die Posten kannten Saloy und Jelelutong, wechselten lachend einige Worte mit ihnen, und schon ging's weiter. Niemand fragte, wer die anderen im Jeep seien. Wir standen unter dem Schutz der Kelabit, das reichte als Referenz.

Die Vorsicht hatte einen guten Grund: Die für eine Fällgenehmigung ausgewiesene Fläche wurde vor Beginn der Arbeiten genauestens vermessen. Jeder Baum wurde von der Forstbehörde gelistet und markiert. Doch unter der Hand wurden mehr Bäume geschlagen als erlaubt. Dafür gab es Extrageld. Dabei hielten die Kelabit zusammen wie Pech und Schwefel. Tauchten Kontrolleure oder gar Polizisten an der Schranke auf, machten die Posten sofort Meldung an die Camps, damit man sich rechtzeitig auf die lästigen Besucher einstellen konnte. Für Fremde war es vollkommen unmöglich – und auch nicht ratsam –, in dieses Gebiet vorzudringen.

Die unbefestigte Straße hatte die Breite einer Autobahn. Wie eine beige Lehmrinne, in die sich tief die Spuren der schweren Laster eingegraben hatten, zog sie sich durch den Dschungel. Links und rechts lagen immer wieder wie eine Mauer die gefällten Urwaldgiganten und warteten auf ihren Abtransport. Lkws mit langen Anhängern, auf denen die Stämme mit Ketten festgezurrt waren, kamen uns entgegen. In unserem kleinen Jeep fühlte ich mich dann jedes Mal wie in einem winzigen Segelboot, das auf hoher See einem Tanker begegnet.

Auf halber Strecke setzten wir Jelelutong an der Kantine seiner Tante ab und legten eine kurze Pause ein. Wir mussten uns beeilen, um nicht zu lange in der Dunkelheit über die unwegsame Straße zu fahren. Kurz vor Bakelalan begann es zu regnen. Der Lehm verwandelte sich in Schlamm, durch den der Jeep wie auf Glatteis schlitterte. Wir sahen schon die Lichter des Dorfes vor uns, als es passierte: Die Räder drehten durch, der Wagen blieb im Matsch stecken. Weit und breit war keine Menschenseele.

Während Chef und ich im Wagen warteten, lief Saloy ins Dorf, um Hilfe zu holen. Nach fast einer Stunde kam er mit mehreren Männern und einigen Holzbrettern zurück. Die Bretter wurden in Höhe der Reifen in den Schlamm gelegt, und die Männer schoben den Wagen von hinten an, wobei sie bis zu den Waden im Matsch versanken. Irgendwann machte der Jeep einen Satz nach vorn, die Räder fanden wieder Halt, und wir konnten, vollkommen vom Regen durchnässt und vom Schlamm verdreckt, ins Dorf fahren.

Wir quartierten uns in der »Apple Lodge«, einem kleinen Gasthaus, ein. Dusche und WC auf dem Gang, in den Zimmern zwei Stühle und eine Matratze auf dem Fußboden. Als wir uns hinlegten, rümpfte Chef die Nase. »Kakerlaken«, sagte er. »Die erkenne ich gleich am Geruch.« Ich roch nichts. Dann packte er unsere Zigaretten in eine Seitentasche des Rucksacks und verschloss sie. »Die können wir sonst morgen wegschmeißen. Kakerlaken lieben Tabak. Sie beißen kleine Löcher in die Zigaretten, und dann ziehen sie nicht mehr.«

Am Morgen schaute ich aus dem Fenster, um zu sehen, wo wir gelandet waren. Vor mir breitete sich eine grüne Ebene mit einem Fischteich und Apfelbäumen aus. Am Horizont erhob sich der dicht bewaldete, 2423 Meter hohe Mount Murud. Verstreut standen kleine Häuser, und es fehlten nur die Geranienkästen an den Fenstern, um sich wie im Schwarzwald zu fühlen. Auf einer Wiese grasten friedlich Kühe.

»Das ist der Flugplatz«, sagte Chef. Ich konnte es nicht fassen. Eine Viehweide als Flugplatz? Chef lachte. »Hier landen nur kleine Maschinen. Kurz vor ihrer Ankunft ertönt eine Glocke. Dann laufen alle herbei und treiben die Tiere von der Weide.«

Saloy fuhr wieder nach Lawas zurück, und wir warteten auf Murang. »Er wird sich bestimmt sehr freuen, seine Frau zu sehen«, sagte Chef.

»Murang ist verheiratet?« Ich staunte. »Davon hat er nie etwas gesagt.«

»Er ist nicht nur verheiratet, er hat sogar zwei Kinder.«

»Und warum verschweigt er die?«

»Er ist eben noch jung«, meinte Chef vieldeutig.

Am späten Nachmittag saßen wir auf einer Bank vor der Lodge. Hier, im Hochland, war die Luft frischer, es herrschten angenehm kühle 25 Grad. Plötzlich tauchten nach und nach einzelne Männer auf einem nahen Trampelpfad auf. Schweigend und mit gesenkten Köpfen gingen sie in Richtung Mount Murud. »Wer sind die?«, fragte ich Chef.

»Tagelöhner aus Kalimantan. Sie helfen hier beim Reisanbau. Frühmorgens kommen sie über die grüne Grenze, abends gehen sie in ihr Dorf zurück. Ein hartes Leben.«

Ich musste an Bruno Manser denken. In dieser Gegend hatte sich seine Spur verloren. Irgendwo zwischen der grünen Grenze und den Holzfällerstraßen.

Und dann kam Murang an. Er sah uns schon von Weitem und winkte. Chef und ich liefen ihm entgegen. Als wir bei ihm ankamen, legte Chef den Arm um meine Schultern. Murang stutzte für einen Moment, dann lachte er, umarmte mich und sagte spitzbübisch: »Warum hast du nicht mich genommen?«

»Red keinen Quatsch«, antwortete ich und musste auch lachen. »Du bist verheiratet und hast zwei Kinder!«

»Hat er dir das verraten?« Murang grinste und deutete auf Chef.

Murang hatte einen zweitägigen Fußmarsch von Bario aus hinter sich. Natürlich freute er sich, uns zu sehen, doch noch mehr freute er sich, wie Chef es vorausgesagt hatte, auf seine Familie. Ich schlug ihm deshalb vor, in Bakelalan zu bleiben, statt mit uns weiterzureisen. Und als ich ihm noch etwas Geld gab, war er mehr als einverstanden.

Chef hatte es eilig, aus Bakelalan wegzukommen. Er wollte unbedingt am nächsten Tag nach Limbang fliegen, eine

Kleinstadt am Rand des Dschungels. Vom Camp 5 aus konnte man sie auch in einem Dreitagemarsch über den bekannten Headhunter Trail, einen alten Kopfjägerpfad, erreichen. Es war der 22. September, ein Tag vor meinem Geburtstag, als für die Maschine, die uns nach Limbang bringen sollte, die Kühe von der Weide getrieben wurden.

»Was machen wir in Limbang?«, fragte ich.

»Lass dich überraschen«, antwortete Chef und gab sich geheimnisvoll.

Am Flughafen von Limbang arbeitete ein Freund von Chef. Er hatte gerade Feierabend.

»Ich muss mal kurz telefonieren«, erklärte Chef und verschwand mit dem Mann.

»Wen hast du angerufen?«, wollte ich wissen, als er zurückkam.

»Meine Stiefmutter. Wir fahren jetzt zu ihr.«

Auf Borneo ist es nichts Außergewöhnliches, wenn man neben seinen leiblichen Eltern auch noch Stiefeltern hat. Manchmal sogar mehrere. Dabei handelt es sich um Ehepaare, denen man besonders nahesteht. In einer Zeremonie wird dann eine Adoption vollzogen, die natürlich nirgends amtlich eingetragen wird. Sie ist eher ein Ritual, das die Verbundenheit für immer besiegelt.

Chefs Stiefmutter Ugulk lebte in einem Langhaus an einem Fluss bei Limbang. Hier übernachteten Touristen mit ihren Führern am Ende der Tour über den Headhunter Trail. Chefs Freund fuhr uns zum Fluss, und wir ließen uns von einem der vielen Langboote, die hier lagen, übersetzen.

Ugulk erwartete uns bereits. Sie war Ende fünfzig, zierlich, drahtig und unendlich liebenswürdig.

»Hat er dir schon seine Geschichte erzählt?«, fragte sie

mich auf Englisch. Ich schüttelte den Kopf. Ugulk lächelte nur und schwieg. Da war sie wieder, meine Verunsicherung, meine Sorge, was wohl mit Chef los sein könnte. Erfolgreich hatte ich während der letzten Tage jeden Gedanken daran verdrängt.

Am Abend saßen wir auf einer kleinen Terrasse, die zu Ugulks privatem Bereich gehörte. Um Mitternacht gratulierten mir beide zum dreiundvierzigsten Geburtstag. Ugulk schenkte mir einen traditionellen, rot gemusterten runden Strohhut mit schmaler Krempe. Chef aber hatte ein ganz besonderes Geschenk für mich: die Wahrheit über sein Leben.

Es fiel ihm schwer zu sprechen, und ich begriff, warum er unbedingt nach Limbang wollte. Er wollte, wenn er mir seine Geschichte erzählte, in einer beschützenden Atmosphäre sein. Und die bot ihm seine Stiefmutter, die ihn liebte und der er vertraute.

»Das Wichtigste, was ich dir sagen muss, ist Folgendes«, begann er. »Ich bin kein Penan, ich bin ein Iban.«

Er schaute mich besorgt an und wartete auf meine Reaktion. Ich musste lachen. Das war alles? Und ich hatte mich gefragt, ob er vielleicht wegen Mordes im Gefängnis gesessen hatte!

»Wo ist das Problem?«, fragte ich. »Ob Penan oder Iban – mir ist das vollkommen egal. Endet doch beides auf ›an‹, und beide Stämme leben in Sarawak.«

Chef drückte erleichtert meine Hand. Dann fuhr er mit seiner Geschichte fort: »Meine Eltern leben in Miri. Wir sind Muslime. Ich habe zehn Geschwister und bin der Älteste. Meine Mutter und mein Vater sind beide noch im Dschungel aufgewachsen. Mein Vater ging als junger Mann nach Miri, das damals noch längst nicht so groß war wie heute. Dort hat er bei Shell in der Verwaltung gearbeitet. Mein Spielplatz war der Dschungel. Oft war ich mit meinen Eltern und meiner Großmutter, die bei uns lebt, für längere Zeit im Langhaus meiner Familie. Auf der Schule war ich nur fünf Jahre. Dann musste ich meiner Mutter im Haushalt helfen und auf meine Geschwister aufpassen. Dabei hätte ich so gerne noch weiter gelernt!«

Er hielt einen Moment inne und fuhr dann fort: »Mit achtzehn bin ich von zu Hause weggegangen. Ich heuerte auf einem Schiff an und arbeitete in der Kombüse. Ich wusch Teller und putzte. Dann fand ich einen Job im Hotel. Wieder in der Küche, wieder als Tellerwäscher. Aber ich passte genau auf, was die Köche machten, und übte in meiner Freizeit, Kartoffeln zu schälen, bis ich es richtig schnell konnte. Deshalb wurde ich befördert und durfte Gemüse putzen.

Ich lernte weiter, bis ich fest als Koch eingestellt wurde. Ich liebte diese Arbeit, war gut und erfolgreich. Eine Agentur in Singapur, die Köche in die ganze Welt vermittelt, nahm mich unter Vertrag, und ich arbeitete als Souschef in Luxushotels in Jakarta und Osaka, in Singapur und Shanghai, in Bangkok und sogar in Kanada. Doch ich hatte immer Sehnsucht nach dem Dschungel.«

Das konnte ich gut verstehen.

»Als ich vor fünf Jahren wieder einmal nach Miri kam, um meine Eltern zu besuchen, sah ich vom Flugzeug aus den Regenwald. ›Dort ist es so schön. Da solltest du wieder hin‹, dachte ich. Ein paar Tage später flog ich nach Mulu. Ich nahm kein Gepäck mit, denn ich wusste, ich würde es nicht brauchen. Ich wollte mit den Penan leben. Mit ihnen zog ich ein Jahr durch den Dschungel, wurde einer von ihnen. Unendlich viel habe ich von ihnen gelernt. Ich liebe diese Menschen.

Dann heuerte ich bei ›Tropical Adventure‹ als Führer an. Richard Hi war ein alter Freund von mir. Er erklärte mich für verrückt, weil ich nicht mehr als Koch arbeiten wollte, aber er nahm mich gern, weil ich den Dschungel so gut kannte wie nur wenige. Meistens brachte ich wissenschaftliche Expeditionsteams durch den Dschungel, oder ich führte Filmcrews wie von TV Tokio, ab und zu auch Touristen.«

Jetzt ergab alles einen Sinn. Chefs Verhalten im »Hilton«. Sein Tanz im Iban-Langhaus. Und warum er nichts von dem Palan Alut in Mulu gegessen hatte. Es war nicht nach den Speisevorschriften seiner Religion geschlachtet.

»Aber warum sagst du den Leuten, die du führst, nicht, wer du wirklich bist?«, fragte ich.

»Im Dschungel gehöre ich zu den Penan«, erwiderte er. »Ich bin auch von einem Penan-Ehepaar adoptiert worden. Fremde geht mein anderes Leben nichts an.«

»Und wie heißt du richtig?«

»Abdul Rahman Bin Bujang. Den Namen Chef de Mulu haben mir die Eingeborenen in Mulu verliehen, weil ich die Region so gut kenne.«

Nur eines war mir noch ein Rätsel: Warum hatte er damals in Mulu gesagt, sein Bruder hieße Manang? So wurden bei den Iban die Schamanen genannt. Aber ich stellte die Frage nicht. Mein Gefühl sagte mir, dass Chef mir darauf keine Antwort geben würde.

»Heute, an deinem Geburtstag, fliegen wir nach Miri und besuchen meine Eltern. Meine Mutter weiß schon, dass wir kommen. Ich habe sie vom Flughafen in Limbang aus angerufen«, sagte Chef.

Ich begriff: Das war sein eigentliches Geburtstagsgeschenk. Eine Familie. Etwas, das man nicht mit Geld kaufen kann.

Als wir das Langhaus wieder verließen, begleitete uns Ugulk zum Flussufer.

»Jetzt kennst du die Geschichte meines Sohnes«, sagte sie beim Abschied zu mir und lächelte ein wenig stolz.

›Ja‹, dachte ich, ›jetzt kenne ich seine Geschichte. Zum Teil jedenfalls.‹

In Miri checkten wir im »Holiday Inn« ein. Es lag direkt am Südchinesischen Meer. Von unserem Zimmer blickten wir auf den menschenleeren Strand. Hier lag niemand in der brennend heißen Sonne zum Bräunen, und die Strömung war zu stark, um im Meer zu baden. In der Ferne sah man einzelne Containerschiffe vorbeiziehen, und bis zum Balkon drang das monotone Geräusch der Schaufelbagger, die den Sand aus der Fahrrinne holten.

Roslan hatte sich von uns verabschiedet. Er war in sein Elternhaus zurückgekehrt, denn für die Tage, die vor uns lagen, brauchten wir keinen Träger mehr. Aber ich traf ihn später noch oft.

Vom Hotel aus fuhren wir direkt mit einem Taxi zu Chefs Eltern. Ich trug Shorts, Boxershirt und Sandalen – bequeme und luftige Treckingkleidung wie auf der gesamten Reise. Denn ich ging davon aus, dass mich eine ähnlich lockere Atmosphäre wie im Haus von Roberts Mutter in Mulu erwarten würde. Frauen im Sarong, Männer mit freiem Oberkörper und in kurzen Hosen.

Das Taxi ließ die Innenstadt von Miri hinter sich, folgte eine Weile einer vierspurigen Schnellstraße und bog schließlich rechts in eine schmalere, holprige Straße ein. An manchen Stellen war der Asphalt aufgebrochen, an anderen hatten sich Schlaglöcher wie kleine Krater in den Boden gegraben. Rechts und links standen ein paar ärmliche Holzhütten, dann begann der Kampong, ein dorfähnliches Stadtviertel mit einem Busbahnhof und einem Lebensmittelladen.

»Das war früher eine Müllkippe«, erklärte mir Chef. »Dann zogen immer mehr Menschen hierhin, der Kampong weitete sich aus, und die Müllkippe wurde verlegt.«

Jetzt reihten sich Pfahlbauten aus Holz und Gebäude aus Stein aneinander. Alle hatten eigene Gärten, viele waren von einem über zwei Meter hohen Eisenzaun umgeben. Überall tobten Kinder, dazwischen sah ich Männer in langen Hosen und Frauen in farbenprächtigen Baju Kurungs, dem traditionellen malaiischen Gewand. Es besteht aus einem langen, oft geschlitzten Rock und einem weiten Oberteil im Stil einer Tunika, das bis zur Mitte der Oberschenkel reicht. Fast alle Frauen trugen Kopftücher. Wir befanden uns in einem Muslim-Kampong. Hier lebte kein einziger Chinese, kein Inder und auch kein Christ. Ich wunderte mich, dass ich weit und breit keinen Hund sah, wie ich es von den Langhäusern und von Vierteln in Kuching kannte, in denen Hunde das Grundstück bewachten.

»In einen Muslim-Kampong verirren sich höchstens streunende Tiere«, erläuterte mir Chef. »Denn unsere Religion verbietet das Halten von Hunden. Sie schnuppern an allem und fressen Abfälle, in denen auch Schweinefleisch sein kann. Läuft ein Hund ins Haus, muss man es anschließend mit einem speziellen Sand schrubben.«

Das Taxi bog links in einen Schotterweg ab. Beide Straßenseiten säumten schmale Abwassergräben, über die wagenbreite Stege zu den Hauseingängen führten. Schließlich hielten wir vor einem schmucken einstöckigen Gebäude, dessen weiß gestrichenes Erdgeschoss offenbar aus Betonplatten errichtet war, während die erste Etage eine große Veranda hatte und aus hellem Holz bestand. Darüber erhob sich ein spitz zulaufendes Wellblechdach. Das schwere, grüne Eisentor war weit aufgeschoben, flankiert an beiden Seiten von Betonpfeilern, auf denen große Kugellampen thronten. Den Innenhof schmückten Keramiktöpfe, in denen rosa Bougainvilleen in berückender Üppigkeit blühten. Chefs Mutter musste wirklich einen grünen Daumen haben.

Sofort kam eine Horde Kinder aus dem Haus gerannt und stürmte auf Chef zu. Es waren seine Nichten und Neffen. Allein das Erscheinen eines Taxis war hier schon Attraktion genug. Was für ein Ereignis musste dann erst der Besuch des Onkels in Begleitung einer Europäerin sein!

Chefs Mutter Kaya kam uns aus dem Haus entgegen. Eine kleine, dynamische Frau, in deren Gesicht sich Güte mit Resolutheit paarte. Auch sie trug Baju Kurung und Kopftuch. Auf ihrer Brust prangte wie ein Orden ein zehn Zentimeter großer runder Goldanhänger an einer schweren Goldkette, und an ihren Armen klimperten zahlreiche Goldarmreifen. Chef nahm beide Hände der Mutter in die seinen, verbeugte sich tief und küsste ihr die Hand. Dann reichte sie mir ihre Hände, und ich tat es Chef nach, allerdings ohne Handkuss. Der schien mir, der Fremden, nicht angemessen.

Chefs Mutter winkte uns lachend ins Haus, in dem wir schon erwartet wurden. Mehrere von Chefs Schwestern und Brüdern, Schwägerinnen und Schwägern hatten sich eingefunden. Doch er eilte zuerst auf einen älteren, ernsten Mann zu und begrüßte ihn in der gleichen Art wie seine Mutter. Es war sein Vater Bujang Mansor.

Und dann lief er auf eine alte Frau zu. Es war seine Großmutter Taibah. Die beiden strahlten sich mit so viel Liebe und Freude an, wie das nur Menschen tun, die sich ganz besonders nahestehen. Sie trug Sarong und Bluse, die schütteren weißen Haare waren zu einem Knoten gebunden. Taibah hatte ein wunderbares altes Gesicht, in dem das Leben wie die Linien auf einer Landkarte seine Spuren hinterlassen hatte. Weisheit, Eigenwille und unendlich viel Humor waren darin zu lesen. Dabei sprach sie so schnell mit heiserer Stimme, dass ich mich fragte, wie diese Mixtur aus Lauten eine Sprache bilden konnte. Es war der Dialekt von Sarawak.

Ich war fasziniert von Taibah und fühlte mich spontan zu ihr hingezogen. Plötzlich blickte sie mich an, lachte, verschränkte ihre Arme und machte eine Bewegung, als würde sie ein Baby wiegen. Dabei deutete sie mit dem Kopf auf Chef und mich. In Sekundenschnelle hatte sie alles erfasst, ohne dass nur ein Wort gesprochen werden musste. Ich konnte bloß nicken und lachen. Taibah und ich waren uns vom ersten Moment an sehr nah, und so sollte es auch bleiben. Obwohl keine die Sprache der anderen kannte, verstand Taibah auf geheimnisvolle Weise immer, was ich auf Deutsch zu ihr sagte. Konnte sie vielleicht Gedanken lesen?

Es dauerte noch etwas, bis die Begrüßungszeremonie beendet war. Hände wurden in Hände genommen, Verbeugung folgte auf Verbeugung, wenn auch weniger tief als bei den Eltern und der Großmutter, und Kinder kamen und küssten mir die Hand. Das war mir ein bisschen unangenehm, auch wenn ich zu der Generation gehöre, bei der Mädchen Erwachsene noch mit einem Knicks und Jungen mit einem Diener begrüßten. Chef bemerkte meine Verlegenheit und sagte leise: »Das gehört sich so für Kinder, sie müssen Respekt zeigen.«

Alle Frauen trugen Baju Kurungs, allerdings hier im Haus kein Kopftuch. Und ich saß da in Shorts und einem Shirt, auf dem vorne eine große »13« prangte, schaute auf meine nackten Beine und Arme und fühlte mich wie jemand, der zum Empfang beim Bundespräsidenten im Schloss Bellevue in Unkenntnis des Protokolls im Jogginganzug erschienen war. Ich war noch nie bei einer muslimischen Familie eingeladen gewesen, und erst hier wurde mir klar, dass mein Aufzug mehr als unpassend war. Umso dankbarer war ich, dass niemand mich das spüren ließ.

Chefs Mutter dirigierte uns ins Wohnzimmer, in dem ein fast vier Meter langer dunkler Holztisch stand. Um ihn herum waren in geraden Reihen Sofas und Sessel mit grünroten Bezügen in Blumenmustern aufgebaut, passend zu den Gardinen aus dem gleichen Stoff. Die Anzahl der Plätze war für eine Großfamilie ausgelegt. Tee, Limonade und Kuchen wurden auf silbernen Tabletts serviert, und Chefs Mutter und seine Schwester riefen mir immer wieder zu: »Makan, minum« – iss, trink! Es war eine fröhliche und laute Runde, in der ich zwar interessiert beäugt wurde, aber gleichzeitig aufgenommen war.

Neben Chef waren es die Frauen, die das Wort führten. Sie hatten so gar nichts von dem landläufigen Bild der unterwürfigen Asiatinnen an sich. Die Männer saßen im Wesentlichen schweigend dabei. Ich hatte den Eindruck, dass sie sich dem Temperament und der weiblichen Übermacht in der Familie gebeugt und in ihr Schicksal gefügt hatten. Allerdings machten sie dabei einen recht zufriedenen Eindruck.

Und der täuschte nicht. Denn in diesem Teil Asiens sind es die Frauen, die im Haus bestimmen. Die Männer überlassen ihnen die Entscheidung, was angeschafft und worauf gespart wird, wie die Kinder erzogen werden und der Haushalt geführt wird. Die Frauen sind selbstständig und unabhängig, sie reisen oft alleine – auch mit dem Flugzeug – zu Verwandten, sie betreiben häufig ihre eigenen kleinen Geschäfte, viele gehen sogar arbeiten. Eine der Schwestern von Chef war bei einem Rechtsanwalt, eine andere bei Malaysia Airlines beschäftigt.

Die Selbstständigkeit wundert einen noch weniger, wenn man bedenkt, dass geografisch gesehen quasi um die Ecke, nämlich auf der benachbarten indonesischen Insel Sumatra, die muslimischen Minangkabau leben. Die Minangkabau sind die weltweit größte matriarchale Bevölkerungsgruppe. So werden zum Teil noch heute die Reisfelder an die Töchter vererbt, und Minangkabau-Frauen haben nicht nur im Privaten eine starke Autorität. Im Kerngebiet der Minangkabau, im »Darek«, dem fruchtbaren Hügelland von Padang im Westen Sumatras, leben drei Millionen Menschen vom Reisanbau auf terrassierten Nassfeldern. Hier ist das *Adat*, das Stammesgesetz, noch fest verankert. In den Sippen gilt strikte Matrilinearität (Verwandtschaft in der Mutterlinie), Matrilokalität (Wohnsitz bei der Mutter) und Besuchsehe aufseiten der Männer. Sie gehen zwischen dem Haus ihrer Mutter, wo sie wohnen, und dem ihrer Gattinnen, wo sie Gäste sind, hin und her.

»Alam Minangkabau«, die Welt der Minangkabau, ist die ursprüngliche soziale Verfassung aller Malaien. Denn in frühgeschichtlicher Zeit besiedelten austronesische Völker, von Südchina kommend, den gesamten indomalaysischen Archipel. Zu ihm gehören die lang gestreckte malaysische Halbinsel und die großen Inseln Sumatra, Java, Borneo, Sulawesi und die Philippinen. Aus Südchina wurde eine matriarchale Sozialordnung mitgebracht, die sich über diesen großen Raum verbreitete. So ist es zu erklären, dass bei den Stämmen auf Borneo bis heute die Frauen unumschränkte Herrinnen im Haus sind. Wie in Chefs Familie.

Nach zwei Stunden war der Antrittsbesuch beendet, doch wir würden schon am Abend wiederkommen. Chefs Mutter hatte uns zum Essen eingeladen, und sein Bruder Jali fuhr uns ins Hotel zurück.

»Wir müssen gleich wieder los und einen Baju Kurung für mich kaufen«, sagte ich dort zu Chef. »Mit Hose und Shirt gehe ich nicht noch einmal zu deinen Eltern. Ich will deiner Familie meinen Respekt zeigen, indem ich mich ihrer Kleidung anpasse.«

Ich merkte, dass Chef meine Idee gefiel, auch wenn er sagte: »Das musst du aber nicht machen. Sie wissen, dass du Europäerin bist und dich anders kleidest. Außerdem gefällst du meinen Eltern. Und meiner Großmutter sowieso. Sie hat sich bis heute noch nie mit einer meiner Freundinnen unterhalten. Sie mochte keine von ihnen.«

Ein schöneres Kompliment hätte er mir nicht machen können.

Wir fuhren mit einem Taxi zu Parkson's, einem Shoppingkomplex im Zentrum Miris. Baju Kurungs gab es hier zur Genüge, aber nur wenige, die mir passten. Fast alle waren auf die schmalen Figuren der Asiatinnen zugeschnitten und selbst für eine europäische Größe 38 meist zu klein. Schließlich fand ich doch ein Modell in Rosa, das mir gut gefiel, und kaufte gleich noch einen zweiten in Rot.

Zum Abendessen trug ich das rosafarbene Modell.

»Baju Kurung«, bemerkte Chefs Mutter erstaunt, als sie mich sah, und nickte anerkennend. Zu Chef sagte sie: »Deine Freundin sieht schön aus.« Und so fühlte ich mich auch in diesem langen, seidig weich fallenden Gewand.

Es war schon gedeckt fürs Essen – auf dem Fußboden. Mehrere handgearbeitete bunte Matten aus Palmenblättern waren dort ausgebreitet, auf denen Abdeckhauben, ebenfalls aus Palmblättern, die Speisen vor Fliegen schützten. In großer Runde nahmen wir auf den Matten Platz: Eltern, Großmutter, Schwestern und Brüder, Schwägerinnen und Schwäger. Dann wurden die Abdeckhauben entfernt. Traditionelle Speisen kamen darunter zum Vorschein, üppig auf Platten und in Schüsseln angerichtet: *umei* (roher Fisch), *lamedin* (Dschungelfarn), *sambal balacan* (eine Paste aus im Mörser zerstampften Krabben, Zwiebeln, Knoblauch und Limonensaft), zäher Sagobrei und Reis. Und natürlich eine Schüssel mit Wasser und Limonenstücken zum Waschen der Hände, denn Besteck gab es nicht. Doch das war kein Problem für mich, schließlich hatte ich in Mulu gelernt, wie man mit den Händen isst.

»Normalerweise isst meine Familie am Tisch. Aber für dich wurde extra ein traditionelles Essen vorbereitet«, erklärte mir Chef.

Verstohlen blickte ich mich in der Küche um: Zwei große Gasherde mit Backöfen standen nebeneinander, darüber mit Fliegendraht vergitterte Fenster, um lästige Moskitos fernzuhalten. Es gab zwei große Kühlschränke, einen schlichten Holztisch mit sechs Stühlen und einen Vitrinenschrank, in dem sich Berge von Tellern und Gläser stapelten. ›Wenn immer so viele Leute hier essen, braucht man auch so viel Geschirr‹, war mein spontaner Gedanke. Und es waren in der Tat immer so viele Menschen, oft genug sogar mehr. Denn im Haus von Chefs Eltern wohnten noch seine drei ledigen Brüder, ein weiterer Bruder mit Frau und zwei Kindern sowie eine Schwester mit Mann und Tochter. Dazu kamen tagsüber die drei Kinder von Chefs Schwester Julia, die bei einem Anwalt arbeitete, und häufig war auch seine Schwester Nasita aus dem drei Autostunden entfernten Bintulu mit ihren beiden Kindern zu Besuch. So hielten sich leicht bis zu sechzehn Personen in dem Haus auf.

Nach dem Essen räumten die Frauen auf, spülten ab, und in kürzester Zeit war alles so blitzsauber und ordentlich, als hätte hier nie ein großes Gelage stattgefunden. Ich versuchte auch, mich nützlich zu machen. Unter viel Gelächter zeigten mir die Frauen, wo ich was hinzustellen hatte. Die Verständigung war kein Problem: Alle außer Chefs Mutter und der Großmutter sprachen Englisch. Anschließend gingen wir ins Wohnzimmer, in dem die Männer Platz genommen hatten. Wieder wurden Tee und Kuchen gereicht.

Taibah hatte sich eine Zigarette angesteckt, und es verblüffte mich, diese alte Frau rauchen zu sehen. Doch dann erinnerte ich mich an unseren Besuch im Langhaus: Auch dort hatten die Frauen geraucht. Und Taibah gehörte noch zu der Generation, die den Großteil ihres Lebens tief im Dschungel verbracht hatte. Im Lauf des Abends stellte ich fest, dass sie fast Kette rauchte, und zwar voller Genuss. Vor ihr auf dem Tisch lag die Zigarettenschachtel, daneben standen ihr ganz persönlicher Aschenbecher und eine kleine silberne Dose. Darin bewahrte sie Stückchen von unreifen Betelnüssen auf, die sie ab und zu in ein mit gelöschtem Kalk eingeriebenes grünes Betelblatt einwickelte und wie einen Priem kaute. Der Kalk bewirkt, dass sich das in den Nüssen befindliche Arecolin in das leicht euphorisierende, mild berauschende und geichzeitig anregende und entspannende Arecaidin umwandelt.

Auch im Langhaus hatte ich Frauen Betelnüsse kauen sehen. Auf eigenartige Weise verschmolz für mich im Heim von Chefs Familie der Dschungel mit der Stadt, vereinten sich die alten Zeiten mit der Moderne. Doch am meisten berührte es mich, mit welcher Warmherzigkeit und Offenheit ich, eine Fremde vom anderen Ende der Welt, in die Familie aufgenommen wurde.

Ein Grund dafür mag in der Geschichte Sarawaks liegen. Europäern kommt hier eine Sonderstellung zu. Lange Zeit stand Sarawak unter der restriktiven Verwaltung des Sultanats Brunei. Damals lebten die Stämme alles andere als friedlich miteinander. Sie versuchten, möglichst große Gebiete in ihren Besitz zu bringen und auch dem Sultan von Brunei den Tribut vorzuenthalten. 1839 kam es zu blutigen Aufständen, in die der englische Abenteurer James Brooke mit seiner Fregatte »The Royalist« hineingeriet. Er hatte kurz zuvor wegen einer Verwundung seine Karriere bei der British East India Company aufgeben müssen. Brooke unterstützte den Sultan und besiegte dank der überlegenen Feuerkraft seines Schiffes die Aufständischen. Als Dank wurde ihm der Titel »Rajah« verliehen, und am 24. September 1841 ernannte ihn der Sultan zum Herrscher über ein Gebiet, das sich von Tanjung Datu im Westen bis zum Batang Samarahan, nur wenige Kilometer östlich von Kuching, erstreckte. So entstand die Dynastie der »Weißen Rajahs«, die über hundert Jahre in Sarawak regierte.

In den folgenden Jahren dehnte Brooke seine Herrschaft immer weiter aus, wobei er sowohl den Ureinwohnern Rechte einräumte als auch Unruhen immer wieder blutig niederschlug. Als James Brooke im Jahr 1868 starb, folgte ihm sein Neffe Charles Brooke. Er herrschte über das Gebiet, das heute Sarawak heißt. Nach Charles' Tod übernahm sein Sohn Charles Vyner die Herrschaft. Als Sarawak 1941 von den Japanern besetzt wurde, befand er sich gerade in

Australien. Erst nach der Kapitulation der Japaner im Jahr 1945 kehrte er nach Sarawak zurück. Doch er hatte offenbar das Interesse an seinem Land verloren und trat es im Mai 1946 an die Briten ab. Am 1. Juli 1946 wurde Sarawak offiziell britische Kronkolonie. Anders als das heutige Westmalaysia, das 1957 unabhängig wurde, entließen die Briten Nordborneo erst 1962 in den Staatenbund der malaysischen Föderation.

Doch da war noch ein weiterer Punkt, der mich beim Empfang in Chefs Familie erstaunte: Alle waren Muslime und hätten mir »Ungläubigen« gegenüber doch Vorbehalte haben müssen. Aber nichts dergleichen war zu spüren. Überhaupt lernte ich in Malaysia einen Islam kennen, der so gar nichts mit Fundamentalismus gemein hat. Obwohl Malaysia ein islamischer Staat ist, herrscht Religionsfreiheit. Christen, die in Sarawak sogar die Mehrheit bilden, und Buddhisten, Muslime und Hindus – alle leben friedlich miteinander. Und das ist von staatlicher Seite auch so gewollt. Anders ließe sich dieses Land, dessen Bevölkerung zu achtundvierzig Prozent aus Malaien, zu dreißig Prozent aus Chinesen, zu zehn Prozent aus Indern und zu zwölf Prozent aus Angehörigen von Eingeborenenstämmen besteht, wohl kaum regieren.

Die letzten Tage bis zu meiner Abreise nach Deutschland blieben wir in Miri und verbrachten viel Zeit mit der Familie. Ich ging mit Chefs Mutter und seinen Schwestern einkaufen, half in der Küche oder saß zum Plausch mit ihnen zusammen. Während eines Einkaufs bei Parkson's, dem örtlichen Supermarkt, fragte die Kassiererin Chefs Schwägerin Noe, wer ich sei. »Meine zukünftige Schwägerin«, antwortete die korpulente, fröhliche Noe laut und lachte. Chefs Mutter nickte und lächelte.

Zusammen mit Chefs Mutter, seiner Schwester Maschna und deren fünfjähriger Tochter Nurul besuchten wir Chefs Onkel, einen Bruder seines Vaters. Er lebte etwa eine Stunde von Miri entfernt in einem Langhaus. Dieses Langhaus hatte – außer der Architektur – nur wenig Ähnlichkeit mit dem, das ich aus dem Dschungel kannte. Die Bodendielen war so glatt geschliffen, dass man sich in ihnen fast spiegeln konnte. Der Wohnbereich bestand aus einem großen Wohnzimmer, einem Schlafzimmer und einer modernen Küche, an die sich noch weitere Räume anschlossen. Es war ein Langhaus »de luxe« mit allen Schikanen. Und wenn mir damals jemand gesagt hätte, dass Chefs Onkel, ein korpulenter, gepflegter Mann in Shorts und weißem Hemd mit einem erfrischenden Lachen, der Schamane des Langhauses sei, hätte ich es wohl kaum geglaubt.

Aber das verriet mir damals niemand. Genauso, wie ein Geheimnis das Langhaus umgab, aus dem Chefs Vater stammte. Es stand irgendwo tief im Dschungel, und Chef hatte dort seit seiner Kindheit immer wieder viel Zeit verbracht.

»In dem Langhaus hängen die drei Köpfe, die mein Großvater geschlagen hat. Als ältester Enkel habe ich ein Anrecht auf sie«, erzählte mir Chef.

»Und wann gehen wir mal dorthin?«, wollte ich wissen.

»Irgendwann mal«, wich er mir aus.

Meine Abreise stand bevor. Wir beschlossen, dass ich gleich nach dem Abschluss meiner Verhandlungen mit dem Verlag wiederkommen würde. In der Zwischenzeit würde Chef in Miri nach einem möblierten Haus suchen, das wir mieten wollten. Er würde in seinem Elternhaus auf mich warten. Damit wir uns immer erreichen konnten, kauften wir ein Handy und unterschrieben einen Vertrag bei einem malaysischen Netzbetreiber.

Chef, seine Eltern, Geschwister und Schwägerinnen brachten mich zum Flughafen. Die kleine Nurul, die in den vergangenen Tagen kaum von meiner Seite gewichen war, klammerte sich an mir fest und weinte.

»Tante kommt bald wieder«, tröstete sie Chef – und sich selbst. Auch mir fiel der Abschied diesmal nicht ganz so schwer wie beim letzten Mal, als unsere Zukunft noch so ungewiss war.

Ich blieb noch eine Nacht in Kuching und traf mich dort mit Doris und Manfred.

»Kommst du mal wieder nach Borneo?«, fragte mich Manfred.

»Ja, so in drei Wochen etwa«, antwortete ich.

Manfred schaute mich ungläubig an. »In drei Wochen? Hast du denn noch so viel Urlaub?«, fragte er staunend.

»So viel ich will. Ich höre bei Springer auf.«

»Du hörst bei Springer auf?« Manfred war sichtlich konsterniert.

»Ja, ich höre auf.«

»Und was dann?«

»Dann ziehe ich nach Miri.«

»*Nach Miri?* Was willst du denn da?«

»Mit Chef leben.«

»Und wovon?«

Nie werde ich vergessen, wie Manfred mich für einige Sekunden vollkommen fassungslos anstarrte. Für ihn, mit seiner oberbayerischen Bodenständigkeit, musste dies so verrückt geklungen haben, als wenn ich erklärt hätte, ich wolle jetzt, mit dreiundvierzig, mit Ballettunterricht beginnen, um Primaballerina zu werden. Doris nickte derweil wie ein weiser Mandarin und bemühte sich, ihrem Gesicht einen ergriffenen Ausdruck zu geben, gerade so, als sei sie am Ende eines Lore-Romans ankommen, bei dem der Graf dem Hausmädchen einen Antrag macht.

Ich musste lachen, die beiden waren einfach ein zu komischer Anblick. Doris, ganz Asiatin und bemüht, sich ihre Gedanken nicht anmerken zu lassen. Und Manfred, der geradeheraus sagte, was ihm durch den Kopf schoss. Aber dafür mochte ich ihn. Ich wusste, dass er sich ehrlich Sorgen um mich machte.

»Das wird schon irgendwie«, erklärte ich. »Ich bekomme eine Abfindung, und dann sehen wir weiter. Uns wird schon etwas einfallen, wovon wir leben können.«

»Ich hoffe, alles geht gut«, sagte Manfred und schaute dabei ziemlich ernst.

Doris lächelte mich an. »Ich wünsche Chef und dir viel Glück!«

Beides kam von Herzen.

In Berlin blieb mir ein Tag, um über meinen Jetlag hinwegzukommen. Dann hatte ich wieder einen Termin im Verlag, um mein Ausscheiden weiter zu besprechen. Es war ein gutes Gespräch. Etwa so, als würden sich zwei alte Freunde voneinander verabschieden, weil sich ihre Lebenswege trennten. Mindestens genauso gut verlief anschließend mein Treffen mit Dr. Döpfner. Während das Licht der Herbstsonne durch die großen Fenster seines Büros fiel, erzählte ich ihm von Borneo. Dabei herrschte eine Atmosphäre der Ruhe und Intensität, die nur durch einen aufmerksamen Zuhörer geschaffen werden konnte. Besonders freute ich mich, dass er mir anbot, als freie Journalistin auch künftig für die *Welt* zu schreiben. Und ich war glücklich, dass ich weiter mit dem Verlag in Verbindung bleiben würde.

Auch Claus Jacobi, der nach dem plötzlichen Tod von Manfred Geist, dem Chefredakteur der *Welt am Sonntag*, vorübergehend wieder die Leitung des Blattes in Hamburg übernommen hatte, bot mir an, frei für die *Welt am Sonntag* zu schreiben. So konnte ich weiter in meinem Beruf arbeiten und damit etwas Geld verdienen.

Die nächsten drei Monate auf Borneo wollte ich aber zuerst einmal pausieren. Chef und ich mussten ein eigenes Heim finden, und wir brauchten auch ein wenig Ruhe, um uns in unserem gemeinsamen Leben einzurichten.

Doch vorher hatte ich für die Zeit meiner Abwesenheit noch einiges an Papierkram zu erledigen. Eine Freundin würde mir alle zwei Wochen meine Post per UPS nachschicken und meine Rechnungen bezahlen. Mein Anwalt erhielt eine Generalvollmacht. So konnte er, falls mir etwas zustoßen sollte, sich in meinem Sinne um meine Mutter kümmern, da ich ihren Aufenthalt im Seniorenstift bezahlte.

Meine Mutter war traurig, dass ich so lange fort sein würde, aber sie hatte Verständnis für meine Entscheidung. Schließlich hatte sie selbst die große Liebe erlebt. Und irgendwie tröstete sie sich wohl auch mit dem Gedanken, dass ich über kurz oder lang bestimmt wieder ganz nach Deutschland zurückkehren würde. Zu unwirklich war für sie die Vorstellung, dass ihre Tochter zu einem Dschungelführer und Enkel eines Kopfjägers ans andere Ende der Welt ziehen würde.

Doch nicht nur mein Leben war in diesen Tagen im Umbruch. Peter G. rief mich wenige Tage vor meiner Abreise an und bat mich um ein Treffen. Er erzählte mir, dass er in der folgenden Woche Berlin verlassen würde, um unterzutauchen. Der Leiter des »House of Boys« in Rotterdam, ein Deutscher, der in den Niederlanden verhaftet worden war und eine zweijährige Gefängnisstrafe verbüßte, kam wieder auf freien Fuß. »Der weiß, dass ich der Polizei geholfen habe, ihn zu schnappen«, sagte Peter. »Wenn der wieder in Deutschland ist, wird's für mich ungemütlich. Besser, ich verschwinde aus Berlin. Vorher wollte ich mich aber noch von dir verabschieden.«

Als wir das Lokal verließen, kamen uns Steffen Jacob und Maggie entgegen. Sie wie immer elegant in Schwarz, er gut gelaunt und in einer knallroten Nappalederjacke.

»Nette Begleitung hast du da«, flüsterte Steffen mir grinsend ins Ohr, als er mich zur Begrüßung umarmte.

»Bleib doch noch ein bisschen mit uns hier«, schlug Maggie vor. Doch ich wollte nach Hause, ich war müde. Später tat mir das sehr leid. Denn zwei Abende bevor ich wieder nach Borneo flog, rief mich Steffen verzweifelt an: »Maggie hat Krebs, sie liegt im Krankenhaus.«

Ich sollte Maggie nie wiedersehen. Sie starb wenige Wochen später.

Chef hatte inzwischen zwei Häuser gefunden, die für uns in Frage kamen. Bei einem unserer letzten Telefonate hörte ich im Hintergrund ein metallenes Scheppern.

»Was ist das für ein Geräusch?«, frage ich.

»Ach, nichts Besonderes«, antwortete er. »Ich bin auf der Straße und kicke eine leere Coladose vor mir her.«

Dieses Geräusch war ein Missklang, der mir nicht mehr aus den Ohren ging. Ich stellte mir vor, wie Chef irgendwo in Miri stand und mit einer leeren Dose spielte. Es tat mir weh. Dieser Mann des Dschungels, der die Spur einer Schlange roch und die Himmelsrichtung am Wuchs der

Blätter der Urwaldriesen ablas – er gehörte nicht in diese Welt des Wohlstandsmülls. Ich spürte instinktiv, dass etwas verkehrt lief, schob den Gedanken aber weit von mir weg.

Der Abschied von Berlin fiel mir leicht. Denn vor mir lag das Leben mit dem Mann, den ich liebte. Und ich glaubte wirklich, dass ich nichts und niemanden außer meiner Mutter und meiner besten Freundin Gabi vermissen würde.

Die Prophezeiung des Chinesen

In Miri holte mich Chef vom Flughafen ab. Bis zum Einzug in unser eigenes Haus stiegen wir wieder im »Holiday Inn« ab. Am nächsten Morgen brachte uns Roslan im Wagen seines Vaters zur Hausbesichtigung. Das erste Haus gehörte zu einer Reihe neuer Gebäude in Strandnähe: schneeweiße Stelzenhäuser aus Betonplatten mit hellroten Ziegeldächern, von denen aus man in der Ferne das Meer erahnen konnte. Der Blick wurde von einem Streifen wild wachsender, trockener, trostloser Büsche verstellt. Noch weniger gefiel mir die Einrichtung des Hauses: Alle Möbel waren schwarz: Schränke, Bett, Wohnzimmertisch und klobige Kunstledersessel samt Sofa. Nein, das war kein Haus, in dem ich mit Chef wohnen wollte. Es war steril, kalt und unpersönlich. Er war der gleichen Meinung, und wir fuhren weiter.

Das zweite Haus war für mich Liebe auf den ersten Blick. Es lag nahe der Luak Bay, einem der schönsten Strandabschnitte Miris, von dem aus eine etwa fünfzig Meter lange Brücke mit einem kleinen Pavillon aufs Meer hinausführt. Das weiß gestrichene, aus Steinen und Betonplatten errichtete Haus war zweigeschossig, das Dach aus grauen Ziegeln reichte bis über die Balkone in der ersten Etage. Ein großes dunkelgrünes, geschwungenes Eisentor mit goldenen Spitzen bildete den Zugang. Dieses Haus strahlte eine ruhige Gutmütigkeit und freundliche Zuverlässigkeit aus. Auch ohne es von innen gesehen zu haben, wusste ich: Das war genau das, was ich mir wünschte.

Am nächsten Tag trafen wir uns mit der Tochter des Hausbesitzers, einem reichen Chinesen, der mit Tropenholz handelte. Betty war eine ruhige, sympathische Frau Ende zwanzig, die in der Firma ihres Vaters arbeitete. Sie zeigte uns das Haus von innen, und auch das, was ich dort sah, gefiel mir. Das Parterre war mit großen, hellen Bodenfliesen ausgelegt. Es gab ein Wohnzimmer mit Klimaanlage und breiter Terrassentür, Esszimmer, Küche, einen weiteren Raum und ein WC. Die erste Etage bestand aus drei Räumen mit Holzfußboden, darunter das Schlafzimmer mit Klimaanlage, sowie zwei Badezimmern. Alle Zimmer hatten geräumige Einbauschränke und Balkone.

Das Haus war nur spärlich mit einem Wohnzimmertisch, drei Holzsesseln mit großen Sitzkissen, einem Esstisch mit sechs Stühlen sowie Betten und Nachtschränkchen möbliert. Das war mir nur recht. Ich beschloss, ein paar Rattanmöbel und Gardinenstoff zu kaufen, um der Einrichtung eine persönliche Note zu geben. Als Deckenlampen wollte ich im ganzen Haus, auch auf den Balkonen und am Eingang, rote chinesische Lampions aufhängen.

Wir wurden uns sofort mit Betty einig. Die Miete betrug umgerechnet achthundert Mark monatlich, und ich unterschrieb den Vertrag. Wir konnten gleich einziehen.

Die ersten Tage war ich vollauf mit Einkäufen beschäftigt. Stundenlang stöberte ich in kleinen Geschäften in Miri nach Gardinenstoffen, suchte ein hübsches zweisitziges Rattansofa mit zwei passenden Sesseln, Tisch und zwei Beistelltischen aus und brachte aus chinesischen Läden einen Berg roter Lampions mit. Bei Parkson's kaufte ich Gläser,

Töpfe, Pfannen und Besteck. Alles war günstig, wie die meisten Haushaltswaren in Asien.

Die größten Anschaffungen waren eine Waschmaschine und ein Kühlschrank. Dafür gingen wir zu »Bumiko«, einem Elektroladen, in dem es alles gab, vom Handy bis zu Großgeräten. Mazeni, ein Freund von Chef, war dort Geschäftsführer, ein gedrungener, dicklicher Mann Ende dreißig mit einem pockennarbigen Mondgesicht, in das sich ein mildes, scheinheiliges Dauerlächeln eingegraben hatte. Ich fand ihn spontan unsympathisch. Und der erste Eindruck eines Menschen hat mich selten getrogen. Doch Chef hatte mit so viel Herzlichkeit von Mazeni gesprochen, dass ich beschloss, nicht weiter auf mein Gefühl zu hören. Bereitwillig ließ ich mich von der Freundlichkeit des Mannes einlullen.

Außer der Waschmaschine und dem Kühlschrank, einem extragroßen Gerät, wie man es in diesen Breitengraden braucht, kaufte ich noch einen Toaster und einen Fernseher. Am Abend lieferte Mazeni alles auf einem Pick-up bei uns an und ließ sich gleich für zwei Stunden häuslich nieder. Er sollte ein regelmäßiger Besucher werden.

Am Haus gab es noch einiges zu tun. Chef, sein Bruder Achai und Roslan strichen die Wände weiß und auf meinen Wunsch hin das Treppengeländer, das in die erste Etage führte, in einem hellen Blau. Chefs Schwester Nasita reiste samt Nähmaschine und ihren beiden Kindern aus Bintulu an und quartierte sich in einem der oberen Zimmer ein, um die Gardinen zu nähen. Nach zwei Wochen war alles fertig. Wir hatten uns ein schönes Heim geschaffen, das abends innen und außen vom warmen roten Licht der Lampions erhellt wurde. Chefs Mutter besuchte uns kurz und fragte ihn nur trocken: »Bist du jetzt Chinese?« Danach kam sie nie wieder. Doch das hatte einen anderen Grund, den ich noch nicht kannte. Umgekehrt waren wir aber in ihrem Haus immer aufs Herzlichste willkommen.

Eigentlich hätte ich jetzt zufrieden sein müssen. Ich war am Ziel meiner Wünsche angelangt. Ich lebte mit Chef, wir wohnten in einem schönen Haus und hatten eine große Familie und einige Bekannte um uns. Das Einzige, was fehlte, war ein Auto. Doch für einen Neuwagen, der mindestens so teuer war wie in Deutschland, mochten wir kein Geld ausgeben. Das brauchten wir, um zu leben, und auch, um uns später eine Existenz mit eigenem Einkommen aufzubauen. Und auf einen günstigen Gebrauchtwagen konnte man nicht hoffen. Das waren meist alte Kisten, die in Deutschland längst nicht mehr durch den TÜV gekommen wären.

Ganz schleichend überfiel mich immer mehr eine leichte Melancholie. Das Leben, das ich jetzt führte, war so verschieden von meinem früheren. Zum ersten Mal, seit ich vor fast einem Vierteljahrhundert bei meinem Onkel und meiner Tante ausgezogen war, war ich wieder von jemandem abhängig. Wenn ich in die Stadt wollte, musste ich Chef bitten, jemanden zu organisieren, der mich fuhr. Dann musste ich zu einer verabredeten Zeit wieder an einer bestimmten Stelle sein, um zurückgebracht zu werden.

Wenn Chef mal alleine unterwegs war – was nur selten vorkam – und er das Handy dabeihatte, konnte ich nicht einmal telefonieren, denn die Telefonleitung in unserem Haus war gesperrt: Die Vormieter hatten ihre letzte Rechnung nicht bezahlt. Erst wenn die beglichen sei, so wurde uns von der Telefongesellschaft erklärt, könne der Anschluss wieder aktiviert werden. Aber niemand wusste, wohin die Leute gezogen waren. Ich bot an, die Rechnung zu übernehmen, doch das sei nicht gestattet, hieß es. Manchmal hatte ich das Gefühl, ich lebte in Schilda.

Erst über einen Monat später konnte das Problem gelöst werden. Ein Freund von Chef hatte einen Freund, der wiederum mit einem Angestellten der Telefongesellschaft befreundet war. Der veranlasste schließlich, dass unser Haus eine neue Leitung bekam. Ich war sehr erleichtert, konnte aber nicht begreifen, warum das nur über Beziehungen hatte geregelt werden können.

Gewöhnungsbedürftig waren auch die Abende. Kaum saßen Chef und ich gemütlich im Wohnzimmer, als plötzlich Autos vor unserem Haus hielten. Irgendwelche Bekannten kamen unangemeldet zu Besuch, setzten sich hin, tranken etwas und unterhielten sich mit Chef auf Bahasa Melayu, während ich stumm wie ein Fisch dabeisaß und kein Wort verstand. Ab und zu wurden ein paar Worte auf Englisch an mich gerichtet, aber eine richtige Unterhaltung kam nur selten zustande. Dann standen die Besucher ebenso unvermittelt auf, wie sie gekommen waren, verabschiedeten sich mit den Worten, »we make a move«, und waren weg, während schon der nächste Wagen vor unserem Haus einparkte.

»Kannst du den Leuten nicht mal sagen, dass sie anrufen sollen, bevor sie hier aufkreuzen?«, bat ich Chef eines Tages.

»Das wird schwierig«, erwiderte er. »Man besucht sich einfach ganz ungezwungen. Das ist hier üblich. Aber ich werde mit ihnen sprechen, wenn du möchtest. Du sollst dich wohl fühlen.«

Ich begriff, in welche Verlegenheit ich Chef mit meinem Wunsch brachte. Man würde mein Ansinnen, einen Besuch anzumelden, als Beleidigung auffassen. Umso gerührter war ich, dass er bereit war, das in Kauf zu nehmen, nur um mich glücklich zu machen.

»Ist schon in Ordnung«, sagte ich. »Wahrscheinlich muss ich mich einfach nur daran gewöhnen.«

Mit der Zeit begann ich die abendlichen Besuche sogar zu mögen. Allerdings hatte ich mir ausbedungen, dass in meiner Gegenwart Englisch gesprochen wurde. Und daran hielten sich alle, auch wenn sie hin und wieder kurz in ihre Muttersprache zurückfielen. Wenn an einem Abend mal niemand bei uns vorbeischaute, fehlte mir irgendwann sogar etwas. Dann hörte ich auf jedes Fahrzeug auf der Straße, in der Hoffnung, dass es bei uns halten möge.

Das lag nicht zuletzt daran, dass Miri wenig Unterhaltung zu bieten hatte. Es gab kein Theater, keinen Konzertsaal und noch nicht einmal ein Kino. Man konnte sich also nur zum Essen verabreden, in eine der wenigen Bars der Stadt oder in eine der lauten Hoteldiskotheken gehen. Da war dann der Besuch bei Freunden die bessere und vor allem günstigere Alternative. Doch die Gespräche plätscherten meist an der Oberfläche, es wurden Belanglosigkeiten ausgetauscht, Ereignisse geschildert, ohne Zusammenhänge oder Ursachen zu reflektieren. Das, was geschah, wurde einfach hingenommen. Und auch die Persönlichkeit der Menschen war für mich hinter der Maske des ständigen Lächelns kaum zu fassen. In Asien belästigt man andere nicht mit seinen Problemen und Gefühlen. Aber genau das fehlte mir.

Nur mit Chef und teilweise mit Roslan konnte ich mich richtig unterhalten. Chef war immer besorgt um mich und bemüht, mir das Leben in dem fremden Land möglichst angenehm zu gestalten. Doch auch er war mir hier in Miri manchmal fremd. Anders als im Dschungel trug er nicht mehr abgerissene Jeans, sondern Levis 501 und schwarze T-Shirts. Und manchmal schien seine Stimmung so dunkel wie seine Kleidung. Dann war er in sich gekehrt, sprach wenig und zog sich in sich selbst zurück. Einmal beobachtete ich ihn, wie er auf dem Balkon stand und den Sonnenuntergang beobachtete. Ernst, nachdenklich. Ich setzte mich ins Wohnzimmer und spürte nur noch eine große Traurigkeit. Bereute Chef, dass er mit mir nach Miri gezogen war? Hätte er besser wegen mir nie den Dschungel verlassen sollen? Kann man ins normale Leben zurückkehren, wenn man einmal im Paradies gelebt hat?

Plötzlich berührte Chef meine Schulter, und ich erschrak. Ich hatte ihn nicht kommen hören. Er lachte, umarmte mich und sagte: »Menschen sind nicht immer gleich. Aber wenn du mit dir glücklich bist, dann bist du, was du bist. Mit dir bin ich glücklich.«

Trotzdem nistete sich bei mir ein Gefühl der Unsicherheit ein. Wer war eigentlich der Mann, mit dem ich jetzt zusammenlebte? Sanfter Penan oder kriegerischer Iban? Weltläufiger Städter oder Mann des Dschungels? Doch wohl eher Letzteres, denn wenn Chef von Mulu, von den Höhlen, dem Regenwald sprach, dann blühte er auf, dann strahlten seine Augen, aber dann standen auch Wehmut und Heimweh in ihnen. Er hatte bei »Tropical Adventure« gekündigt, doch ich hatte immer Angst, dass Richard Hi sich melden könnte, um ihn zu neuen Touren zu überreden. Was würde dann aus mir?

Von Tag zu Tag wurde ich niedergeschlagener, und das eigentlich ohne triftigen Grund. Nachts schlief ich unruhig, wachte immer wieder auf, warf mich von einer Seite auf die andere oder lief rastlos im Wohnzimmer auf und ab. Dabei machte ich eines Nachts eine ekelhafte Entdeckung: Auf den Wänden krochen kleine schwarze Würmer umher, die sich offenbar durch winzige Ritzen im Mauerwerk ihren Weg ins Haus gebahnt hatten. Fast jede Nacht kamen sie, besonders, wenn es regnete. Chef sammelte sie dann lachend ein und warf sie in den Garten. Aber ich war beunruhigt. Die Würmer waren wie ein Symbol für mein Leben: Da steckte der Wurm drin.

Zusätzlich machte mir die schwüle Hitze zu schaffen, die in der Stadt gnadenloser als im schattigen Dschungel jede Bewegung zur Qual werden ließ. An manchen Tagen fühlte ich mich, als sei ich aus Blei, und es war schon ein Kraftakt, die Treppe in die erste Etage unseres Hauses hochzusteigen. Ganz zu schweigen von der normalen Hausarbeit. Beim Bügeln lief mir der Schweiß herunter, als stünde ich in einer Sauna, in der gerade jemand einen Aufguss gemacht hat. Chef, der verstand, wie schwer es für mich war, mich an das Klima zu gewöhnen, übernahm alle möglichen Arbeiten: Er putzte, kochte, schleppte die Einkaufstüten und bemühte sich ständig, mich aufzuheitern. Das gelang ihm nicht immer. Denn da war noch ein anderes Gefühl: Auch wenn ich nicht an Heimweh litt und mein neues Leben keinesfalls gegen das alte hätte eintauschen wollen, vermisste ich doch die Menschen, die mich tagtäglich in Berlin umgeben hatten. Meine Mutter, meine Freundin Gabi, meine Bekannten, meine Kollegen von der *Welt* und sogar meine türkische Obsthändlerin in der Turmstraße in Moabit.

An einem Nachmittag ging ich allein zu dem kleinen Pavillon, der am Ende der Brücke am Strand stand. Die späte Nachmittagssonne verwandelte das Südchinesische Meer in eine Fläche aus flüssigem Silber. Mein Blick blieb an einem aus dem Wasser ragenden Felsen hängen, der mit seinen zerklüfteten Kanten und seiner fast ovalen Form an chinesische Tuschzeichnungen erinnerte. Vier kahle Bäume ragten aus seiner abgerundeten Spitze, drei Büsche krallten sich in die steile Felsflanke. Und während ich in die Betrachtung dieses Bildes versunken war, wurde mir plötzlich klar, was mein wirkliches Problem war: Es war die Untätigkeit. Das Haus war fertig eingerichtet, fast täglich besuchten wir Chefs Eltern, tranken irgendwo einen Tee oder aßen eine Kleinigkeit. Mal ein paar Wochen nichts zu tun hörte sich in der Vorstellung verlockend an. In der Realität aber wurde es mir zur Last.

Seit ich achtzehn war, hatte ich gearbeitet und dabei immer etwas Neues gelernt. Während des Studiums hatte ich ständig mehrere Jobs gleichzeitig: Ich kellnerte in einer Studentenkneipe, gab Nachhilfestunden, verteilte in Fußgängerzonen Zigaretten-Probepackungen und betreute Kinder in städtischen Notunterkünften. Zusätzlich zu meinen Studienfächern hatte ich mich einfach aus Spaß an der Sprache für einen Portugiesischkurs eingeschrieben und nahm in einem Sportverein Fechtunterricht. Später, im Berufsleben, ging ich in der Arbeit auf, lernte nebenher noch ein wenig Ivrith und ein bisschen mehr Russisch. Zum Glück brauchte ich nie viel Schlaf. Fünf bis sechs Stunden reichten mir.

Jetzt saß ich in Miri, hatte nichts vor und wenn mich diese asiatische Trägheit überfiel, bekam ich zu allem Überfluss noch ein schlechtes Gewissen. Vielleicht waren Adam und Eva im Paradies, wo sie alles hatten, gar nicht ungehorsam gewesen, als sie den Apfel aßen, überlegte ich mir. Vielleicht wollten sie, statt träge rumzusitzen, einfach mal etwas unternehmen, das eine Wirkung hatte. Warum, dachte ich, hatte Gott kein Verständnis dafür, wo doch gerade er mit der Schöpfung der Welt eine ungeheuerliche Tatkraft an den Tag gelegt hatte? Mir kam der Gedanke, dass im Paradies die Hölle eigentlich schon mit angelegt war. Vielleicht war das Paradies sogar der größte Schöpfungsfehler Gottes. Oder hatte er etwa die Vertreibung aus dem Paradies gleich mit eingeplant? War das Paradies womöglich der eigentliche Ort der Verbannung, der den Menschen nur zeigen sollte, wie langweilig und unerfüllt ein bequemes Leben ist, in dem einem alles auf dem Silbertablett serviert wird? Und liegt dann das wahre Paradies, das echte Glück vielleicht außerhalb des Paradieses? Ist es das, was der Dalai Lama meint, wenn er sagt, dass das Erreichen oder Erfahren von Glücklichsein die Aufgabe des Lebens sei?

An diesem Nachmittag am Meer fasste ich einen Plan: Ich würde Unterricht in der malaysischen Sprache nehmen, für ein Buch mit Essays über Borneo recherchieren und mit Chef überlegen, wie unsere berufliche Zukunft aussehen könnte. All das wollte ich sofort in Angriff nehmen. Denn Mitte Februar würden wir gemeinsam nach Deutschland fliegen. Dann lief nämlich meine Aufenthaltsgenehmigung ab, und ich musste zuerst einmal wieder neu nach Malaysia einreisen.

Chef war von meinen Ideen begeistert. Ihm, der selbst im Dschungel kaum eine halbe Stunde ruhig sitzen konnte, ohne sich mit irgendetwas zu beschäftigen, ging die Situation ebenfalls auf die Nerven. Allerdings hatte er mich das nie spüren lassen.

Zweimal pro Woche kam von nun an eine Bahasa-Lehrerin zu mir. Auch wenn mir das Lernen bei der Hitze nicht so leicht fiel wie sonst, konnte ich mich schon bald ein wenig verständigen. Bahasa Melayu ist fast identisch mit Indonesisch und grammatikalisch eine leichte Sprache, ohne

Deklinationen und Konjugationen. Ich lernte so schöne Worte wie *bintang* (Stern), *bulau* (Mond), *bunga* (Blume), *sayan* (Liebe) und *mata* (Auge). »Aber wenn man *mata mata* sagt, bedeutet das nicht zweimal Auge, sondern Polizei, verstehst du?«, meinte meine Lehrerin und lachte vielsagend.

Gleichzeitig planten Chef und ich, für deutsche Reiseunternehmen ausgefallene Touren zu organisieren und damit Geld zu verdienen.

Als Erstes flogen wir nach Kuching. Wir wollten uns mit Christina Wendt treffen, die uns mit ihren guten Kontakten vielleicht weiterhelfen könnte. Christina fand unsere Idee nicht schlecht und versprach, sich umzuhören und mit ein paar Leuten zu reden. Aber wir mussten Geduld haben, das wurde uns rasch klar.

Danach sollte es in den Süden Kalimantans gehen. Ich wollte für meinen geplanten Essayband unbedingt die berühmte Orang-Utan-Forscherin Biruté Galdikas in ihrem Camp Leakey treffen, das sie nach ihrem Förderer, dem bekannten amerikanischen Anthropologieprofessor Louis Leakey, benannt hatte. Aus seinem Stall stammten auch die später ermordete Berggorilla-Forscherin Dian Fossey und die Schimpansen-Forscherin Jane Goodall. »Ich unterstütze jeden, der weiß, was er will, und bereit ist, es auch wirklich zu tun«, war Leakeys Credo.

Dass es ausgerechnet drei Frauen waren, die die Erforschung der großen Menschenaffen prägten und vorantrieben, hatte aber noch einen anderen Grund: Louis Leakey war fest davon überzeugt, das Frauen besser beobachten können als Männer. Seiner Meinung nach sind Frauen scharfsinniger, erkennen besser Einzelheiten, die auf den ersten Blick unwichtig erscheinen mögen. Zudem sind sie seiner Ansicht nach geduldiger und lösen bei männlichen Primaten weniger Aggressionsverhalten aus als Männer.

Ich hatte Biruté Galdikas' Buch *Meine Orang-Utans. Zwanzig Jahre unter den scheuen »Waldmenschen« im Dschungel Borneos* innerhalb von zwei Tagen regelrecht verschlungen. Sie war mit einem Eingeborenen verheiratet, und vieles, was sie über ihn schrieb, erinnerte mich an Chef. Aber da war noch etwas anderes, das mich an dieser Frau faszinierte: Sie hatte unter schwierigsten Bedingungen ihren Lebenstraum verwirklicht und mit unendlich viel Geduld und Feingefühl ein Verhältnis zu den wunderbaren Tieren aufgebaut, für das sie mit großer Weisheit und tiefem Verständnis – auch für die menschliche Natur – belohnt wurde. Vor allem ein Passus ging mir nicht mehr aus dem Kopf: »Diese Menschenaffen leben seit zahllosen Generationen die größte Zeit als Einzelgänger unter dem Blätterdach des feuchten, dunklen Waldes. Sie haben es nicht nötig, wie Schimpansen, Gorillas und vor allem die Menschen ihre Beziehungen fortdauernd auf die Probe zu stellen und zu bestätigen. Fünfzehn Jahre hatte es gedauert, bis ich begriff, dass für einen Orang-Utan eine einmal eingegangene Bindung auf immer Bestand hat.«

Doch aus unserem Besuch bei Biruté Galdikas sollte nichts werden. Die Grenzen nach Kalimantan waren bei unserem Eintreffen in Kuching geschlossen worden. Blutige Unruhen waren dort ausgebrochen. Noch zweimal versuchten wir in den nächsten Wochen, zu der Forscherin vorzudringen – erfolglos. Das eine Mal war die Grenze wegen einer Malariaepidemie im Norden Kalimantans dicht, das andere Mal verhinderten Überschwemmungen die Weiterreise.

Da wir nicht zu Biruté Galdikas konnten, wollten wir

zumindest noch einmal den Orang-Utans im Semenggoh Wildlife Centre einen Besuch abstatten. Die Station wurde im Wechsel von Orang-Utang-Forschern, häufig auch aus dem Ausland, geleitet. Jetzt stand ihr Manabu Onuma vor, ein zweiunddreißigjähriger Wissenschaftler aus Japan. Chef kannte ihn, und er erzählte uns gleich bei unserer Ankunft, dass erst vor wenigen Tagen ein Orang-Utan-Baby aufgenommen worden sei. Es befand sich in Quarantäne bei den Stationshäusern, weitab von den Besucherwegen. Denn für das Auswildern von Orang-Utans ist es wichtig, dass sie nur mit ihren Pflegern in Kontakt kommen. Je mehr Menschen sie treffen, je mehr sie sich an diesen Umgang gewöhnen, in desto weitere Ferne rückt das Leben in der Freiheit.

Ich wusste das, aber trotzdem konnte ich mich nicht zurückhalten. Ich wollte das Baby unbedingt sehen. Und tatsächlich brachte Manabu Onuma uns zu dem kleinen Tier. Es hockte ganz zerzaust mit traurigen Augen in einem Käfig und spielte mit einer blauen Plastiktasse.

»Darf ich es einmal auf den Arm nehmen?«, fragte ich wider besseres Wissen den Japaner.

Er schaute mir in die Augen, und ich spürte, wie er mit sich rang. Ich machte mir schon keine großen Hoffnungen mehr, als er schließlich sehr ernst sagte: »Ja, aber nur kurz.«

Ich wusste, welch große Geste das war und wie schwer dem Wissenschaftler diese Entscheidung gefallen war.

Er öffnete den Käfig, hob das Orang-Utan-Baby heraus und legte es mir in die Arme. Sein Fell, das so weich aussah, war hart, fast stachelig. Und dann schaute mir das Kleine in die Augen. Es war einer der wunderbarsten und ergreifendsten Momente in meinem Leben. »Beim Blick in die

Augen eines Orang-Utans sehen wir, wie durch eine Reihe von Spiegeln, ein Bild unserer eigenen Seele und einen Garten Eden, der einst der unsre war. Und manchmal, ganz flüchtig, aber mit erschütternder Intensität, erkennen wir, dass es keine Trennlinie gibt zwischen uns und der Natur. In solchen Augenblicken schauen wir das Auge Gottes«, hatte Biruté Galdikas geschrieben.

»Jetzt muss das Baby aber wieder in den Käfig zurück.« Mit diesen Worten riss mich Manabu Onuma aus meiner Versunkenheit. Liebevoll nahm er den Kleinen und setzte ihn in den Käfig zurück. Dort starrte er einige Sekunden vor sich hin und spielte dann weiter mit seinem Becher. Ein trauriges, einsames Waisenkind, auf das mit Hilfe der Menschen hier vielleicht eine schöne Zukunft in Freiheit unter dem Blätterdach der Urwaldriesen wartete.

Wir flogen auch noch einmal nach Mulu. Mein Traum war, nach unserer Rückkehr aus Deutschland zu nicht sesshaften Penan tief im Dschungel zu trecken. Doch dafür brauchten wir einen Penan als Führer, der wusste, wo im Regenwald sich diese scheuen Menschen gerade aufhielten. Wir trafen dafür einen Freund von Chef aus der Penan-Siedlung am Melinau River, der sich bereit erklärte, uns später zu begleiten. Es würde ein Treck über mehrere Wochen werden.

Dieser Aufenthalt in Mulu war schön wie mein letzter und doch anders. Wir wohnten nicht im »Royal Mulu Resort«, sondern in einem Chalet des Nationalparks. Und Chef führte mich in seine Welt, die für Touristen verschlossen ist. Abends besuchten wir Penan-Familien in ihren Holzhütten am Fluss. Chefs Stiefeltern waren, wie bei halb sesshaften Penan üblich, im Dschungel unterwegs. Dafür zeigten mir die Frauen, wie man die Armreifen aus Baumrinde, die am nächsten Morgen zum Verkauf angeboten wurden, mit kleinen Mustern verzierte. Ich saß mit ihnen auf dem Fußboden, über den kleine Kakerlaken huschten, hielt einen dünnen, spitzen Holzstab in die Flamme einer Kerze und zeichnete mit der glühenden Spitze Muster in die Armreifen. Mal kleine Punkte, mal Striche oder Kreise. Es waren ruhige, friedliche Stunden.

Wir trafen Serian wieder, und Chef brachte mich auch zu den Rettungsrangern, die in den Quartieren des Nationalparks lebten. Einer von ihnen war sein enger Freund Jeffrey, der ein großes Spinnennetz-Tattoo auf der rechten Schulter hatte. Es waren schweigsame, Fremden gegenüber verschlossene Männer, Eingeborene, die im Dschungel zu Hause waren, drahtig und fähig, ein Mehrfaches ihres Eigengewichts zu tragen. Sie waren bei Unfällen zur Stelle und machten sich in der tiefschwarzen Dschungelnacht, in der ich nicht die Hand vor den Augen sehen konnte, auf die Suche nach vermissten Touristen, deren Namen am Abend auf der Liste der Nationalparkbesucher nicht gestrichen waren. Denn es passierte immer wieder, dass sich jemand von der geführten Gruppe unbemerkt entfernte und sich dabei verlief. Egal, wo die Person umherirrte – die Rettungsranger fanden sie. Wie, das wird mir immer ein Rätsel bleiben.

An einem Nachmittag, wir waren während eines kleinen Trecks auf einem schmalen Pfad unterwegs, blieb Chef plötzlich stehen und hielt mich fest.

»Was ist los?«, fragte ich.

»Komm mit, aber bleib dicht bei mir«, wies er mich an.

Dann nahm er mich bei der Hand und zog mich langsam auf eine Stelle im Dickicht zu.

»Sieh mal dort!« Er deutete auf einen Ast in Brusthöhe.

Und dann sah ich sie: eine Schlange, nur noch zwanzig Zentimeter von mir entfernt. Ich blieb wie angewurzelt stehen, aber nicht vor Schreck, sondern überwältigt von der Schönheit des Reptils. Es war eine Grüne Viper. Giftig. Sie lag hingegossen da wie eine Diva auf einer Récamiere. Ganz entspannt, elegant. Ich sah den spitz zulaufenden Kopf, die Augen, die Haut in schimmerndem kräftigen Hellgrün und dachte: ›Was für ein wunderschönes, edles Tier.‹ Ich hatte keine Sekunde Angst, nur Respekt.

Chef beobachtete gleichzeitig mich und die Grüne Viper.

»Du kannst sie ruhig streicheln, wenn du willst. Sie ist vollgefressen und tut nichts.«

Aber eine Giftschlange im Dschungel zu kraulen erschien mir dann doch zu gewagt. Dafür strich Chef ihr sanft über den Rücken. Die Grüne Viper blickte kurz zu ihm hoch, gerade so, als ob sie die zärtliche Berührung genösse. Es war ein verzauberter Moment.

Wir unternahmen noch eine dritte Reise, und das sollte für viele Jahre meine letzte auf Borneo sein, ohne dass ich das damals ahnte. Roslan hatte eine Bekannte in Kota Kinabalu, der Hauptstadt des benachbarten malaysischen Staates Sabah. Conny war Chinesin, lebte mit Andy, einem Engländer, zusammen und hatte beste Kontakte zu den Rungus. Dieser Stamm lebt auf einer der Nordspitzen Sabahs, die wie Halbinseln ins Südchinesische Meer ragen. Wir flogen mit Roslan nach Kota Kinabalu, um Conny und Andy zu besuchen und mit ihnen zu den Rungus zu fahren.

Conny und Andy holten uns vom Flughafen ab. Sie war eine kleine, zierliche, hübsche Frau, schätzungsweise Ende zwanzig. Er war fast eins achtzig, blond, schlank und hatte ein markantes, freundliches Gesicht. Andy war in meinem

Alter, ein Aussteiger, der von den Mieteinnahmen seines Hauses in London lebte. Beiden ging es finanziell nicht schlecht. Conny hatte sich gerade eine große Eigentumswohnung in einem Neubaukomplex gekauft, der von Sicherheitskräften bewacht wurde. Da in der Wohnung noch die Maler waren, übernachteten wir in Connys gemietetem hölzernen Stelzenhaus in einem chinesischen Kampong, das sie sich als Wochenendresidenz hielt. Die Wände waren mit Batiktüchern dekoriert, auf deren rotem Grund dunkle Delphine schwammen. An den Fenstern hingen Windspiele, die bei jedem leichten Luftzug zart klimperten. Rote Lampions tauchten die Räume in ein warmes, beschützendes Licht. Von der Küche führte eine Tür ins Badezimmer, das zwar überdacht, aber an den Seiten ab Schulterhöhe offen war. Beim Duschen blickte man so auf die Gärten der Nachbarhäuser.

Von der ersten Minute an war es, als würden wir Conny und Andy schon seit Jahren kennen. Sie waren weltoffen, herzlich und hatten einen guten Humor. Als wir am Abend zusammensaßen, schaute kurz ein etwa neunzehnjähriger Chinese herein, mit dem sich Conny auf Chinesisch unterhielt. Dann verschwand er wieder.

»Das war mein Sohn«, erklärte sie.

»Dein Sohn?«, fragte ich verdutzt und rechnete aus, dass sie dann bei seiner Geburt zehn Jahre alt gewesen sein musste. »Wie alt bist du denn?«, fragte ich sie.

»Neununddreißig«, antwortete sie lachend. Ich war sprachlos. Wie schaffte es diese Frau, kaum zu altern? Vielleicht lag es an ihrer Lebenseinstellung: Conny ging, wie ich später feststellte, jeden Tag mit Optimismus und Elan an. Für sie war das Leben eine große bunte Bonbonniere, voller süßer Überraschungen. Und sollten sich doch mal ein paar saure Drops daruntergemischt haben, dann wurden sie schnell geschluckt.

Chef, Roslan und ich verbrachten die Nacht in unseren Schlafsäcken auf dem Wohnzimmerboden. Das leise Klingeln der Windspiele mischte sich mit den gedämpften Stimmen, die aus dem Nachbarhaus herüberdrangen, und dem Klacken von Mah-Jongg-Steinen und Würfeln. Bis kurz nach drei gab man sich dort dem alten chinesischen Spiel hin, das man von den Regeln her als eine Variante des Kartenspiels Rommé beschreiben könnte. Nur dass statt Spielkarten chinesische Spielsteine, Ziegel genannt, benutzt werden.

Am nächsten Morgen brachen wir mit Connys rotem Pick-up zu den Rungus auf. Anders als bei den Iban, wohnt bei den Rungus nicht eine ganze Dorfgemeinschaft unter einem Dach. Sechs bis acht Familien, meist aus derselben Linie, teilen sich ein Haus im Langhausstil, wobei ein gesondertes als Gemeinschaftshaus dient. Hier spielt sich wie auf der *ruai* bei den Iban das öffentliche Leben ab, hier trifft man sich für Beratungen. Es ist quasi Rathaus und Boulevard in einem.

Bei unserer Ankunft saß eine alte Frau am Eingang und blies mit der Nase eine Querflöte aus Bambus. Eine sehnsuchtsvolle, heisere Melodie, die für mich wie aus einer anderen Welt und aus anderen, längst vergangenen Zeiten klang. Die Frau trug die Stammestracht der Rungus: einen schwarzen, bis über die Brust gewickelten Sarong, dessen Kanten eine schmale bunte Borte zierte, die auch noch einmal quer über den Sarong verlief. Um ihre Arme wickelten sich spiralförmig vom Handgelenk bis unter die Ellbogen goldene Metallreifen.

»Nur Frauen spielen Flöte«, erklärte mir Chef. »Aber es

ist mehr als Musik. Die Melodien sind Botschaften an den geliebten Mann. Sie bedeuten: ›Ich liebe dich.‹ Oder: ›Ich vermisse dich.‹ Oder: ›Wann kommst du zu mir?‹ Und noch vieles mehr. Der Mann antwortet mit Gesang.«

Am späten Abend saßen Chef und ich auf einer Bank vor dem Gemeinschaftshaus. Der Vollmond schien durch die mächtigen Baumwipfel und tauchte die Landschaft in ein milchiges Traumlicht. Über Stunden hinweg erklang, begleitet vom Orchester der Zikaden, aus einem der Häuser der Gesang einer Frau. »Es ist eine schöne Frau da, und ich bin so hässlich«, sang sie. Es war ein klagendes, trauriges Lied, ohne vorgeschriebenen Text. Die Gedanken wurden in Melodien gekleidet, die schon Generationen zuvor in sich trugen. Ein Mann antwortete. Tröstend sang er immer wieder: »Mutter, Mutter.«

»Er nennt sie Mutter, weil sie die Mutter seines Haushalts wird. Es ist eine liebevolle, respektvolle Anrede«, sagte Chef leise zu mir.

Am nächsten Tag heirateten die beiden. Ich fragte die Frau, warum sie in der Nacht gesungen habe. Sie konnte sich an nichts erinnern. Niemand hatte sich in der Nacht an dem Gesang gestört. Was tief aus der Seele kam, wurde hier respektiert.

Drei Tage blieben wir bei den Rungus. Auf der Rückfahrt nach Kota Kinabalu machten wir kurz Station in Kudat, einer Küstenstadt. Von der Kaimauer aus blickte man auf vorgelagerte Inseln, die zu Malaysia gehörten. Dahinter begannen die Philippinen.

»Können wir nicht ein Boot mieten und zu einer der Inseln fahren?«, fragte ich Chef.

»Nein, das geht nicht«, erwiderte er bestimmt. »Das ist zu gefährlich!«

»Wieso?«

»Da legen philippinische Piraten an«, erklärte er mir. »Die könnten dich entführen und Lösegeld erpressen. Einmal habe ich Touristen für ›Tropical Adventure‹ nach Sipadan gebracht. Das ist eine Insel in der Sulusee vor der Ostküste Sabahs. Abends kamen die Piraten mit ihren Schnellbooten. Lautlos. Plötzlich waren sie da. Männer mit glänzender, dunkelbrauner Haut, wie sie nur jemand hat, der viel in der Sonne auf dem Meer unterwegs ist. Sie tranken und aßen etwas, bezahlten und verschwanden wieder. Danach habe ich zu Richard Hi gesagt, dass ich nie wieder Touristen auf die Inseln bringen würde. Noch kommen die Piraten nur und schauen sich um, beobachten. Aber eines Tages werden sie Touristen entführen.«

Nur gut ein Jahr später, am 23. April 2000, wurden zweiundzwanzig Touristen und Hotelangestellte eines auf Tauchurlaub spezialisierten Resorts auf Sipadan von vermummten und mit Maschinengewehren bewaffneten Entführern der Rebellengruppe Abu Sayyaf auf die philippinische Insel Jolo verschleppt. Erst Monate später, nach Zahlung eines Lösegelds in Höhe von mehreren Millionen US-Dollar, kamen sie frei, darunter auch die aus Göttingen stammende Familie Wallert.

Ein Amerikaner und seine Frau entkamen allerdings der Entführung. Der Mann war Vietnamveteran, ihn konnte offenbar nicht mehr viel schrecken. Obwohl die Entführer drohten, ihn zu erschießen, weigerte er sich einfach mitzugehen. Die Abu-Sayyaf-Rebellen ließen ihn und seine Frau tatsächlich zurück. Wahrscheinlich wollten sie sich nicht länger mit dieser störrischen Person aufhalten und sagten sich, dass sie genug Menschen in ihrer Gewalt hatten – auf zwei mehr oder weniger kam es nicht mehr an.

Zwischen unseren Reisen waren wir immer für einige Tage in Miri. Aber auch jetzt, als wir aus Sabah zurückkehrten, blieb uns nicht viel Zeit in unserem Heim. In zehn Tagen würden wir nach Deutschland fliegen. Dann war meine Aufenthaltsgenehmigung endgültig abgelaufen.

Vier Tage vor unserer Abreise war ich mit Corliss Chang, einer chinesischen Bekannten, verabredet. Sie hatte mir von einem alten Chinesen in Miri erzählt, von dem sie sich immer die Zukunft voraussagen ließ. Auch andere unserer chinesischen Freunde suchten regelmäßig seinen Rat. Ich hatte mich bei all meinen Aufenthalten in Asien immer von diesen »fortune tellers« ferngehalten, die vor allem in Singapur und Hongkong an jeder zweiten Ecke ihre Dienste anbieten. Bei mir mischte sich Misstrauen mit Angst vor dem, was mir vorausgesagt werden könnte. Ich wollte unbelastet in meine Zukunft blicken. Doch dieser alte Chinese interessierte mich – allerdings nur in Hinblick auf meinen geplanten Essay-Band. Ich hatte Corliss deshalb gebeten, sie bei ihrem nächsten Besuch begleiten zu dürfen.

Corliss holte mich mit ihrer Freundin Annie ab, ebenfalls eine Chinesin. Eine unbefestigte, mit tiefen Schlaglöchern übersäte Straße aus Lehm und Schotter führte zu seinem Haus am Rande von Miri, einem weißen Flachbau mit Terrasse. Ich war froh, dass wir dort ohne Achsenbruch ankamen.

Der alte Chinese erwartete uns schon vor dem Haus. Er trug hellbeige Shorts und ein kurzärmeliges Hemd. Ich schätzte ihn auf Ende siebzig. Er hatte das Gesicht eines Asketen, voller Weisheit und innerer Ruhe. In dem Moment, als ich ihn sah, fühlte ich mich auf seltsame Weise zu ihm hingezogen, ja, mehr noch, ich hatte Vertrauen zu ihm. Gleich nach der Begrüßung erklärte ich Corliss, dass auch ich mir die Zukunft voraussagen lassen wollte. Sie schaute mich überrascht an. »Aber das wolltest du doch auf keinen Fall!«

»Jetzt habe ich meine Meinung geändert«, antwortete ich. »Ich kannte den Mann vorher ja nicht.«

Corliss übersetzte dem Chinesen, der kein Englisch sprach, meinen Wunsch. Der Alte nickte lächelnd. Dann führte er uns ins Haus. Wir setzten uns an einen kleinen Holztisch, der mit einer Seite an der Wand stand. Auf ihm lagen uralte, vergilbte Bücher. »Die sind seit Generationen in meiner Familie«, erklärte er. »Sie sind Hunderte von Jahren alt und wurden aus China mit hierhergebracht. Mit Hilfe dieser Bücher kann ich das Leben der Menschen berechnen. Schon mein Vater, mein Großvater, mein Urgroßvater und andere meiner Vorfahren sagten die Zukunft voraus. Das Wissen darüber wurde von Generation zu Generation weitergegeben. Nur mein Sohn will damit nichts zu tun haben.«

Ich kam als Erste dran. Der alte Mann wollte Datum und Uhrzeit meiner Geburt wissen. Dann klebte er mehrere DIN-A4-Blätter an der Querseite aneinander und kritzelte sie konzentriert mit chinesischen Schriftzeichen voll. Dabei schlug er immer wieder in den Büchern nach. Annie, Corliss und ich saßen schweigend dabei.

Nach etwa einer Stunde war er fertig. Er blickte mich aufmerksam und wissend an. Dann begann er, mir in Intervallen von jeweils fünf ganzen Jahren mein Leben zu erzählen, angefangen bei meinem ersten Lebensjahr. Alles, was er sagte, stimmte. Corliss übersetzte und erklärte mir hin und wieder etwas. »Wenn Chinesen von Glück sprechen«, erläuterte sie beispielsweise, »dann verstehen sie darunter Reichtum und Gesundheit.«

Als der Alte bei dem Lebensabschnitt vierzig bis Ende

vierundvierzig ankam, stockte er. Es war das Intervall, in dem ich mich gerade befand: Ich war dreiundvierzig. Er schaute mich irritiert und sorgenvoll an, und ich hatte den Eindruck, dass er diese Zeit lieber übersprungen hätte, ohne mir zu sagen, was mich erwarten würde.

»Sag ihm bitte, dass ich wissen will, was er sieht«, bat ich Corliss.

»Du wirst nur noch ein Dach über dem Kopf haben«, übersetzte Corliss.

Der Chinese schwieg für einige Sekunden und blickte mir beunruhigt in die Augen. Und noch etwas teilte er mir mit: »Du wirst im nächsten Jahr heiraten.« Bei dieser Zeitangabe hielt er sich an den chinesischen Kalender, nach dem bald ein neues Jahr beginnen würde. »Und du wirst auch Mutter werden.«

Dann fuhr er fort: fünfundvierzig bis neunundvierzig, fünfzig bis vierundfünfzig und so weiter, bis siebzig. Immer war es das Gleiche: viel Arbeit und Glück. »Mit siebzig solltest du mit dem Arbeiten aufhören«, riet er mir. »Dann solltest du dich, bis du vierundsiebzig bist, entspannen und erholen. Du kannst fünfundachtzig Jahre alt werden, und wenn du sehr wohltätig bist, sogar noch älter.«

Das hörte sich alles nicht schlecht an – bis auf die Sache mit dem Dach über dem Kopf. Sollte der alte Mann recht behalten, so würden mir in Kürze nicht gerade angenehme Zeiten bevorstehen. Aber ich beschloss, mich deswegen nicht verrückt zu machen. Das waren schließlich ungelegte Eier.

Als Nächste war Annie an der Reihe.

»Komm mit ans Licht«, sagte der Chinese und führte sie zur geöffneten Terrassentür. »Ich will noch mal deine Augen sehen.«

Annie nahm ihre Brille ab, und der Alte schaute sich intensiv ihre Augen an.

»Du musst dir keine Sorgen mehr machen«, erklärte er schließlich. »Dein Vater ist über den Berg, und deine Mutter kommt in den nächsten Tagen aus dem Krankenhaus.«

Annie lächelte glücklich und bedankte sich. Als sie meinen fragenden Blick sah, klärte sie mich auf. Als sie vor sechs Wochen bei dem Chinesen gewesen war, hatte er sich auch ihre Augen angesehen.

»Du musst dir in den nächsten Wochen viel Zeit für deine Eltern freihalten«, hatte der Alte ihr geraten. »Sie werden beide erkranken. Zuerst dein Vater. Er wird mit dem Tod ringen. Kurz danach wird es auch deiner Mutter schlecht gehen, allerdings nicht so schlecht wie deinem Vater.«

Und genau so war es gekommen. Annies Vater wurde nur eine Woche später ins Krankenhaus eingeliefert, und niemand konnte sagen, ob er überleben würde. Zwei Wochen später lag auch Annies Mutter in der Klinik.

Aber wie konnte der Chinese all das an Annies Augen ablesen? »In den Augen der Kinder spiegelt sich das Leben der Eltern«, erklärte Annie.

Auch Corliss war mit dem, was sie hörte zufrieden. Bei ihr ging es um beruflichen Erfolg, und da winkte ihr viel »Glück«.

Beim Abschied überreichte jede von uns dem alten Mann kleine rote Papiertütchen mit Geld. Jeder gab so viel, wie er für angemessen hielt. Denn der alte Chinese verlangte keine Bezahlung, gleichwohl erwartete er sie. Allein schon aus Respekt vor seiner Person und seinem Wissen.

Chef erzählte ich nur die guten Voraussagen. Die Geschichte mit dem Dach über dem Kopf behielt ich für mich.

In den nächsten Tagen waren wir mit Packen beschäftigt. Roslan würde während unserer Abwesenheit das Haus hüten.

»Gut, dass wir wieder weg sind«, sagte Chef am Abend vor unserer Abreise zu mir. »Ich habe oft Angst in diesem Haus.«

»Wieso?«, fragte ich überrascht.

»Ich bin doch Muslim. Und als Muslim darf ich nicht unverheiratet mit einer Frau zusammenleben. Deshalb habe ich immer Sorge, dass die Religionspolizei davon erfährt und eines Tages vor der Tür steht.«

»Und was passiert dann?«

»Je nachdem, wie das Scharia-Gericht entscheidet, komme ich bis zu drei Monate ins Gefängnis. Oder bekomme Peitschenhiebe auf den Rücken. Vielleicht sogar beides.«

»Kommen uns deshalb deine Eltern nie besuchen?«

Chef nickte.

Ich war erschüttert und entsetzt. Mir war es nie in den Sinn gekommen, dass unser Zusammenleben mit den Gesetzen des Landes kollidieren könnte. Zwar ist Malaysia ein modernes und demokratisches Land, doch der Islam ist Staatsreligion. Und Muslime müssen sich deshalb an die Gesetze des Islam halten.

»Das ist auch gut so«, erklärte mir Chef. »Jeder Muslim auf der Welt kennt sie und sollte sie akzeptieren. Denn sie sorgen, weise angewendet, dafür, dass die Menschen in Frieden miteinander leben können. Schwere körperliche Strafen gibt es nur bei großen Vergehen, wie beispielsweise Ehebruch, Diebstahl, Verleumdung und Mord.«

»Und was würde mit mir passieren, wenn die Religionspolizei aufkreuzen sollte?«, erkundigte ich mich.

»Nichts. Du bist Ausländerin und keine Muslimin. Du musst dich nicht an die Vorschriften des Islam halten. Die gelten auch nicht für malaysische Staatsbürger, die Christen, Buddhisten oder Hindus sind.«

Chefs Eltern und Geschwister sowie seine Schwägerin Noe begleiteten uns zum Flughafen. Vor allem seine Mutter war aufgeregt, dass ihr Sohn nach Europa reiste. Aber in spätestens zwei Monaten, vielleicht sogar schon eher, würden wir wieder zurück sein. Dachten wir.

Rückkehr und Abschied

Als wir in Berlin-Tegel landeten, war es Februar, und es schneite. Gabi holte uns vom Flughafen ab. Umsichtig, wie sie war, hatte sie dicke Steppjacken für Chef und mich mitgebracht.

Kaum hatten wir das Flughafengebäude verlassen, ließ Chef seinen Koffer fallen und sprang auf einen Schneehaufen. Er freute sich wie ein Kind über den Schnee, nahm ihn in die Hände und warf ihn die Luft, sodass er wie Konfetti auf ihn niederrieselte. Dann streckte er die Handflächen aus und beobachtete fasziniert, wie sich die kleinen Eiskristalle in der Wärme in Wasser verwandelten. Schnee ist für Menschen aus den Tropen das Exotischste, was Europa zu bieten hat. Über eine Viertelstunde mussten Gabi und ich warten, bis Chef sich ein wenig beruhigt hatte und bereit war, in den Wagen zu steigen.

Auf dem Weg zu meiner Wohnung machten wir einen kleinen Umweg, fuhren über die Straße »Unter den Linden« und am Brandenburger Tor vorbei. Ich freute mich, dass ich diesmal die Führerin war und Chef meine Stadt zeigen konnte – und meine Wohnung. Ich ging mit ihm von Zimmer zu Zimmer, und was er sah, gefiel ihm.

Am nächsten Tag fuhren wir ins Augustinum. Chef sollte meine Mutter kennenlernen. Meinen Eltern hatte ich bisher nie einen meiner Freunde vorgestellt, außer dem, der später mein erster Mann wurde. Meine Mutter begriff deshalb, dass es mir mit dem Mann aus dem fernen Borneo ernst war. Und trotz aller Skepsis, mit der sie diese Verbindung betrachtete, hielt sie es wohl für angeraten, auf Chef freundlich zu reagieren und ihn zur Begrüßung einfach zu umarmen. Andernfalls, das wusste sie als kluge Frau, könnte das Verhältnis zwischen ihr und mir leiden. Und das wollte sie auf keinen Fall riskieren.

Wir fuhren zu unserem Lieblingsrestaurant im Grunewald. Meine Mutter und Chef saßen etwas angespannt am Tisch, während ich, ständig bemüht, die Atmosphäre aufzulockern, munter drauflosplapperte. Ich erzählte von dem Haus, das wir gemietet hatten, und zeigte Fotos von Miri. Gleichzeitig spielte ich die Dolmetscherin, da meine Mutter kein Englisch sprach.

Sie sah sich die Fotos an, eins nach dem anderen, und hielt dann bei einer Aufnahme inne: Es zeigte eine Holzhütte, deren Wellblechdach durch die Reflexion der Sonnenstrahlen weiß glänzte. Mit einem gespielt naiven Blick schaute sie mich an und fragte: »Liegt da etwa auch Schnee?«

»Mutti, was für eine blöde Frage. Natürlich liegt da kein Schnee. Da ist es affenheiß!« Ich wusste genau, dass sie der Hafer stach und dass sie mich auf die Palme bringen wollte. Aber irgendwie fiel ich immer wieder darauf rein und regte mich auf.

»Ach so«, antwortete meine Mutter und schüttelte erstaunt den Kopf, als würde sie das zum ersten Mal hören. Und dann legte sie mit dem Gesicht einer Nonne nach: »Wohnt ihr auch in so einer alten Holzhütte und fangt die Fische mit der Hand?«

Allein die Vorstellung war so komisch, dass ich laut lachen musste. Ich übersetzte Chef die Frage, und auch er amüsierte sich köstlich. Meine Mutter schaute uns an, grinste schelmisch – und von diesem Moment an war das Eis zwischen Chef und ihr gebrochen.

Als wir das Restaurant verließen, sagte sie zu mir: »Langsam fange ich an, mich an das fremde Gesicht zu gewöhnen.« Dann trippelte sie zu Chef, hakte sich bei ihm ein, lächelte ihn spitzbübisch an und ging an seinem Arm zum Wagen. Dort zeigte sie mit dem Finger auf sich und erklärte ihm: »Ich Hetty.«

Er tat es ihr nach und antwortete: »Ich Chef.«

Beide lachten, und meine Mutter tätschelte ihm die Wange.

Ich zeigte Chef Berlin. Wir gingen ins Pergamonmuseum, besichtigten den Dom, schlenderten über den Gendarmenmarkt und den Ku'damm. Außerdem lernte Chef meine Freunde und Bekannten kennen. Alle waren begeistert und fasziniert von ihm.

Einmal fuhr ich mit ihm am Axel Springer Verlag in der Kochstraße vorbei.

»Da werde ich in der nächsten Woche wegen meiner Artikel hingehen«, erklärte ich. »Dann muss ich für ein paar Tage nach Sankt Petersburg. Aber Gabi und die anderen werden sich gut um dich kümmern, wenn ich weg bin.«

Doch dazu sollte es nicht kommen. Denn ich war schwanger.

Ich hatte nicht mehr damit gerechnet, dass es klappen würde. Chef und ich hatten sogar schon mit dem Gedanken gespielt, später in Malaysia ein Kind zu adoptieren. Die Nachricht, dass ich ein Baby bekommen würde, war deshalb ein unfassbares Glück für uns.

»Darf ich den Namen aussuchen, wenn es ein Junge wird?«, fragte mich Chef aufgeregt.

»Von mir aus«, erwiderte ich lächelnd.

»Und wenn es ein Mädchen wird, dann suchst du den Namen aus, okay?«

»Okay.«

Dieses Arrangement fiel mir leicht, da ich sowieso das Gefühl hatte, dass wir eine Tochter bekommen würden. Und den Namen wusste ich ja schon: Bidaya, so wie ich es in Kuching geträumt hatte.

Zwei Tage nachdem wir wussten, dass ich schwanger war, schnitt ich mir abends eine frische Ananas auf.

»Was machst du da?«, fragte mich Chef entsetzt. »Du willst doch wohl jetzt keine Ananas essen?«

»Natürlich esse ich Ananas«, erwiderte ich erstaunt. »Warum auch nicht?«

»Weil du dann vielleicht das Baby verlierst«, rief Chef. »Bei uns essen Frauen Ananas, wenn sie ein Kind abtreiben wollen!«

»Quatsch«, erwiderte ich. »Ananas ist gesund und tut nichts.«

Dann setzte ich mich hin und aß.

Am nächsten Tag bekam ich Blutungen. In Panik fuhren wir ins Krankenhaus. Mein Arzt war sofort zur Stelle, untersuchte mich und behielt mich gleich da. Ich lag in einem Einzelzimmer und durfte nur die wenigen Schritte vom Bett zum Bad gehen. Zum Ultraschall am Ende des Ganges schob man mich in einem Rollstuhl. Doch mein Arzt machte mir Mut: »Sie verlieren das Kind nicht. Ich weiß, dass alles gut wird.«

Vor allem aber wusste er, dass die mentale Verfassung bei einer Risikoschwangerschaft von größter Bedeutung ist.

Und dass dies wohl die letzte Chance für mich war, in meinem Alter noch ein Kind zu bekommen.

Chef war fast immer bei mir. Er hielt meine Hand, sah mit mir fern oder saß still auf dem Stuhl, wenn ich schlief.

Nach fast drei Wochen wurde ich entlassen – mit der Anweisung, mich zu schonen, nicht viel herumzulaufen und nur wenig Treppen zu steigen.

Die Schwangerschaft hatte etwas in mir verändert, ohne dass ich es bemerkte. Vorher war ich eine logisch, strategisch und pragmatisch denkende Frau. Jetzt wurde ich nur noch von Emotionen beherrscht. Bei jeder Kleinigkeit fing ich an zu heulen. Im Drogeriemarkt, weil mein Lieblingsdeo ausverkauft war; im Auto, wenn mich jemand anhupte, weil ich nicht bemerkt hatte, dass die Ampel auf Grün umgesprungen war. Chef ertrug all das mit liebevoller Ruhe. Er tröstete und beruhigte mich und war stets bei mir.

Hinzu kam, dass ich nachts wach lag und nur noch tagsüber schlafen konnte. Der Arzt erklärte mir, dass dies eine seltene Art von Schwangerschaftsbeschwerden sei, die durch die Hormone ausgelöst würden. Dagegen könne man nichts machen. Also lag ich nachts vor dem Fernseher oder las ein Buch. Morgens gegen sieben machte mir Chef das Frühstück, danach ging ich ins Bett und stand am späten Nachmittag wieder auf.

Gut eine Woche, nachdem ich aus dem Krankenhaus entlassen worden war, brachte ich Chef dann doch aus der Fassung.

»Jetzt, wo wir ein Kind bekommen, müssen wir neu überlegen, wie wir unser Geld verdienen«, erklärte ich. »Touren für Touristen organisieren, das geht mit einem Kind nicht. Wir werden deshalb mit dem Geld, das ich habe, ein Restaurant eröffnen.«

»Ein Restaurant eröffnen?«, wiederholt er verdutzt.

»Ja, ein schönes Restaurant. Du bist schließlich ein begnadeter Koch, und ich kann auch ein bisschen mithelfen. Zum Beispiel kassieren und kellnern, wenn Not am Mann ist. So habe ich genug Zeit für unser Kind und kann vielleicht noch für deutsche Zeitungen aus Südostasien berichten.«

Chef schwieg einen Moment nachdenklich.

»Ein eigenes Restaurant war immer mein Traum. Aber wo sollen wir das machen?«

»In Miri natürlich.«

»In Miri? Das funktioniert da nicht. Das geht nur in Kuching oder Kota Kinabalu. In Miri gehen die Leute in Garküchen oder zum Chinesen, aber nicht in schöne Restaurants. Und wer Geld hat, isst in den Hotelrestaurants.«

Aber ich beharrte stur auf meinem Vorschlag. »Wenn wir unser Restaurant haben, gehen sie eben nicht mehr ins Hotel. Dann kommen sie zu uns. Ich will wieder nach Miri und nirgendwo anders hin. Da ist deine Familie, da sind unsere Bekannten, da fühle ich mich wohl.«

Chef merkte, dass mit mir nicht zu reden war, und gab nach. Aus Sorge um meinen Zustand wollte er nicht, dass ich mich aufregte.

Doch auch ohne weitere Aufregung kam es erneut zu Komplikationen. Wenige Tage später hatte ich wieder Blutungen. Wieder musste ich ins Krankenhaus, und wieder lag ich bis auf Weiteres in meinem Einzelzimmer. Nach drei Wochen ging es mir immer noch nicht besser. Der Arzt erklärte mir, dass das Einzige, was helfen würde, ein Verschließen des Gebärmuttermunds unter Vollnarkose sei. Danach, so hoffte er, würde ich keine Beschwerden mehr haben.

Einen Tag vor dem Eingriff musste Chef nach London, da seine Aufenthaltsgenehmigung abgelaufen war. Als Bürger eines Commonwealth-Landes konnte er problemlos nach England einreisen und sich dort sogar für ein halbes Jahr aufhalten. Zum Glück war zu dieser Zeit auch Andy, Connies Freund aus Kota Kinabalu, in London, um in seinem Haus nach dem Rechten zu sehen, und Chef konnte bei ihm wohnen. Nach einer Woche würde er erneut nach Deutschland einreisen und sich für ein weiteres Vierteljahr hier aufhalten können.

Der Eingriff verlief ohne Probleme, und nach einer Woche saß Chef wieder an meinem Krankenbett. Mein Zustand hatte sich stabilisiert, ich wurde wenige Tage später entlassen. Aber an einen Rückflug nach Malaysia war noch nicht zu denken.

»Sie müssen die nächste Zeit jede Woche zur Untersuchung kommen«, erklärte mir mein Arzt. »Erst wenn nach einem Monat keine neuen Komplikationen auftreten, können Sie fliegen. Außerdem muss noch eine Fruchtwasseruntersuchung gemacht werden, das empfiehlt sich bei Ihnen.«

Ich war einverstanden. Vor allem deshalb, weil, wie mir der Arzt erklärte, innerhalb der pränatalen Medizin viele Erkrankungen des ungeborenen Kindes schon im Mutterleib behandelt werden können.

Chef und mir war klar, dass in meinem Alter die Gefahr größer war, ein behindertes Kind zur Welt zu bringen, aber wir waren uns einig, dass dies für uns kein Grund für einen Schwangerschaftsabbruch sein würde. Schließlich kann man auch ein gesund geborenes Kind, das vielleicht später eine unheilbare Krankheit bekommt, nicht wieder zurückgeben. Egal, ob gesund oder krank – es würde unser Kind sein.

Ich war froh, endlich wieder zu Hause zu sein. Endlich konnte ich mich wieder frei bewegen, in Cafés in der Sonne sitzen und den Frühling genießen.

Und dann kam Chef mit einer überraschenden Mitteilung: »Wir müssen heiraten, bevor wir nach Malaysia zurückfliegen! Sonst bekommen wir größte Schwierigkeiten, weil du schwanger bist.«

Ich war sofort einverstanden. Schließlich hatten wir sowieso vor, irgendwann zu heiraten, allerdings auf Borneo. Jetzt würde es eben in Berlin sein.

»Wir können aber nicht nur nach deutschem Recht heiraten«, fuhr Chef fort. »Wir müssen das auch nach islamischem Recht machen, sonst wird unsere Ehe in Malaysia nicht anerkannt. Und dafür«, fuhr er zögernd fort und schaute mich forschend an, »musst du zum Islam übertreten. Denn Muslime dürfen in Malaysia nur mit Frauen ihres Glaubens die Ehe eingehen.«

Auch das stellte für mich kein Problem dar. Die großen Weltreligionen unterscheiden sich meines Erachtens in ihren Grundlagen nicht wesentlich voneinander. Sie alle basieren auf Nächstenliebe und ethischem Verhalten. Und ob ich den Schöpfer der Welt Gottvater oder Allah nannte, machte für mich keinen Unterschied. Außerdem war der Islam, den ich in Malaysia kennengelernt hatte, eine friedliche und freundliche Religion, die nichts mit dem Zerrbild, das bei uns gezeichnet wurde, gemeinsam hatte.

Für unsere Heirat mussten wir jede Menge Papierkram erledigen. Das Standesamt verlangte von Chef seine Geburtsurkunde und eine Ledigkeitsbescheinigung. Seine Eltern besorgten die Dokumente, schickten sie per Kurier zu uns nach Berlin, von dort aus gingen sie auf die gleiche Weise für die beglaubigte Übersetzung an die deutsche Botschaft nach Kuala Lumpur und wieder retour.

Über die malaysische Botschaft in Bonn erhielt Chef den Namen von Ismail, der sich um die Ausrichtung der Hochzeit nach islamischem Recht und um meinen Übertritt zum Islam kümmern würde. Ismail lebte mit seiner deutschen Frau und seinen beiden Kindern in Elmshorn bei Hamburg, und wir besuchten ihn, um die weiteren Details zu besprechen.

Als wir mit dem Zug in Hamburg ankamen, holte uns eine Gruppe von fünf Malaien vom Bahnhof ab. Wir fuhren in Ismails VW-Bus zu seinem Haus und wurden wie Ehrengäste bewirtet: *halal*-geschlachtetes Huhn, Saté-Spieße, Reis und Gemüse wurden aufgetischt, während wir das Datum für die Feierlichkeiten festlegten. Am Abend des 12. Juni 1999 würde erst mein Übertritt und gleich anschließend die Eheschließung nach islamischem Recht durch einen Imam erfolgen. Am nächsten Tag sollte dann die Hochzeitsfeier im traditionellen malaiischen Stil stattfinden. Auch um deren Organisation kümmerte sich Ismail. Wir hatten lediglich die Kosten für das Essen der Hochzeitsgesellschaft zu tragen, die, wie Ismail uns mitteilte, aus ein paar seiner malaiischen Freunde bestehen würde. Alles sollte in Ismails Haus stattfinden.

Zurück in Berlin, las ich mich in meine neue Religion ein, und Chef übte mit mir immer wieder die Sure 112 des Koran auf Arabisch, die ich bei meinem Übertritt aufsagen musste. Es war die *schahâda*, der Hauptsatz des islamischen Glaubensbekenntnisses: »*Aschhadu an lâ ilâha illâ Llâh, wa aschhadu anna Muhammad ar-rasûl Llah*« – ich bezeuge, dass es keinen Gott gibt außer Allah, und ich bezeuge, dass Mohammed sein Gesandter ist.

Aber so konfus, wie ich während meiner Schwangerschaft war, hatte ich die Sure am nächsten Tag immer schon wieder vergessen. Ich verzweifelte schier.

»Mach dich nicht verrückt«, tröstete mich Chef. »Der Imam weiß, dass du kein Arabisch kannst, und wird dir die Sure Silbe für Silbe vorsprechen. Das musst du dann nur wiederholen.«

Ich war ein wenig beruhigt. Das würde ich wohl noch hinkriegen.

»Du musst dir noch einen islamischen Namen ausdenken«, erklärte mir Chef. »Das wird dann dein Name als Muslimin sein.«

Eine Weile musste ich überlegen.

»Fatimah«, sagte ich schließlich. Etwas anderes fiel mir im Moment einfach nicht ein. Aber es war ein sehr schöner islamischer Name. Eine Tochter Mohammeds hieß so.

Für die Heiratsurkunde und die Übertrittsbescheinigung musste ich neue Passbilder machen lassen – mit Kopftuch, das meine Haare komplett verdeckte. Das würde ich auch bei den religiösen Zeremonien tragen müssen. Im KaDeWe suchte ich mir ein wunderschönes Seidencarré in Pastelltönen von Nina Ricci aus. Es war sündhaft teuer, aber zu meiner Hochzeit sollte es etwas Besonderes sein. Zudem hatte ich eine persönliche Beziehung zu dem französischen Modehaus: Robert Ricci, Sohn der Firmengründerin Nina Ricci und lange Zeit Patriarch des Unternehmens, hatte mir kurz vor seinem Tod sein letztes Interview gegeben. Er war damals Anfang achtzig, und ich mochte diesen alten, lebenserfahrenen und eleganten Mann sehr.

Es war ein sonniger Nachmittag im Jahr 1988, als ich Robert Ricci in seinem Pariser Büro in der Avenue Montaigne traf. Wir sprachen über sein Unternehmen, über Mode –

und über ihn. Er erinnerte mich an meinen Vater: die gleiche Statur, schlank und nicht sehr groß; das gleiche schmale, markante Gesicht; die gleichen gütigen Hände.

Irgendwie musste Robert Ricci gespürt haben, dass die junge Frau, die ihm gegenübersaß, in ihm mehr als eine Größe in der internationalen Modewelt sah. Plötzlich sagte er: »Wissen Sie, ich hatte ein wunderbares Leben. Ich habe von meiner Mutter eines der schönsten Modehäuser der Welt übernommen. Und ich habe mein ganzes Leben lang das machen dürfen, was mich am meisten ausfüllte. Wenn ich sterbe, kann ich sagen, dass ich alles, was ich mir gewünscht habe, bekommen habe.«

Das Seidencarré war deshalb für mich mehr als ein normales Tuch. Es war ein Symbol für ein glückliches Leben. Es passte zu meiner Hochzeit.

Bei einem großen Juwelier am Ku'damm suchten Chef und ich die Trauringe aus: einen schmalen Goldreif für mich und einen aus Weißgold für ihn, denn als muslimischem Mann war ihm das Tragen von Gelbgold nicht gestattet.

In diese Tage fiel ein besonderer Anruf. Am anderen Ende der Leitung war eine Mitarbeiterin des Robert-Virchow-Instituts, die mir das Ergebnis der Fruchtwasseruntersuchung mitteilte.

»Ihr Kind ist gesund«, sagte die Frau, und ich war wie benommen vor Erleichterung. »Wollen Sie immer noch wissen, was es ist?«

»Ja, auf jeden Fall«, antwortete ich.

»Es ist ein kleines Mädchen!«

Als ich den Hörer auflegte, begann ich zu weinen, vor Erleichterung und vor Glück. Stundenlang liefen mir immer wieder Tränen über das Gesicht.

»Es ist ein Mädchen!«, sagte ich schluchzend zu Chef.

»Und welchen Namen hast du dir ausgedacht?«, fragte er und nahm mich in den Arm.

»Bidaya.«

»Bidaya? Wie kommst du denn da drauf? Den Namen gibt es doch gar nicht!«

Und dann erzählte ich ihm meinen Traum. Chef hörte ernst zu.

»Wenn du diesen Namen geträumt hast, dann ist es gut, wenn wir unser Kind so nennen«, erklärte er. »Nur – der Name Bidaya hat keine Bedeutung!«

»Dann nennen wir sie eben noch Taibah, nach deiner Großmutter. Aber Bidaya wird der Rufname.«

Taibah bedeutete sowohl »Leidenschaft« als auch »Geduld«. Chef war einverstanden.

Für die Feierlichkeiten in Elmshorn hatten wir uns im Hamburger Hotel »Atlantic« einquartiert. Der damalige Direktor, den ich recht gut aus meiner Zeit in Sankt Petersburg kannte, gab uns eine Suite mit Alsterblick zum Sonderpreis, quasi als Hochzeitsgeschenk.

Ismail und seine Freunde holten uns am späten Nachmittag ab. Seine Frau, die etwas üppiger gebaut war, lieh mir einen Baju Kurung, Chef erhielt einen Baju Melayu, das traditionelle Männergewand mit weiter Hose, kragenlosem Hemd und einem bis zu den Knien reichenden Sarong. Dazu trug er einen Songkok, eine steife, hohe schwarze Velourskappe.

Dann erschien der Imam, ein Indonesier, begleitet von mehreren Männern und Frauen, die betend die Zeremonien begleiten würden.

Wir knieten auf dem Boden in Ismails Wohnzimmer. Zuerst wurde mein Übertritt vorgenommen. Es war ein würdiger Akt, bei dem mir, wie Chef vorausgesagt hatte, der Imam geduldig die Sure Silbe für Silbe vorsprach. Danach erfolgte feierlich die Eheschließung. Ismail fungierte als Stellvertreter meines Vaters, der mich meinem künftigen Ehemann übergeben musste. Zwei seiner Freunde waren die Trauzeugen.

Von jetzt an hieß ich in der islamischen Welt Fatimah, war Muslimin und mit einem muslimischen Dayak, einem Ureinwohner Borneos, verheiratet. Und das alles in Elmshorn.

Am nächsten Tag fand die eigentliche Hochzeitsfeier statt. Als wir bei Ismail ankamen, staunte ich: Das Wohnzimmer schmückten bunte Sarongs, die Möbel waren an die Wand gerückt. Nur zwei Korbsessel standen frei im Raum. Ismails Frau hatte einen fröhlich rot gemusterten Baju Kurung für mich bereitgelegt und begleitete mich zum Umziehen ins Schlafzimmer. Als besonderen Schmuck befestigte sie mir ein goldenes Diadem im Haar.

Dann musste ich in dem linken Korbsessel Platz nehmen. Chef war verschwunden. Was mich allerdings am meisten wunderte, war, dass sich in Ismails Haus und Garten mittlerweile rund achtzig Personen eingefunden hatten. Fast alle waren Malaien – Männer, Frauen und viele Kinder, alle festlich gekleidet. Einige waren sogar aus anderen Städten angereist. Es war skurril: Wir feierten unsere Hochzeit und kannten keinen der Gäste.

Dann hörte ich von der Straße näher kommenden Gesang, begleitet von Tamburinen. Chef wurde von mehreren Männern zum Haus geleitet. Als er das Wohnzimmer betrat, lächelte er mich so glücklich an, dass ich mir keine schönere Hochzeitsfeier hätte vorstellen können. Vorne in seinem um die Hüfte gebundenen Sarong steckte ein *kris*, ein in Malaysia und Indonesien verbreiteter Dolch. Er ist das Attribut des Kriegers und ein Zeichen für Männlichkeit. Traditionell wird er bei der Hochzeit vom Bräutigam getragen, der damit ausdrückt, dass er seine Familie verteidigen und beschützen wird.

Chef nahm im Sessel neben mir Platz. Unsere Hände mussten wir auf kleine Kissen legen, die auf unseren Knien ruhten. Die beiden Trauzeugen vom Abend zuvor bauten sich rechts und links von uns auf. Dann zog die ganze Hochzeitsgesellschaft an uns vorbei und gratulierte.

Es war ein herrlicher Sommertag, und wir saßen im Garten, in dem ein üppiges Büfett aufgebaut war. Auf einem mit Sarongs bedeckten Tapeziertisch standen jede Menge selbstgebackene Kuchen, und wir mussten einen roten als Hochzeitstorte anschneiden.

Bis zum Abend wurde gefeiert. Es war eine fröhliche, liebenswerte Gesellschaft, in der wir uns überhaupt nicht fremd fühlten. Wir notierten unzählige Telefonnummern von Leuten, die wir wahrscheinlich im Leben nie wiedersehen würden. Aber an diesem Tag mochte keiner daran denken, dass wir uns nur für das eine Fest getroffen hatten.

Bevor wir abreisten, fragte uns Ismail: »Wisst ihr eigentlich schon, ob ihr einen Jungen oder ein Mädchen bekommt?«

»Ja«, antwortete ich. »Es wird ein Mädchen.«

»Und wie soll es heißen?«

»Bidaya.«

»So ein bedeutungsvoller Name«, staunte Ismail.

»Und du hast gesagt, dass Bidaya nichts bedeutet«, sagte ich empört an meinen Mann gewandt.

»Das Wort *bidaya* kommt aus dem Arabischen«, klärte uns Ismail auf. »Es bedeutet: das Erste, der Anfang.«

Unsere standesamtliche Trauung am 1. Juli in Berlin, an Chefs Geburtstag, war weniger spektakulär, aber ebenfalls unvergesslich. Conny aus Kota Kinabalu war gemeinsam mit ihrem Freund Andy extra aus London gekommen. Am Abend feierten wir im kleinen Kreis in meiner Wohnung. Chef war schon morgens um fünf aufgestanden, um ein Büfett vorzubereiten, von dem locker vierzig Personen hätten satt werden können.

Als ich nach Mitternacht erschöpft und glücklich ins Bett fiel, glaubte ich, dass jetzt alles für unsere Rückkehr nach Borneo geregelt sei und wir einem ruhigen Leben entgegensehen könnten. Doch das war ein Irrtum, wie sich später herausstellen sollte.

Nach der Hochzeit begannen wir für Borneo zu packen. Mein Zustand hatte sich so weit stabilisiert, dass mein Arzt mir grünes Licht für den Rückflug gab – allerdings nur in der ersten Klasse, damit ich während des Fluges liegen konnte. Meine Freunde waren entsetzt, als sie hörten, dass ich die lange Reise nach Malaysia antreten würde, und wollten mich überreden, doch damit bis nach der Geburt zu warten. Doch ich war störrisch wie ein Maulesel. Ich wollte unser Kind unbedingt auf Borneo zur Welt bringen. Und dabei kam mir nicht für eine Sekunde in den Sinn, was passieren würde, wenn ich mit meinem verschlossenen Gebärmuttermund während des Fluges vorzeitige Wehen bekäme.

Stattdessen hatte ich meine Wohnung gekündigt und ein Umzugsunternehmen bestellt, das am 17. Juni, dem Tag unseres Abflugs, meine Möbel in einen Container verladen und nach Miri verschiffen würde. Vorher hatte ich noch den Großteil meiner Bücher, fast dreitausend an der

Zahl, an ein Antiquariat verkauft. Ich konnte mir nicht vorstellen, dass ich Heideggers späte sprachphilosophische Schriften oder die Gesamtausgaben von Nietzsche oder Kierkegaard in meinem neuen Leben noch brauchen würde. Auch meine gesamte Winterkleidung brachte ich bis auf einige Teile, die ich für spätere Deutschlandbesuche aufbewahrte, in einen Secondhand-Laden. Mein Auto behielt ich und stellte es bei einem Bekannten ab. So würde ich bei Ausflügen in meine alte Heimat mobil sein. Eine wichtige berufliche Sache hatte ich noch zu erledigen. Ich traf mich mit Dr. Döpfner und schlug ihm vor, für die *Welt* und die *Welt am Sonntag* als Pauschalistin aus Südostasien zu berichten. Er war einverstanden und setzte sich mit Kai Diekmann, der inzwischen die *Welt am Sonntag* als Chefredakteur übernommen hatte, in Verbindung. Kai Diekmann kannte ich noch aus meiner Zeit in München. Beide kamen rasch überein, die Kosten für meine Pauschale zwischen der *Welt* und der *Welt am Sonntag* zu teilen.

So saß ich am 16. Juli zufrieden in der Ersten Klasse von Malaysia Airlines, als die Maschine in Frankfurt Richtung Kuala Lumpur abhob. Chef hatte ein Ticket für die Economy-Class, doch als die Stewardessen mitbekamen, dass er zu der Schwangeren in der nahezu leeren Luxusklasse gehörte, durfte er fast den ganzen Flug bei mir verbringen.

Die Reise brachte ich gut hinter mich, obwohl ich den Weiterflug von Kuala Lumpur nach Miri im Stehen verbrachte. Zu sehr schmerzte und spannte mein Bauch beim Sitzen. Aber unser Kind überstand die Reise bestens, wie das Ultraschallbild zeigte, das wir gleich nach unserer Ankunft in Miri machen ließen.

Roslan erwartete uns in unserem Haus, und auch Chefs Eltern waren froh, dass wir wieder in Miri und verheiratet waren, sodass sie nicht mehr in ständiger Furcht vor der Religionspolizei leben mussten. Ich ließ mich erschöpft auf eines der Sofas in ihrem Wohnzimmer fallen, und Taibah nahm sofort neben mir Platz. Sie lächelte vergnügt und krächzte mir mit ihrer heiseren Stimme etwas zu. Dann wurde sie ernst und strich mir mit der Hand langsam und konzentriert über den Bauch. Chef und seine Eltern beobachteten uns gespannt. Nach einigen Minuten ließ Taibah ihre Hand auf meinem Bauch ruhen und verkündete etwas, was ich nicht verstand. Alle lächelten glücklich.

»Was hat deine Großmutter gesagt?«, fragte ich Chef.

»Dass es ein Mädchen wird«, antwortete er.

Ich war fassungslos. Wie konnte die alte Frau das, was sonst nur durch komplizierte Laboruntersuchungen festgestellt wurde, innerhalb weniger Minuten mit der Hand erkennen?

»Meine Großmutter ist eine bekannte Heilerin und Hebamme«, klärte mich Chef auf. »Aus ganz Sarawak kamen die Leute, um sich von ihr behandeln zu lassen. Oft reisten Frauen vor der Entbindung an, weil sie unbedingt mit ihrer Hilfe das Kind zur Welt bringen wollten.«

Bis zum Entbindungstermin ging ich alle zwei Wochen zu Dr. Mattu, dem besten Gynäkologen Miris, zum Ultraschall. Und immer, bevor ich ihn aufsuchte, schaute ich bei Taibah vorbei. Sie strich mit den Händen leicht über meinen Bauch und sagte mir dann ganz genau, wie das Kind lag. Sie wusste, wo sich der Kopf, die Arme, die Beine befanden. Und immer deckte sich das, was sie fühlte, mit dem Bild, das per Ultraschall auf dem Monitor erschien.

Als ich Dr. Mattu von Taibah berichtete, sagte er sehr ernst: »Diese alten Frauen haben ein so großes Wissen, dass wir studierten Mediziner noch viel von ihnen lernen können.«

Er wusste, wovon er sprach, denn er selbst, mittlerweile Anfang vierzig, kam aus einem Langhaus im Bario-Hochland und gehörte zum Stamm der Kayan, deren Kennzeichen die durch schwere Metallringe verlängerten Ohrläppchen bei Männern und Frauen sind. In der Schule hatte man schon früh seine Intelligenz erkannt. Er erhielt staatliche Förderung und machte in einem Internat sein Abitur. Anschließlich konnte er dank eines staatlichen Stipendiums am Royal College in London Medizin studieren.

»Auch ich hatte früher lange Ohrläppchen«, erzählte er mir. »Aber als ich aufs Royal College ging, fand ich das nicht mehr passend und ließ sie operativ kürzen.«

Auch jetzt noch besuchte Dr. Mattu regelmäßig das Langhaus, in dem er aufgewachsen war.

»Ich habe auch einen Stammesnamen«, verriet er mir. »Wenn bei uns ein Junge zum Mann wird, bekommt er einen neuen Namen, den er selbst wählt. Ich nannte mich ›Tiger von Bario‹.«

Dem Namen machte er alle Ehre. Seit Jahren war Dr. Mattu Häuptling seines Langhauses und vertrat die Interessen seines Stammes gegenüber der Regierung von Sarawak. Ein Tiger im Maßanzug.

An meinem verkehrten Tag-Nacht-Rhythmus änderte sich auch auf Borneo nichts. Nachts sah ich fern, las oder lief im Wohnzimmer auf und ab. Erst am Morgen kam ich zur Ruhe und schlief, wie gehabt, bis nachmittags.

Chef war inzwischen damit beschäftigt, einen geeigneten Ort für unser Restaurant zu suchen. In einem Neubau in der Nähe der City von Miri, genau gegenüber von »Bumiko«, dem Elektrogerätegeschäft, in dem sein Freund

Mazeni als Geschäftsführer arbeitete, wurde er fündig. Es war ein etwa achtzig Quadratmeter großer Raum mit kahlem Betonfußboden und nur einer Wand. Die anderen drei Seiten waren offen. Um sie zu schließen, mussten Metallrollläden heruntergelassen werden. Doch das war für uns kein Problem. Offen gestaltete Restaurants sind in diesen Breitengraden etwas ganz Normales. Glaswände und eine Tür konnten wir später immer noch einsetzen lassen.

Obwohl die Miete mit umgerechnet zweitausend Mark monatlich recht hoch war, glaubten wir doch den richtigen Ort für unser Unternehmen gefunden zu haben. Wenige Tage später unterschrieben wir den Mietvertrag, bezahlten die Kaution, und Chef begann mit dem Ausbau des Raumes.

Die Einrichtung eines Restaurants in Südostasien würde nicht viel kosten – dachte ich in meiner Naivität und Unkenntnis der Verhältnisse. Doch die Rechnungen häuften sich. Für alles musste gezahlt werden, und das nicht zu knapp. Für Wasser- und Stromanschluss, für die Genehmigung zur Eröffnung eines Restaurants, für die Kontrolle des hygienischen Zustands und zig andere Formalitäten. Wand- und Bodenfliesen mussten gekauft werden, Kühlschränke und Geschirr, Töpfe und Pfannen, Mikrowelle und Mixer. Dazu kamen Tische und Stühle sowie eine große ovale Theke mit einem Gasherd in der Mitte. Hier würde Chef für alle sichtbar kochen. »Erlebnisgastronomie« war sein Konzept für das Restaurant, in dem es euroasiatische Gerichte geben sollte.

Bei all den Ausgaben war die monatliche Rate von umgerechnet vierhundert Mark, die wir für die Anschaffung eines Kancils, des Golfs des malaysischen Autoherstellers Proton, zahlten, ein eher bescheidener Betrag.

Besorgt beobachtete ich, wie das Geld auf meinem Konto wie Eis in der Äquatorsonne schmolz. Der dickste Kostenbrocken war die große Theke, das Herz des Lokals. Chef hatte seinen Freund Mazeni mit der Konstruktion des Holzkolosses beauftragt.

»Wie kommst du eigentlich darauf, dass Mazeni so einen Entwurf hinkriegt?«, fragte ich Chef skeptisch. »Der verkauft doch sonst nur Waschmaschinen und Handys!«

»Der kann das«, wehrte er meinen Einwand ab. »Überlass das ruhig mir.«

Ich hoffte, dass er recht behalten würde.

Als die Theke schließlich geliefert wurde, war ich doppelt geschockt. Sie kostete sechzehntausend Mark, und ich hatte den wohl nicht unbegründeten Verdacht, dass Chef von dem Schreiner ordentlich über den Tisch gezogen worden war. Außerdem war sie viel zu hoch. Sie reichte bis zur Brust, und es mussten eigens teure Rattan-Barhocker angefertigt werden, um an ihr Platz nehmen zu können. Um aber auf den hohen Sitz zu gelangen, musste man eine kleine Turnübung vornehmen und achtgeben, dass man dabei nicht samt Hocker umfiel.

Mazeni gab zu, dass er sich bei der Konstruktion wohl »ein wenig« verrechnet hätte. Aber auch mich, die ihn anfangs spontan nicht leiden konnte, hatte er mittlerweile mit seiner einschmeichelnden Art so sehr eingenommen, dass mir kein Verdacht kam.

Je näher die Eröffnung des Restaurants rückte, desto angespannter wurde Chef. Die Kosten hatten unser Budget weit überschritten, und er stand unter dem Druck, möglichst schnell und möglichst viel mit dem Lokal zu verdienen. Auch ich war nervös. Insgeheim spürten wir wohl beide, dass wir langsam, aber sicher auf eine Katastrophe zuschlitterten. Doch noch machten wir uns gegenseitig Hoffnung.

»Ich bin sehr zuversichtlich«, redete Chef sich und mir immer wieder ein.

Er arbeitete fast Tag und Nacht. Er half beim Fliesenlegen, Streichen, Verputzen und unzähligen anderen Dingen. Er war müde von den kurzen Nächten und erschöpft von der körperlichen Anstrengung, wirkte krank und eingefallen – und war gereizt. Ein falsches Wort, und er explodierte. Hinterher nahm er mich immer in den Arm und erklärte mir, dass er einfach zu nervös sei. Und ich verhielt mich auch nicht besser.

Die Situation eskalierte, als ich eines Abends auf die Baustelle kam. Chef überlegte gerade mit einigen Arbeitern, ob der Betonsturz an den Außenseiten mit knallbunten psychedelischen Mustern bemalt werden sollte.

»Das sieht doch schrecklich aus«, maulte ich. »Wie eine Hippiebude!«

»Kannst du mich einmal machen lassen, ohne rumzunörgeln!«, brauste Chef auf. »Wenn du nur zum Meckern gekommen bist, dann kannst du gleich wieder gehen. Oder besser, ich gehe.«

Beleidigt drehte ich mich um, stieg ins Auto und brauste davon. Zu Hause schnappte ich mir einen großen Koffer, schmiss wahllos Hosen, Hemden und T-Shirts von Chef hinein, bis er so voll war, dass ich ihn kaum noch zubekam. Dann schleppte ich ihn ins Auto und fuhr zum Restaurant zurück.

Mittlerweile war es fast Mitternacht, und Chef war immer noch bei der Arbeit, unterstützt von sechs Männern. Alle starrten mich an wie eine Verrückte, als ich den Koffer aus dem Wagen hievte und Chef vor die Füße knallte.

»Da hast du deine Klamotten!«, schrie ich. »Dann gehst du eben.«

Unter seiner goldfarbenen Haut wurde Chef blass. Seine Züge versteinerten. Dann drehte er sich um und verschwand. Ich blickte ratlos in die Runde. Die Männer schauten betreten vor sich auf den Boden.

Heute weiß ich, dass mein Auftritt für asiatische Verhältnisse mehr als peinlich war. Hier belästigt man andere nicht mit seinen privaten Problemen. Und noch weniger zeigt man seine Gefühle in der Öffentlichkeit. Aber ich war mittlerweile regelrecht hysterisch geworden, ließ mich auf einen Stuhl fallen und heulte hemmungslos. Das war das Schlimmste und Dümmste, was ich machen konnte. Denn dadurch verlor ich mein Gesicht, verspielte viel Respekt.

Wie aus dem Boden gewachsen, stand plötzlich Mazeni neben mir. Tröstend legte er mir die Hand auf die Schulter.

»Am besten, ich versuche in den nächsten Tagen nach Brunei zu kommen«, sagte ich schluchzend. »Von dort aus kann ich nach Singapur fliegen und dort mein Kind zur Welt bringen. Und dann gehe ich nach Deutschland zurück. Wenn ich in Malaysia entbinde, bekomme ich das Kind ja nicht aus dem Land. Schließlich ist der Vater Malaie, und ich darf das Kind ohne seine Genehmigung nicht mitnehmen.«

Ich hatte wirklich nicht mehr alle Tassen im Schrank.

Mazeni hörte mir geduldig und mitfühlend zu. Zwischendurch murmelte er einige beruhigende Worte. Dann sagte er: »Am besten, du fährst jetzt erst mal heim und legst dich schlafen. Morgen reden wir weiter.« Dann trug er den Koffer zurück in den Wagen, und ich fuhr nach Hause.

Wenig später hielt ein Auto vor dem Haus. Chef war zurückgekommen, und ich war unendlich erleichtert. Ich hörte, wie er schnell die Treppe zum Schlafzimmer hochlief. Als er eintrat, lächelte er mich liebevoll an, setzte sich zu mir aufs Bett und strich mit über das Haar.

»Es tut mir leid«, sagte er leise. »Ich wollte dich nicht verletzen. Ich liebe dich und freue mich so auf unser Kind. Ich mache mir nur Sorgen, dass ich es nicht schaffe, uns ein schönes Leben zu bereiten.«

Gerührt und beschämt zugleich nahm ich seine Hand. »Das schaffen wir schon gemeinsam«, sagte ich und meinte es auch so.

Am nächsten Abend besuchte ich Chef wieder im Restaurant. Auch Mazeni war wieder da. Nach einer Weile kam er nah an mich heran und flüsterte: »Ich fahre morgen nach Brunei. Wenn du willst, nehme ich dich mit. Ich verrate Chef auch nichts.« Dabei lächelte er wie die Schlange Ka im *Dschungelbuch*.

Irritiert sah ich ihn an.

»Danke, Mazeni«, antwortete ich. »Ist nicht nötig. Ich habe mich wieder eingekriegt, und bei uns ist alles in Ordnung.«

Sah ich da für einen Bruchteil von Sekunden so etwas wie Enttäuschung in seinem Gesicht? Aber er hatte sich sofort wieder gefangen und säuselte: »Wie schön, das freut mich.«

Was verbarg sich wohl hinter dem Dauerlächeln auf dem pockennarbigen Gesicht? Weshalb suchte Mazeni Chefs Nähe? Freundschaft konnte es wohl kaum sein, wenn er hinter Chefs Rücken dessen Frau helfen wollte, ihn zu verlassen.

In den nächsten Tagen hatte ich keine Zeit, mir länger Gedanken um Mazeni zu machen. Der Container mit meinen Möbeln würde bald eintreffen, und wir mussten ein neues Haus suchen. Denn in dem alten war nicht genug Platz für all die Sachen, die aus Deutschland ankommen würden. Wir fanden einen schönen eingeschossigen Neubau mit großzügigen Räumen in einer etwas entfernt von der City gelegenen Siedlung, in der hauptsächlich Chinesen lebten. Sobald der Container eingetroffen wäre, würden wir umziehen.

Und noch eine Neuerung gab es: Wir bekamen eine Amah, ein indonesisches Hausmädchen. Weil Chef den ganzen Tag im Restaurant beschäftigt war, brauchte ich Hilfe im Haushalt.

Amahs werden in Malaysia von speziellen Agenturen vermittelt. Man zahlte damals eine einmalige Summe von umgerechnet tausendfünfhundert Mark, und danach gehörte einem die junge Frau für zwei Jahre, falls sie wollte, auch länger. Der Monatslohn betrug siebzig Mark bei freier Kost und Logis. Außerdem musste man die Kosten für das Visum und eine ärztliche Untersuchung auf TBC übernehmen. Laut Gesetz durften die Amahs nur im Haushalt arbeiten und nicht unbegleitet das Haus verlassen. Es war ein wenig wie moderne Sklavenhaltung.

»Lass die Amah bloß nicht ins Schlafzimmer«, warnte mich eine Bekannte. »Die Indonesierinnen kennen sich mit schwarzer Magie aus. Oft machen sie dann etwas im Schlafzimmer, das die Ehe zerstört.«

Ich hielt das für Blödsinn, vor allem, als ich die junge Frau kennenlernte, die uns von der Agentur angeboten wurde. Yanti war laut Pass dreiundzwanzig Jahre und kam aus einem kleinen Dorf in Kalimantan. Sie war schüchtern und unterwürfig, zum ersten Mal von zu Hause fort und hatte noch nie zuvor eine Europäerin getroffen. Ich mochte

Yanti auf Anhieb. Sie hatte ein liebes, offenes Gesicht und bis zu den Hüften reichende schwarze, dichte Haare, die beim Laufen wie ein Schleier hinter ihr herwehten. Ich entschied mich für sie, und es sollte sich herausstellen, dass ich keine bessere Wahl hätte treffen können.

Wenige Tage später zog Yanti bei uns ein. Ihre Habseligkeiten passten in eine kleine Tasche: ein langer, weiter roter Rock, eine weiße ärmellose Bluse, eine Hose und etwas Unterwäsche. Ich ging mit ihr erst mal einkaufen: Hosen, T-Shirts, Wäsche und auch eine Jacke. Schließlich sollte sie nicht frieren, wenn sie mit mir in von Klimaanlagen gekühlte Supermärkte gehen würde. Meine Schwiegermutter schenkte ihr noch zwei Baju Kurungs. Sie konnte ihr Glück kaum fassen. Immer wieder ergriff sie meine Hand und sagte auf Indonesisch, das fast identisch ist mit Bahasa Melayu: »Danke, Nona.« Denn so würde sie mich nennen. Amahs reden die Hausherrin entweder mit *kaka* an, was Schwester bedeutet, oder mit *nona*, Herrin. Ich hatte mich für »Nona« entschieden, nicht wegen des Titels, der mir, ehrlich gesagt, etwas peinlich war. »Nona« klang für mich einfach schöner als »Kaka«.

»Möchtest du vielleicht auch die Haare anders haben? Sollen wir zum Friseur gehen?«, fragte ich Yanti. Sie sah mich mit leuchtenden Augen an.

»Ja, gerne. Ich war noch nie beim Friseur. Ich hätte gerne die Haare kürzer, nur bis zum Kinn. Und hinten etwa so.« Mit der Hand machte sie eine Bewegung nach oben. Also ein Bob, der hinten angestuft war. Wir fuhren zu meiner Friseurin, und Yanti verließ das Geschäft als eine modische junge Frau. Zu Hause schaute sie sich immer wieder begeistert im Spiegel an. Das Heimweh würde jetzt nicht mehr ganz so schlimm sein.

Gleich am nächsten Morgen begann sie mit der Arbeit. Sie putzte das Wohnzimmer, und ich ging in die Küche, um zwei Weißbrotscheiben in den Toaster zu stecken. Danach räumte ich kurz etwas im Badezimmer auf. Plötzlich hörte ich Yanti aufgeregt rufen. Ich schleppte mich, so schnell es ging, mit meinem dicken Bauch die Treppe hinunter. Yanti lief mir in Panik entgegen.

»Nona, Nona«, schrie sie. »In der Küche brennt Brot und springt!«

Ich musste lachen. Yanti war genau in dem Moment in die Küche gekommen, als das Brot aus dem Toaster hochschnellte. Sie hatte noch nie solch ein Gerät gesehen.

Am Abend zog Yanti Chef in die Küche. Sie wusste, dass er sich um das Essen kümmerte, und hielt ihm betrübt zwei Pfannen hin.

»Die habe ich nicht richtig sauber gekriegt«, erklärte sie niedergeschlagen. »Obwohl ich mit dem Messer ganz fest gekratzt habe.«

Chef blickte verdutzt auf die Pfannen, deren Teflonbeschichtung nur noch aus einigen Streifen bestand.

Als ich am darauffolgenden Morgen in die Küche kam, erlebte ich die nächste Überraschung: Der Kühlschrank funktionierte nicht mehr. Im Eisfach taute das Fleisch auf, und auf dem Fußboden hatte sich eine Wasserlache gebildet. Zuerst dachte ich, das Gerät sei defekt, und wollte schon Mazeni anrufen. Doch dann entdeckte ich die wahre Ursache: Der Kühlschrank hatte einfach keinen Strom. Der Stecker war, wie auch die der anderen Elektrogeräte, in einer Steckdosenleiste mit Zentralschalter, der bei Betrieb leuchtete. Yanti hatte, nachdem sie am Abend zuvor die Küche aufgeräumt hatte, beflissen alle Lichter ausgeschaltet. Und dazu gehörte für sie auch der leuchtende Schalter an der Leiste.

Aber das waren nur Anfangsschwierigkeiten. Yanti lernte schnell und mit Begeisterung. Dabei musste sie nicht, wie die meisten Amahs, rund um die Uhr schuften. Sie gehörte für uns zur Familie, und wenn ich einen Tee trinken ging oder Bekannte besuchte, nahm ich sie mit. Ich hatte sie gerne um mich, und ihr ging es umgekehrt genauso.

Unser Container kam an, und wir zogen in das neue Haus. Im Wohnzimmer standen jetzt statt Rattanmöbeln ein Biedermeiersofa und ein schwarzes, fast hundert Jahre altes Klavier; das Esszimmer war mit Tisch, Stühlen und Vitrine im Chippendalestil eingerichtet, und im Schlafzimmer mit schwarzem Futonbett war unsere Kleidung in weißen Ikeaschränken mit Lamellentüren untergebracht. An den Wänden hingen pastellfarbene Lithografien, die mir vor Jahren der Hamburger Künstler August Ohm geschenkt hatte. Außerdem waren jetzt auch all die Sachen, die ich für unser Kind in Deutschland gekauft hatte, da: Babybett, Wickelunterlage, Penatencreme und jede Menge Babykleidung, darunter sogar drei winzige Bikinis, deren Oberteile wie Blüten gearbeitet waren. An denen hatte ich nicht vorbeigehen können, sie waren einfach zu niedlich. Schließlich würde ich unsere Tochter von klein auf an die Pools der großen Strandhotels mitnehmen.

In unserem Haus ging es zu wie in einem Taubenschlag. Alle Freunde und Bekannten gaben sich die Klinke in die Hand, um unser neues Domizil zu besichtigen. Für sie war es die exotischste Einrichtung, die ihnen je unter die Augen gekommen war. So ähnlich dürfte auf die Einwohner einer deutschen Kleinstadt eine Wohnung im chinesischen Stil gewirkt haben, bevor die Feng-Shui-Welle nach Deutschland schwappte.

»Habt ihr einen Bumo kommen lassen, um das Haus vor eurem Einzug zu untersuchen?«, fragte mich eine Bekannte.

»Wofür denn das?«, antwortete ich irritiert, denn ein Bumo war ein malaiischer Schamane.

»Na, um zu sehen, ob nicht irgendwo kleine Sachen versteckt sind, die einen Fluch über euch bringen. Zum Beispiel ein winziges, mit Fäden und Haaren umwickeltes Holzstückchen oder irgendwas anderes. Diese Dinge kann nur ein Bumo erkennen und entfernen.«

Am Abend fragte ich Chef danach.

»Wir brauchen keinen Bumo«, antwortete er knapp.

»Alle lassen hier einen Bumo kommen, wenn sie ein neues Haus beziehen. Warum nicht auch wir?« Ich ließ nicht locker.

»Weil wir keinen Bumo brauchen«, wiederholte Chef, und sein undurchdringlicher Gesichtsausdruck zeigte mir, dass ich mir weitere Fragen sparen konnte.

Aber die Sache mit dem Holzstückchen ließ mir keine Ruhe.

»Hat schon mal jemand mit schwarzer Magie etwas gegen dich unternommen?«, fragte ich Chef ein paar Tage später.

»Ja, als ich in einem Resort in Thailand gearbeitet habe«, antwortete er. »Ich spürte, dass mit dem Zimmer, das ich in der Hotelanlage bewohnte, plötzlich etwas nicht mehr stimmte. Ich suchte alle Ritzen ab und fand schließlich hinten unter dem Bett ein kleines Holzstückchen. Ich wusste sofort, was es bedeutete und wer es dorthin gelegt hatte. Es war ein Kollege, der meine Position als Souschef haben wollte. Ich sollte mit einem Fluch belegt werden, der mich bei meiner Arbeit behindern sollte. Doch ich war stark genug, um den Fluch abzuwehren. Er ging dann auf meinen Kollegen zurück. Wenig später wurde er rausgeschmissen.«

In diese Tage fiel ein besonderes Ereignis. In Malaysia standen Wahlen an, und der Premierminister Dr. Mahathir Mohamad besuchte während des Wahlkampfes auch Miri. Mahathir wurde von den meisten Malaien fast wie ein Heiliger verehrt. Er war dreiundsiebzig und seit achtzehn Jahren im Amt. Ich wollte ihn unbedingt erleben.

Mahathir hielt eines Abends eine Rede in einem Park. Das war ein herausragendes Ereignis, nicht nur im attraktionsarmen Miri. Chef begleitete mich, um für mich zu übersetzen. Obwohl ich hochschwanger war und mein Bauch Ausmaße angenommen hatte, als würde ich mindestens Zwillinge erwarten, stand ich schon eine halbe Stunde vor Beginn der Rede im Park, um mir einen guten Platz zu sichern. Rund zwanzigtausend Menschen trafen dort nach und nach ein. Und dann erschien Mahathir. Im gold-braunen Batikhemd zur schwarzen Hose trat er ans Mikrofon und sprach frei, ohne ein Wort abzulesen. Was er zu sagen hatte, ließ er sich von keinem Redenschreiber aufsetzen.

Ich war fasziniert und beeindruckt. Dieser Mann hatte ein Charisma, das alle in seinen Bann zog. Er gab nicht aufgeregt Wahlkampfparolen von sich, wie wir es von Politikern in Deutschland gewöhnt sind, sondern sprach mit dem eindringlichen, liebevollen Ton eines Vaters.

»Ihr müsst fleißig sein«, ermahnte er seine Zuhörer. »Wir müssen unsere Nation weiterentwickeln, und das geht nur, wenn jeder von euch sich anstrengt und mithilft.«

Ich blickte in die Runde. Alle hier lauschten mit aufmerksamen, ernsten Gesichtern. Die Zuhörer waren so ruhig und konzentriert, dass man eine Stecknadel hätte fallen hören können. Sie spürten, dass es diesem Mann nicht um Macht, sondern um das Wohl des Landes und seiner Menschen ging.

Es wunderte mich nicht, dass Mahathir wiedergewählt wurde.

Eines Abends kam Chef früher als sonst von den Arbeiten am Restaurant zurück.

»Wir gehen heute aus«, verkündete er. »Ins Holiday Inn.«

»Und was machen wir dort?«

»Wir treffen meine alten Schulfreunde«, erklärte er und strahlte über das ganze Gesicht. »Zufällig ist mir einer vor ein paar Tagen über den Weg gelaufen. Er hat dann die anderen für heute Abend zusammengetrommelt.«

Als wir das Restaurant betraten, hatten sich schon alle an einem Tisch versammelt. Zwei Männer und vier Frauen. Darunter nur ein Malaie: Othman, ein höherer Angestellter bei Shell. Alle anderen waren Chinesen, und alle waren, wie ich auf einen Blick erkennen konnte, sehr wohlhabend. Die Stimmung war wie bei einem Klassentreffen. Nur, dass der Einzige, den man seit Langem nicht mehr gesehen hatte, Chef war. Doch die alte Verbundenheit hatte die Jahre überdauert.

Am besten gefiel mir Paul, ein dicker Chinese mit schütterem schwarzem Haar und Vollbart. Er hatte ein Vermögen als Autohändler gemacht, und das zeigte er an seinen Händen: Den Ringfinger der linken fleischigen Hand schmückte ein goldener Ring mit einem etwa drei mal zwei Zentimeter großen, grünen Jadestein, rundum mit Diamanten besetzt. An der Rechten trug er sozusagen das Pendant, allerdings mit einem Stein aus schwarzer Jade. Ich musste die prächtigen Schmuckstücke immer wieder anschauen und sagte schließlich zu Paul: »Deine Ringe sind wirklich wunderschön.«

Er fixierte mich mit seinen schmalen, blitzgescheiten Augen.

»Ja«, antwortete er. »Auf die bin ich auch richtig stolz. Ich trage sie immer, sie bringen mir Glück. Zuerst hatte ich nur die Ringe mit den Jadesteinen. Dann habe ich mir bei jedem geschäftlichen Erfolg einen Diamanten dazu gekauft. Mittlerweile sind die Steine ganz von Diamanten eingefasst.« Dann lachte er sein dröhnendes Lachen und zwinkerte mir zu. Das Eis zwischen uns war gebrochen.

Paul wurde in den folgenden Monaten ein guter Freund. Mir gefiel seine direkte und humorvolle Art. Und er beantwortete mir fundiert und geduldig viele Fragen.

»Wie kommt es, dass Chinesen so gute Geschäftsleute sind?«, fragte ich Paul eines Tages. Ich hatte schon lange beobachtet, dass es vor allem Chinesen waren, die es hier zu Reichtum gebracht hatten. Den stellten sie gerne zur Schau: Sie fuhren goldene Pajeros, die luxuriösesten und leistungsstärksten Allradfahrzeuge, die Mitsubishi je gebaut hat; sie trugen – Männer wie Frauen – üppigen Goldschmuck und lebten häufig in palastähnlichen Häusern.

»Das liegt am Konfuzianismus«, erklärte mir Paul. »Der bestimmt seit Generationen das Denken der Chinesen. Dazu gehört auch, dass man sich um Reichtum bemühen soll. Denn wer reich ist, kann besser für seine Familie sorgen und gleichzeitig die Armen mit mehr Almosen unterstützen. Konfuzius sagt: ›Nicht mürrisch zu sein ist für einen Menschen schwer, der sich in Armut befindet; aber es ist für einen Menschen, der Reichtum besitzt, leicht, nicht hochmütig zu werden.‹«

Ich nickte. Da war viel Wahres dran.

»Verstehst du, was Konfuzius damit sagen wollte?«, fuhr Paul fort. »Seiner Ansicht nach ist es umso wahrscheinlicher, dass sich ein Mensch anständig verhält, je reicher er ist. Er sagt über den Junzi, den Edlen, sogar: ›Wenn Ordnung herrscht und er sich trotzdem in Armut und Niedrigkeit befindet, ist es eine Schande.‹«

Voraussetzung für Reichtum, so erklärte mir Paul weiter, seien Fleiß und eifriges Lernen.

»Und die richtigen Verbindungen«, warf ich ein. »Chinesen schieben sich doch die Geschäfte gegenseitig zu.«

»Das ist richtig«, erwiderte Paul. »Aber auch das hat mit dem Konfuzianismus zu tun. Denn es sind ja meist Freunde, die man geschäftlich unterstützt. Und die Grundlagen der Freundschaft sind nach Konfuzius Pietät, also Takt, Verlässlichkeit und Loyalität. Das sind auch mit die wesentlichen Tugenden des Junzi.«

Das chinesische Schriftzeichen für Loyalität, *zhong*, setzt sich aus *zhong* (Mitte) und *xin* (Herz) zusammen, erfuhr ich von Paul. Etymologisch beinhaltet es also Ehrlichkeit, Treue, Gewissenhaftigkeit und »Handeln aus innerem Herzen«. Und das Zeichen für Verlässlichkeit, *xin*, besteht aus *ren* (Mensch) und *yan* (Wort), was so die Übereinstimmung von Wort und Tat des Menschen impliziert.

Paul und Chefs übrige Schulfreunde kamen regelmäßig im Restaurant vorbei, um zu sehen, wie der Ausbau voranschritt. Im September war es schließlich so weit: Wir konnten eröffnen. In großen Lettern prangte außen der Name, den Chef gewählt hatte. *OCB*. Es waren die Initialen für »Oriental Café Bidaya«.

Der Start hätte besser nicht sein können: Gleich für den ersten Tag hatte eine Geschäftsfrau das ganze Lokal ab nachmittags für eine Feier mit ihren Kunden gemietet. Sie betrieb in der Etage über »Bumiko« eine Schneiderei mit mehreren Angestellten und stellte Berufsbekleidung, aber auch Uniformen für die Armee her. Über vierzig Personen erschienen und wurden von uns mit einem üppigen Büfett versorgt. Als Kellner hatten wir zwei junge Männer aus dem Kampong von Chefs Eltern angestellt. Der eine, schmächtig und gewitzt, huschte flink wie ein Wiesel von Tisch zu Tisch; der andere, ein Student, der kurze Zeit vorher wegen nicht bestandener Prüfungen die Universität in Kuala Lumpur hatte verlassen müssen, war zwar korpulenter und behäbiger, hatte dafür aber die gediegene Aura eines Saalchefs. Außerdem halfen noch Chefs Bruder Achai und dessen Freund Ismail, ein freundlicher junger Mann, sowie meine Schwägerin Noe. Sie erwartete zwar wie ich ein Baby, aber die Möglichkeit, sich einige Ringgit zu verdienen, wollte sie sich nicht entgehen lassen.

So verheißungsvoll der Start unseres Restaurants war, so niederschmetternd gestalteten sich die nächsten Wochen. Um 9 Uhr morgens wurden die Rollläden hochgeschoben, und eigentlich sollten jetzt die ersten Gäste zum Frühstück erscheinen. Doch nur hin und wieder kam jemand, um einen Kaffee oder einen Tee zu bestellen. Mittags fanden sich lediglich ein paar Gäste ein, um einen Salat oder ein Sandwich zu ordern. Erst am Abend belebte sich das Geschäft ein wenig. Hin und wieder ließen sich auch unsere Freunde und Bekannten blicken. Sie versprachen, überall von unserem Restaurant zu erzählen. Doch kaum hatten sie das Lokal verlassen, schienen sie ihr Versprechen auch schon vergessen zu haben. In Asien, so musste ich bald feststellen, kümmert sich jeder vornehmlich um seine eigenen Angelegenheiten.

»Das wird schon«, beruhigte mich Chef. »Es braucht eben seine Zeit, bis es sich herumgesprochen hat. Dann wird alles gut werden.«

Doch so recht mochte er wohl selbst nicht an seine Worte glauben. Zumal unsere Reserven durch die unerwartet hohen Kosten fast aufgebraucht waren und nicht mehr für eine längere Durststrecke reichen würden.

In genau diese Zeit fiel die Geburt unserer Tochter. Es war klar, dass ich per Kaiserschnitt entbinden musste, und wegen des verschlossenen Gebärmuttermunds durfte ich auch nicht in die Wehen kommen. Das Baby musste deshalb vor dem errechneten Geburtstermin, dem 25. Oktober, geholt werden. Dr. Mattu hatte den 12. Oktober vorgeschlagen. Zur Entbindung würde ich in das Selesa Hospital gehen, eine angesehene Privatklinik, in der er Belegbetten hatte. *Selesa* bedeutet »Hoffnung« – ein fast zynischer Name in unserer Situation.

Am Abend des 11. Oktober hatten wir ausnahmsweise etwas mehr Gäste im Restaurant. Ich hatte noch kurz vor Mitternacht das Lokal gewischt, weil ich nicht länger mit ansehen konnte, wie unser verkrachter Student unbeholfen mit dem Mopp hantierte. Todmüde fiel ich ins Bett und konnte ausnahmsweise sogar schlafen. Am nächsten Morgen sollten wir um 7 Uhr in der Klinik sein. Der Operationstermin war für 9 Uhr angesetzt.

Nachts um drei wachte ich plötzlich mit leichten Bauchschmerzen auf. Ich überlegte, ob ich wohl etwas Verkehrtes gegessen haben könnte, und stand auf, um ins Wohnzimmer zu gehen. Da platzte die Fruchtblase. Erst jetzt begriff ich, dass meine Bauchschmerzen Wehen waren. Ich weckte Chef, und er rief umgehend Dr. Mattu an, der ihm für den Notfall seine Privatnummer gegeben hatte.

»Fahren Sie sofort ins Krankenhaus, ich komme auch gleich«, ordnete der Arzt an.

In der Klinik war man verblüfft, uns jetzt schon zu sehen. Die Empfangsdame telefonierte eine Weile herum, bis sie eine Krankenschwester auftreiben konnte, die mich in mein Zimmer brachte. Es war ein riesiger, etwa sechzig Quadratmeter großer Raum, in dem verloren ein Bett, ein Schrank und ein türkisfarbenes Kunstledersofa standen.

Ich legte mich aufs Bett. Die Schwester schob einen Wehenschreiber heran, schloss ihn an – und er funktionierte nicht. Genauso wenig wie die Klimaanlage in dem Raum.

»Da muss ich wohl den Mechaniker rufen«, murmelte die Schwester und verließ den Raum.

Der Vorteil einer Schwangerschaft ist, dass man irgendwann so voller Hormone ist, dass einen kaum noch etwas erschüttern kann. So lag ich denn auch vollkommen ungerührt auf dem Bett und wartete gelassen darauf, was als Nächstes passieren würde. Die Schwester erschien wieder und rollte einen anderen Wehenschreiber herein – diesmal einen ohne Macke.

Inzwischen war auch Dr. Mattu eingetroffen.

»Das sind nur leichte Wehen«, stellte er fest und legte Chef beruhigend die Hand auf den Arm. Der hatte in diesem Moment Zuspruch nötiger als ich. »Alles läuft weiter wie geplant. Acht Uhr Vorbereitung der OP, neun Uhr Eingriff«, erklärte der Arzt. Vorsichtshalber blieb er aber bei mir, während sich ein Mechaniker, den die Schwester wohl aus dem Bett geholt hatte, an der Klimaanlage zu schaffen machte.

Ich hatte es mir gerade auf dem Bett etwas bequem gemacht, als ich glaubte, durch die Hitze in dem Raum eine

Fata Morgana zu sehen: Auf dem türkisfarbenen Kunstledersofa am anderen Ende des Raumes saßen plötzlich meine Schwiegereltern. Kerzengerade und unbeweglich wie zwei Statuen. Die Hände meines Schwiegervaters ruhten auf seinen Knien, die meiner Schwiegermutter waren vor dem Bauch gefaltet. Offenbar hatte sie sich vor ihrem Erscheinen nach der Farbe des Sofas erkundigt und sich passend dazu in einen hellgrün gemusterten Baju Kurung mit entsprechendem Kopftuch gekleidet. Wie immer prangte der große goldene Anhänger auf ihrer Brust. Ich hob kurz die Hand, winkte den beiden zu. Lächelnd winkten sie zurück. Dann versanken sie wieder in ihre Starre.

»Wie kommen denn deine Eltern auf einmal hierher?«, fragte ich Chef.

»Die habe ich natürlich angerufen«, antwortete er.

In den kommenden Stunden sollte ich feststellen, dass noch anderes hierzulande vollkommen »natürlich« war.

Pünktlich um acht wurde es geschäftig in meinem Zimmer. Die Krankenschwester begann mit den Vorbereitungen zur OP. Ein kurzer Blick zeigte mir, dass mein Schwiegervater den Raum verlassen hatte, nur meine Schwiegermutter saß weiter auf dem Sofa. Auch der Mechaniker hatte sich inzwischen verabschiedet. Die Klimaanlage summte wieder, und ich genoss die angenehme Kühle.

Denn wurde ich in den Operationssaal gebracht. Chef begleitete mich, um bei der Geburt unserer Tochter dabei zu sein.

Im OP hatten sich bereits alle Beteiligten eingefunden: Dr. Lim, der Anästhesist, und Dr. Chen, der Kinderarzt – beide Chinesen und Absolventen des Royal College in London –, sowie ein Malaie als OP-Helfer.

Dr. Mattu hatte mir zu einer Periduralanästhesie geraten. »So können Sie die Geburt Ihres Kindes miterleben. Das ist etwas Wunderbares«, hatte er gesagt.

Als der Anästhesist mir das Betäubungsmittel in den Rücken injizierte, spürte ich nur kurz einen leichten Stich. Die Narkose breitete sich schnell bis unterhalb der Brust aus, vor die ein weißes Tuch wie ein Vorhang als Sichtschutz gespannt war. Ich konnte nur noch Arme und Kopf bewegen. Chef stand rechts neben mir und drückte mir durch den Mundschutz sanft einen Kuss auf die Stirn. Neben ihm, hinter dem Tuch, hatten sich Dr. Mattu und der OP-Helfer aufgestellt, einige Schritte hinter ihnen hielt sich Dr. Chen bereit. Links neben mir hatte Dr. Lim seinen Platz und strich mir leicht über die Wange.

Alle Männer in dem Raum, einschließlich Chef, strömten eine solche ruhige Sicherheit aus, dass ich keine Sekunde Angst hatte.

»Ich öffne jetzt den Bauch«, sagte Dr. Mattu zu mir, während von einer CD leise klassische Musik kam.

Mein Kreislauf sackte leicht ab, und es fiel mir schwerer zu atmen. Dr. Lim presste mir eine Sauerstoffmaske auf Mund und Nase. Schon ging es mir besser.

»Jetzt hole ich das Kind«, kündigte Dr. Mattu den nächsten Schritt an. Chef hielt meine Hand und beobachtete genau, was hinter dem weißen Tuch geschah.

»Ich habe es«, sagte der Arzt. Aber irgendetwas stimmte nicht. Nichts war zu hören. Kein Neugeborenenschrei. Panik stieg in mir auf.

»Was ist mit meinem Baby?«, rief ich in heller Aufregung.

»Alles in Ordnung, Hanna«, versuchte mich Dr. Mattu zu beruhigen. Aber immer noch blieb es unheimlich still.

»Was ist los?«, schrie ich jetzt. »Was ist mit ihr?«

Dr. Chen war zu Dr. Mattu geeilt. Was ging da vor?

Und dann hörte ich es: ein kurzes Schreien, das mich so glücklich machte wie nie zuvor etwas in meinem Leben.

Dr. Chen hatte Bidaya an sich genommen und kam mit ihr zu mir. Ein winziges Bündel Mensch, blutverschmiert, schaute mich an, als wolle es sagen: »Entschuldigung, ich wollte nicht stören. Alles wird gut.«

Der Arzt hielt mir das kleine Wesen an die Wange. »I love you.« Das war das Einzige, was ich in diesem Moment herausbrachte.

Auch Chef durfte für einige Sekunden unsere Tochter halten. Dabei flüsterte er ihr etwas in das rechte und in das linke Ohr. Später erfuhr ich, dass es die beiden ersten Gebetsrufe waren, die der Vater nach islamischer Tradition dem Kind nach der Geburt ins Ohr spricht. *Allahu akbar* – Allah ist größer (als alles andere) – ins rechte Ohr. *Aschhadu an lâ ilâha illâ Llâh* – ich bezeuge, dass es keinen Gott gibt außer Allah – ins linke Ohr.

Dann nahm Dr. Chen Bidaya schnell wieder auf den Arm und rannte mit ihr aus dem OP. Ihre Lunge war nicht frei, so wurde mir erklärt, und musste sofort abgesaugt werden.

Ich blickte die Männer im Raum an und sagte nur lächelnd: »Danke.« Und alle lächelten bewegt zurück. Obwohl sie es schon so oft erlebt hatten, war auch für sie die Geburt eines Menschen wohl jedesmal aufs Neue ein ergreifendes Ereignis.

Als ich in mein Zimmer zurückgeschoben wurde, waren meine Schwiegereltern verschwunden. An meinem Bett stand ein Sauerstoffgerät, und Dr. Lim erklärte mir, dass ich es benutzen sollte, sobald mein Atem flacher würde. Auch Dr. Chen erschien nach einer Weile.

»Mit Ihrer Tochter ist alles in Ordnung. Sie hat allerdings eine Neugeborenen-Gelbsucht und muss deshalb für zwei Tage auf der Babystation und unter Fotolicht liegen. Aber das ist nicht weiter beunruhigend.«

Auch Dr. Mattu kam vorbei. »Morgen müssen Sie unbedingt aufstehen – wegen Thrombosegefahr«, erklärte er. »Das wird sehr schmerzhaft sein nach dem Kaiserschnitt. Aber Sie bekommen starke Medikamente.«

Chef hatte mittlerweile eine Art Pendelverkehr zwischen der Babystation und meinem zwei Etagen höher gelegenen Zimmer eingerichtet. Immer wieder kam er hereingelaufen, sagte aufgeregt: »Sie ist so niedlich«, und verschwand gleich wieder.

Ich war erschöpft. Meine Beine konnte ich noch nicht wieder bewegen. Eigentlich wollte ich jetzt nur noch schlafen. Doch da öffnete sich die Tür – und meine Schwiegereltern kamen herein, mit meinen Schwägern Achai und Jali sowie meinen Schwägerinnen Maschna, Noe, Nasita und Julia im Schlepp. Sie hatten Orchideen mitgebracht, die in Vasen aufgebaut wurden. Irgendwo hatten sie auch Stühle organisiert und ließen sich nun an meinem Bett nieder. Eine fröhlich plappernde Gesellschaft, die immer wieder fragte, wie es mir ginge, und immer wieder versicherte, wie hübsch Bidaya sei. Ich lächelte etwas gezwungen.

Während ich noch überlegte, wann sich meine Familie endlich verabschieden würde, ging die Tür schon wieder auf. Als Erster streckte Paul seinen Kopf herein, gefolgt von seiner Frau und Chefs übrigen Schulfreunden.

»Herzlichen Glückwunsch, Hanna!«, rief mir Paul fröhlich mit seiner dröhnenden Stimme zu. Und die anderen schlossen sich ihm lachend an. Und wieder gab es Orchideen.

Mehr als zehn Personen hatten sich mittlerweile an meinem Bett versammelt, unterhielten sich lautstark und bestgelaunt. Dass ich mir immer mal wieder die Sauerstoffmaske aufs Gesicht drücken musste, störte sie nicht weiter. Und alle paar Minuten kam Chef wie ein Jack in the Box ins Zimmer gesprungen, um gleich wieder zu Bidaya zu entschwinden.

Ich hatte mich mittlerweile mit der Situation abgefunden, so grotesk sie auch war. ›Andere Länder, andere Sitten‹, dachte ich nur.

Nach gut zwei Stunden löste sich die Gesellschaft endlich auf, nicht ohne anzukündigen, dass sie am nächsten Tag wiederkommen würden.

Als alle weg waren, bat ich Chef, als Erstes die Orchideen aus dem Zimmer zu bringen. Ich war mir nicht sicher, ob meine Atemnot noch von der Betäubung oder vielleicht eher von dem süßlichen Blütenduft herrührte, der wie eine schwere Parfümwolke im Zimmer hing.

Chef blieb diese und die folgenden Nächte bei mir. Man hatte ihm ganz selbstverständlich ein Bett ins Zimmer geschoben, damit er dort schlafen konnte.

Am nächsten Morgen ging Chef, um im Restaurant nach dem Rechten zu sehen. Kurz darauf erschien Dr. Mattu mit einer Krankenschwester.

»Hanna, Sie müssen jetzt aufstehen. Wir helfen Ihnen dabei.«

Ich versuchte, mich etwas aufzurichten, aber ich kam nicht weit. Die Wunde am Bauch schmerzte so, dass ich hätte schreien können. Langsam ließ ich mich in die Kissen zurückfallen. Dann ein neuer Versuch. Dr. Mattu und die Schwester stützten mich. Im Zeitlupentempo gelang es mir schließlich, mich aufzusetzen. Und irgendwann stand ich sogar.

»Und jetzt noch ein paar Schritte gehen«, wies mich Dr. Mattu an. Ich bewegte mich wie eine Greisin und war froh, als ich ins Bett zurückkonnte.

»Das war gut«, lobte mich Dr. Mattu. »Morgen wird's leichter.« Dann verabschiedete er sich, gefolgt von der Schwester.

Kurz nachdem Chef am Nachmittag wiedergekommen war, erschien eine Schwester im Zimmer. Auf dem Arm hatte sie Bidaya. Den Moment, in dem ich zum ersten Mal mein Kind halten würde, hatte ich kaum erwarten können. Jetzt war es so weit. Die Schwester reichte mir das kleine Wesen, und ich hätte es am liebsten nie wieder losgelassen.

Bidaya war wie ein Paket eng in eine Decke eingewickelt, nur das Köpfchen schaute heraus. Sofort regte sich mein Widerspruchsgeist.

»Das will ich nicht«, erklärte ich der Schwester entschieden. »Mein Kind soll sich frei bewegen, es wird nicht so eingepackt!« Dann öffnete ich die Decke und bestaunte fasziniert die kleinen Hände, Arme und Beine. Sie war einfach wunderschön.

Die Besuche rissen auch in den nächsten Tagen nicht ab. Betty, die uns das Haus an der Luak Bay vermietet hatte, kam ebenfalls täglich vorbei. Sie hatte sich schon während der Schwangerschaft regelmäßig mit mir getroffen. Sie und ihr Mann wünschten sich sehr ein Baby, aber es wollte nicht klappen

»Chinesen glauben, dass man leichter schwanger wird, wenn man mit einer Frau zusammen ist, die ein Baby erwartet oder gerade eins bekommen hat«, erklärte mir Chef Bettys Anhänglichkeit.

Nach der Geburt von Bidaya funktionierte auch mein Verstand wieder normal. Und ich erkannte vollkommen klar: Wenn nicht ein Wunder geschah, waren wir in wenigen Wochen pleite. Die Einnahmen des Restaurants deckten bei Weitem nicht die Kosten. Chef hatte recht gehabt, als er sagte, dass unser Restaurant in Miri keine Chance hätte. Wer hier Geld hatte, wollte den Duft der großen weiten Welt in den internationalen Hotels riechen und nicht den Mief einer Seitenstraße, durch die nachts die Ratten huschten. Dazu kam ein weiteres Handicap: Als Muslime durften wir keinen Alkohol ausschenken. Dieses Verbot, das den Verzehr drückt, kann man allerdings umgehen, indem man sich mit einem chinesischen Geschäftspartner zusammentut. Dieser übernimmt dann den Alkoholausschank, der Muslim ist für die Speisen zuständig. Hätten wir unser Restaurant statt in Miri in Kuching eröffnet, wäre Christina Wendts chinesischer Lebensgefährte ein idealer Partner für uns gewesen. Und in Kota Kinabalu hätten wir mit Conny zusammenarbeiten können, die sogar schon einmal eine Bar in Miri betrieben hatte und sich daher in dem Geschäft bestens auskannte.

Doch weder Conny noch Christina waren mir als Geschäftspartnerinnen in den vergangenen Monaten in den Sinn gekommen. Und jetzt war es zu spät.

Als ich aus dem Krankenhaus entlassen wurde, hätte ich mich eigentlich den Sitten folgend ins sogenannte »Confinement« begeben müssen. Übersetzt heißt dieses englische Wort Wochenbett, aber auch Arrest. Hier wurde es im doppelten Sinn gebraucht. Vierundvierzig Tage von der Geburt an musste sich die Frau mit ihrem neugeborenen Kind hauptsächlich im Schlafzimmer aufhalten. Dorthin wurde ihr auch das Essen gebracht, das Haus durfte sie auf keinen Fall verlassen. Hintergrund war, dass Mutter und Kind sich in dieser Zeit intensiv aneinander gewöhnen sollten. Doch mir fiel schon nach einer Woche die Decke auf den Kopf.

»Morgen komme ich dich im Restaurant besuchen«, verkündete ich Chef, als er eines Abends spät nach Hause kam.

Er sah mich skeptisch an.

»Darüber werden die Leute hier sehr verwundert sein«, antwortete er.

»Das ist mir egal«, beharrte ich. »Ich kann nicht länger im Haus eingesperrt sein. Ich bin Europäerin, und das Confinement gilt nicht für mich.«

»Wie du meinst«, antwortete Chef. Aber ganz wohl war ihm offenbar nicht dabei.

Als ich am nächsten Tag im Restaurant erschien, ahnte ich nicht, dass ich für einige Tage eine kleine Attraktion in Miri sein würde. Wie ein Lauffeuer sprach es sich herum, dass ich nicht, wie üblich, zu Hause blieb, sondern mit meinem Baby schon wieder unterwegs war. Unser Restaurant füllte sich sogar ein wenig mehr, da man diese Europäerin, die sich nicht ans Confinement hielt, sehen wollte. Nach einigen Tagen ebbte das Interesse aber wieder ab.

Ohne dass wir es bemerkten, beobachte Mazeni unseren wirtschaftlichen Untergang. Er hatte in seinem Geschäft ein kleines Büro mit verspiegeltem Fenster. Dort saß er oft stundenlang am Schreibtisch mit direktem Blick auf unser Restaurant. Vor ihm lagen immer mehrere Handys, die er mit der gleichen sehnsuchtsvollen Hingabe betrachtete wie ein Goldschmied einige Einkaräter, die ihm ein Kunde für einen Ring gebracht hat.

Eines Tages saß ich bei Mazeni, und da ließ er für einige Sekunden die Maske des Lächelns fallen. Er starrte zu Chef im Restaurant hinüber und sagte: »Der war immer wieder aus Miri verschwunden, und niemand wusste, was er machte oder wo er war. Dann taucht er plötzlich wieder auf, hat eine europäische Frau und auch noch ein schönes Restaurant.« Sein Gesicht hatte sich zu einer neiderfüllten Fratze verzerrt. Schlagartig wurde mir klar, warum Mazeni die ganze Zeit Chefs Nähe gesucht hatte. Er wollte hautnah dessen Absturz miterleben.

Das Wunder, das uns hätte retten können, blieb aus. Stattdessen setzte die Regenzeit ein. Oft schüttete es so, dass wir die Rollläden am Restaurant herunterlassen mussten, damit der Boden nicht überschwemmt wurde. Jetzt kamen noch weniger Gäste.

Auf Regen reagieren die Menschen auf Borneo wie der Teufel auf Weihwasser. Nur wenn es sich gar nicht vermeiden lässt, gehen sie aus dem Haus. Und das aus gutem Grund: In den Tropen reicht eine an sich leichte Erkrankung, um die Widerstandskraft zu schwächen und so den Weg für ein schweres Leiden frei zu machen. Schon eine Erkältung kann der Anfang vom Ende sein. Denn viele Menschen hier tragen den Malariaerreger in sich, der durch Nässe oder Kälte aktiv wird, Fieberanfälle und Schüttelfrost auslöst. Auch mein Schwiegervater hatte als junger Mann an Malaria gelitten.

Aber wir hatten noch ein weiteres Problem: Meine Aufenthaltsgenehmigung lief am 17. Januar 2000 aus. Konfus, wie ich während meiner Schwangerschaft war, kam mir gar nicht der Gedanke, dass ich bei der malaysischen Botschaft in Bonn ein Visum hätte beantragen müssen. Und Chef war davon ausgegangen, dass man das bei der Einwanderungsbehörde in Miri erledigen könnte. Doch dem war nicht so. Außerdem weigerte sich das Islamische Zentrum in Miri aus unerklärlichen Gründen, unsere Heiratsurkunde anzuerkennen. Deshalb bekam Bidaya auch keinen malaysischen Pass. Ich telefonierte mit der deutschen Botschaft in Kuala Lumpur und schilderte unsere Probleme. Gegen die Nichtanerkennung der Heiratsurkunde müssten wir in Kuala Lumpur vor Gericht klagen, teilte man mir mit. So etwas komme hin und wieder vor in Städten, die keine Erfahrung mit im Ausland geschlossenen Ehen hätten. Doch die höhere Instanz in Kuala Lumpur würde dann die Heirat anerkennen. Aber für mein Visum müsste ich mich in der Tat an eine malaysische Botschaft im Ausland wenden. Alles würde natürlich seine Zeit brauchen. Und die hatten wir nicht.

Wir waren verzweifelt. Jetzt, da unser Kind geboren war, standen wir vor dem Abgrund. Hinzu kamen Sorgen um Bidayas Gesundheit. Dr. Chen hatte bei einer Untersuchung zwei Wochen nach ihrer Geburt eine erschreckende Entdeckung gemacht.

»Da stimmt etwas nicht«, sagte er, als er Bidayas Herz abhörte. »Ihre Tochter leidet an einer Öffnung der Vorhofscheidewand. Die schließt sich normalerweise bei Neugeborenen von selbst, aber bei ihr ist das nicht der Fall. Wir warten noch zwei Wochen ab. Wenn sich bis dahin nichts geändert hat, muss Bidaya operiert werden. Es ist zwar ein Routineeingriff, aber Sie sollten ihn besser in London oder am Deutschen Herzzentrum in Berlin machen lassen.«

Wenigstens bei dieser wichtigsten Sache hatten wir Glück: Die Vorhofscheidewand von Bidayas Herz schloss sich doch noch von selbst. Unser Kind war danach kerngesund.

Als ich in jenen Tagen eines Abends ins Restaurant kam, lief mir Chef aufgeregt entgegen.

»Da drüben am Tisch sitzt eine Deutsche«, sagte er. »Ich habe ihr schon gesagt, dass du gleich kommst.«

Die Frau hatte mich entdeckt und lächelte zu mir hinüber. Sie war in meinem Alter, groß, schlank, mit taillenlangen, dunkelbrauen Haaren und einem slawischen, schmalen Gesicht mit hohen Wangenknochen.

»Hallo«, begrüßte sie mich, als ich an ihren Tisch kam. »Ich bin Monika.« Gegenüber saß ihr Mann, ein Malaie. Samat, Regierungsberater und Grundstücksmakler, wirkte mit seinem schütteren Haar und der Goldrandbrille wie ein Intellektueller, vielleicht, weil er in London Wirtschaftswissenschaften studiert hatte.

Nie hätte ich gedacht, dass ich mich einmal so freuen würde, wieder meine Muttersprache zu hören. Ich setzte mich zu Monika, und wir unterhielten uns, als würden wir uns seit zwanzig Jahren kennen. Von jenem Abend an trafen wir uns täglich. Wir wurden unzertrennliche Freundinnen, wie man es sonst nur aus der Teenagerzeit kennt. Jede war für die andere ein Stück Heimat in der Fremde. Vor allem war da endlich jemand, mit dem ich offen über alles sprechen konnte, ohne das Gesicht zu verlieren. Und wir konnten miteinander lästern und lachen, ohne dass andere verstanden, worum es ging. Das hatte ich wirklich vermisst. Und Monika genauso.

Mit ihr konnte ich auch darüber reden, wie sehr sich Chef verändert hatte. Unsere Schwierigkeiten und die Existenzangst machten ihm zu schaffen. Manchmal sprach er tagelang kaum ein Wort mit mir, war verschlossen, deprimiert, unerreichbar. Nur Bidaya zeigte er ununterbrochen seine ganze Liebe. In jeder freien Minute spielte er mit ihr, trug sie herum und überschüttete sie mit Zärtlichkeiten. Manchmal aber saß er auch mit ihr in unserem leeren Restaurant, hielt sie im Arm und blickte unendlich traurig in die Ferne. ›Was ist nur aus unseren Träumen geworden?‹, dachte ich in solchen Momenten hoffnungslos. ›Wo ist die Schönheit von Mulu geblieben? Wo führt das hier noch hin?‹

Mit Beginn des Ramadan, der Fastenzeit, im Dezember verschlimmerte sich unsere Situation weiter. Muslime dürfen während dieser gut vier Wochen von zwanzig Minuten vor Sonnenaufgang bis zum Sonnenuntergang nichts essen. Und wir, als Muslime, durften zu diesen Stunden das Restaurant nicht öffnen. Damit entfielen die spärlichen Einnahmen am Tag, und am Abend kamen noch weniger Gäste als sonst, da man sich zum Fastenbrechen meist zu einem Festmahl in den eigenen vier Wänden versammelte.

Keiner unserer Bekannten nahm von unserer Verzweiflung Notiz. Zwar blieb ihnen nicht verborgen, dass unser Geschäft schlecht lief. Doch alle gingen mit einem Lächeln darüber hinweg. Vielleicht sogar, weil man uns nicht in Verlegenheit bringen wollte. Mich verletzte diese Gleichgültigkeit. Sie machte mich sogar richtig wütend.

»Dem Nächsten, der mich anlächelt, hau ich eine rein«, sagte ich eines Tages zu Monika, als ich bei ihr im Auto saß.

Sie warf mir einen kurzen Blick aus den Augenwinkeln zu.

»Wirst dich schon noch dran gewöhnen. Bleibt einem nichts anderes übrig.«

»Ich kann auch keine Palmen und kein Grün mehr sehen«, schimpfte ich weiter. »Immer nur Grün, immer nur Sonne. Kann es nicht mal schneien oder Herbst werden, damit die Blätter von den Palmen fallen?«

Monika lachte.

»Beruhige dich. Damit machst du es dir nur noch schwerer. Nimm es, wie es ist. Anders hältst du es hier nicht aus.«

Mitte Dezember war klar: Wir waren am Ende. Ich war fertig mit den Nerven und hatte seit sechs Tagen keinen Bissen mehr runterbekommen. Vor meinem geistigen Auge sah ich uns in Deutschland in einer Notunterkunft landen. Mit einer alten Matratze auf dem Fußboden und einer nackten Glühbirne an der Decke.

Auch Chef wusste, dass wir das Restaurant nicht mehr halten konnten. Seine Verzweiflung versuchte er hinter einem ausdruckslosen Gesicht zu verbergen.

»Wir müssen das Restaurant verkaufen«, sagte ich schließlich zu ihm.

Er nickte stumm. Ich sah, dass er mit den Tränen kämpfte. Für ihn war es eine doppelt schmerzliche Niederlage: als Geschäftsmann und, noch schlimmer, als Ernährer der Familie.

»Wir müssen zurück nach Deutschland«, fuhr ich fort. »Ich werde versuchen, einen Job zu bekommen. Dann sehen wir weiter.«

Chef verließ wortlos das Zimmer.

Am späten Nachmittag rief ich einen ehemaligen Kollegen von der *Bild*-Zeitung an. Er war mittlerweile Redaktionsleiter der Regionalausgabe in Stuttgart, und wir hatten immer einen freundschaftlichen Kontakt gehabt.

»Ich brauche einen Job, wir sind pleite.« Damit kam ich gleich zur Sache.

»Bei mir ist gerade eine Redakteursstelle frei«, kam es vom anderen Ende. »Keine leitende Position, aber wenn du willst, kannst du die haben.«

Ich sagte sofort zu. Das war mehr Glück, als ich erwartet

hatte. Innerlich hatte ich mich schon darauf eingestellt, notfalls auch Klos zu putzen, um meine Familie über Wasser zu halten.

»Aber zuerst muss Dr. Döpfner gefragt werden, ob du wieder fest angestellt werden kannst«, fuhr mein Ex-Kollege fort. »Schließlich hast du eine Abfindung bekommen.«

Dr. Döpfner gab sein Okay. Mit seiner Zustimmung hatte er nicht nur unseren Lebensunterhalt gesichert, sondern vielleicht sogar unsere Familie gerettet. Oft habe ich mich gefragt, ob wir ohne die beruhigende Sicherheit eines festen Einkommens die nächste Zeit gemeinsam überstanden hätten.

Chef suchte währenddessen nach einem Käufer für das Restaurant. Es fanden sich einige Interessenten, doch niemand bot mehr als lächerliche zehntausend Mark, ein Bruchteil dessen, was wir reingesteckt hatten. Es war bekannt, dass wir verkaufen mussten, und das drückte den Preis. Außerdem wollte sich niemand sofort zum Kauf entscheiden. Aber uns lief die Zeit davon. Spätestens am 17. Januar, wenn meine Aufenthaltsgenehmigung ablief, mussten wir im Flugzeug sitzen.

Ich fragte schließlich Monika, ob sie das Restaurant kaufen wollte. »Das ist keine schlechte Idee«, meinte sie. »Dann hätte ich hier wenigstens etwas zu tun. Ich frage mal meine Schwägerin, ob sie mit einsteigen will. Sie arbeitet in Brunei, finanziell geht es ihr recht gut.«

Monikas Schwägerin war einverstanden. Also ging ich mit Samat zu seinem Anwalt, der alle Papiere für den Verkauf vorbereitete. Zum 1. Januar würde das Restaurant an die neuen Besitzer gehen.

Im Dezember flog ich für eine Woche nach Deutschland, um alles für unsere Rückkehr vorzubereiten. Zum Glück stand in Berlin noch mein Auto, und ich besuchte als Erstes meine Mutter im Augustinum. So glücklich sie war, mich wiederzusehen, so besorgt war sie doch um unsere Zukunft. Aber auch sie hatte eine Neuigkeit für mich: »Ich fühle mich hier im Heim einfach nicht wohl, wenn du nicht in meiner Nähe bist«, erklärte sie.

»Warum ziehst du dann nicht zu uns, sobald wir eine Wohnung gefunden haben?«, schlug ich spontan vor.

Sie war sofort einverstanden. Und mir fiel ein Stein vom Herzen. Denn ich bezahlte bisher den Aufenthalt meiner Mutter im Seniorenstift und wusste ehrlich gesagt nicht, wo ich das Geld dafür weiter hernehmen sollte. Das wäre nur möglich gewesen, wenn Chef, Bidaya und ich in eine winzige, billige Wohnung gezogen wären. Aber auch dann hätten wir jeden Pfennig mehr als dreimal umdrehen müssen. Sie zu uns zu holen war für alle die beste Lösung, und sie hätte mehr Zeit für ihre Enkeltochter. Ich bestellte schon mal das Umzugsunternehmen.

Mein größtes Problem war allerdings, eine Unterkunft für uns in Stuttgart zu finden. Ich würde schon am 1. Februar meinen neuen Job antreten. Auch hier kam die Lösung unverhofft: Ein Bekannter besaß ein großes Bürogebäude in der Innenstadt von Ludwigsburg, nur rund dreißig Kilometer von meinem neuen Arbeitsplatz entfernt.

»Da steht gerade eine Etage leer. Ihr könnt da rein, bis ihr eine Wohnung gefunden habt.«

In diesem Moment musste ich an den alten Chinesen denken, der mir die Zukunft vorausgesagt hatte. Er hatte recht behalten: Wir hatten nur noch ein Dach über dem Kopf. Aber wenigstens das.

Als ich nach Borneo zurückflog, war das Wichtigste erledigt. Chef holte mich mit Bidaya in Miri am Flughafen ab, und ich sah, dass er in einer schrecklichen Verfassung war. Sein Gesicht war eingefallen, und seine Augen blickten so deprimiert, dass ich hätte heulen können.

»Ich habe jemanden gefunden, der in unseren Autovertrag einsteigt«, sagte er mit tonloser Stimme. Dann schwieg er für den Rest der Fahrt. Ich erzählte ihm, was ich in Deutschland erreicht hatte, und er nickte nur wortlos.

»In den nächsten Tagen werde ich meine Kleidung und die meisten Möbel verkaufen«, teilte ich Chef mit. »Dann haben wir noch etwas Geld in Reserve.«

Schon am nächsten Tag eröffnete ich den Flohmarkt in unserem Haus. Wieder erschienen alle Bekannten – lächelnd. Auch ich lächelte. Denn ich wusste: Je mehr ich meine Traurigkeit zeigen würde, desto mehr würde ich im Preis gedrückt werden. Blusen, Röcke, Kleider, Schränke, Bett und Geschirr – alles, bis auf das Nötigste, bot ich zum Verkauf an. Und alles ging weg. Abends saß ich im Schlafzimmer, zählte das Geld und war froh über jeden Ringgit, den ich eingenommen hatte.

Am Abend des 31. Dezember kam Monika mit ihrer Schwägerin, um die Kaufverträge abzuholen. Chef wollte nicht dabei sein. Monikas Schwägerin hatte ihren Freund mitgebracht, die beiden waren in Festtagsstimmung. Ich wünschte mir nur, dass sie bald verschwinden würden, damit ich zu Chef nach oben gehen konnte.

Um halb zwölf verabschiedeten sich die drei – um Silvester zu feiern. Chef saß in einem der Zimmer in der ersten Etage. Tränen liefen ihm über das Gesicht. Ich nahm ihn in den Arm.

Um Mitternacht sagte ich leise: »Happy new year.«

Er antwortete nicht.

Das neue Millennium hatte begonnen. Es war das traurigste Neujahr meines Lebens.

Kurz darauf flogen wir nach Kuala Lumpur, um bei der deutschen Botschaft Pass und Geburtsurkunde für Bidaya abzuholen, damit wie sie aus Malaysia nach Deutschland mitnehmen konnten. Es war ein weiterer Tiefschlag für Chef: Bidaya war jetzt Deutsche und würde nach den Gesetzen seines Landes nie die malaysische Staatsangehörigkeit bekommen können. Außerdem erhielt sie meinen Nachnamen. »Abdul Rahman Bin Bujang ist eine Namenskette, und das ist in Deutschland nicht erlaubt«, erklärte die Botschaftsmitarbeiterin. »Alle Namen sind gleichwertig. Da kann keiner als Nachname benutzt werden.«

In Miri machten wir uns ans Packen. Zwei Tage vor unserer Abreise würden unsere verbliebenen Sachen in einen Container verladen und nach Deutschland verschifft werden. Die letzten beiden Nächte verbrachten wir im »Holiday Inn«.

Es war Hari Raya, das große Fest zum Ende des Ramadan. Wir feierten es im Haus von Chefs Eltern, traurig, aber mit lächelnden Gesichtern.

Die ganze Familie und viele unserer Bekannten kamen zum Abschied zum Flughafen. Meine Schwiegermutter weinte. Und auch Yanti, für die wir eine nette Familie gefunden hatten. Rund vierundzwanzig Stunden später landeten wir in Berlin.

Das Erbe der Väter

Wieder war es kalt, wie bei unserer Ankunft ein Jahr zuvor. Doch diesmal konnte selbst der Schnee Chef nicht aufheitern. Meine Mutter brachten wir zwei Tag später zum Flughafen, damit sie zu ihrer Cousine in der Nähe von Stuttgart reisen konnte. Dort würde sie so lange bleiben, bis wir sie zu uns holen konnten. Gleich danach kam das Umzugsunternehmen, um ihre Sachen einzupacken und vorläufig einzulagern.

Drei Tage später waren auch wir unterwegs Richtung Stuttgart. Wir machten Station in Frankfurt und übernachteten in einem Hotel. Am nächsten Morgen rief ich die Cousine meiner Mutter an, um mich zu erkundigen, ob alles in Ordnung sei.

»An sich schon«, erwiderte sie. »Deine Mutter hat sich nur ein wenig erkältet. Und seit heute früh kann sie nicht mehr aufstehen.«

»Wieso kann sie bei einer Erkältung nicht mehr aufstehen?« Ich war irgendwie alarmiert.

»Das war ganz merkwürdig. Sie saß gestern auf dem Bett, fiel dann plötzlich nach hinten und kam nicht mehr hoch.«

Mir wurde vor Schreck ganz kalt.

»Ruf sofort die Rettung!«, schrie ich ins Telefon. »Das ist keine Erkältung! Das war ein Schlaganfall! Ich melde mich in zehn Minuten wieder.«

Ich starrte auf die Uhr und zählte die Minuten. Dann rief ich wieder an.

»Kommt der Krankenwagen?«, fragte ich.

»Nein«, antwortete die Cousine. »Ich habe bei meinem Arzt angerufen, und der nimmt deine Mutter heute Nachmittag zwischendurch dran.«

Weitere Diskussionen waren zwecklos, das war mir klar.

»Wir müssen sofort los«, sagte ich zu Chef. »Meine Mutter hatte einen Schlaganfall, und die tun nichts!«

Wir sprangen ins Auto. Chef setzte sich hinten zu Bidaya, die in ihrer Babyschale angeschnallt war. Dann gab ich Gas. Mit zweihundert Sachen raste ich über die Autobahn nach Stuttgart, zum Glück war kein Stau.

Mit qualmenden Reifen kamen wir an. »Ich geh schon vor, komm du mit Bidaya nach«, rief ich Chef zu, rannte zum Eingang, läutete Sturm und lief die Treppe hoch, indem ich zwei Stufen auf einmal nahm.

Meine Mutter lag im Bett, ihr Atem ging schnell. Ich griff sofort zum Telefonhörer und bestellte einen Rettungswagen. Keine zehn Minuten später standen die Sanitäter im Zimmer und maßen eilig den Blutdruck. Sie stand kurz vor einem zweiten Schlaganfall.

Sie brachten sie sofort ins Krankenhaus nach Waiblingen, wir fuhren dem Rettungswagen hinterher. »Wenn Sie etwas später gekommen wären, würde Ihre Mutter wahrscheinlich nicht mehr leben«, sagte mir später ein Arzt.

Irgendwie war ich in den letzten Wochen das Gefühl nicht losgeworden, dass in unserer Rückkehr nach Deutschland eine schicksalhafte Zwangsläufigkeit lag. Jetzt wusste ich, was es war: Es war das Versprechen, das ich einem Sterbenden gegeben hatte.

»Versprich mir, dass du dich um Mutter kümmerst, wenn

sie alt ist«, hatte mein Vater auf dem Sterbebett zu mir gesagt. Es waren seine letzten Worte gewesen. Und ich hatte es versprochen.

An diesem trüben Wintertag im Krankenhaus begriff ich, dass man sich solchen Versprechen nicht entziehen kann. Sie holen einen immer wieder ein. Ein Leben lang, und sogar am anderen Ende der Welt.

Nur eines begriff ich nicht: Was hatte Chef hier in Deutschland zu erledigen? Weshalb musste er hierherkommen? Was wartete hier auf ihn?

Meine Mutter würde länger im Krankenhaus bleiben müssen, anschließend waren mehrere Wochen Rehaklinik geplant. Die Diagnose war niederschmetternd: Teile ihres Gehirns waren durch den Schlaganfall zerstört worden. Sie musste wieder gehen lernen. Auch die Sprache und die Feinmotorik waren in Mitleidenschaft gezogen. Sie würde nie wieder die Alte sein. Nur das Langzeitgedächtnis würde noch einigermaßen funktionieren.

Niedergeschlagen fuhren wir am nächsten Tag nach Ludwigsburg, um unsere Büroetage zu beziehen.

Hier hatte der kalte deutsche Winter der Stadt einen deprimierenden grauen Wettermantel umgehängt. Unsere neue Bleibe war im zweiten Stock, dreihundertvierzig Quadratmeter groß. Hundertsiebzig Quadratmeter gingen von der rechten, hundertsiebzig von der linken Treppenhaushälfte ab. Wir bezogen die rechte Hälfte: fünf Räume, sechs Toiletten und eine Büroküche, deren einziges Möbelstück eine Nirostaspüle war. Auf die Ablage stellten wir einen Zweiplattenkocher und auf den braunen Linoleumfußboden Bidayas gelbe Plastikwanne. Heißes Wasser kam aus einem Boiler über der Spüle – gerade genug für ein Babybad oder eine Erwachsenen-Katzenwäsche. Immerhin war noch genug Platz für eine Waschmaschine und einen Wäschetrockner. Beides kauften wir bei einem Großhändler um die Ecke, geliefert wurde am nächsten Tag.

Von Ikea kamen zwei Billigkleiderschränke, eine große Matratze, zwei Kopfkissen und Bettdecken, ein kleiner Tisch, zwei Klappstühle und eine Startbox mit Töpfen, Geschirr, Besteck und diversem anderem Kram, den man als Student beim Bezug der ersten eigenen Bude braucht. Oder mit vierundvierzig, wenn alles den Bach runtergegangen ist und der Container mit den verbliebenen Habseligkeiten auf dem Südchinesischen Meer schwimmt.

In Zimmer Nr. 1 wurde geschlafen, in Zimmer Nr. 2 gegessen, und in Zimmer Nr. 3 standen unsere vier leeren Koffer. Dabei hatten alle Räume den Vorteil, dass sie von außen nicht eingesehen werden konnten: Die Fassade des Hauses war eingerüstet und mit Plastikplanen abgedeckt. Praktischerweise wurde der Blick von innen auf das Gerüst durch in die Fenster geklebte, vergilbte Plakate verhindert. »Büroräume zu vermieten« stand darauf. Neonröhren an den Decken gaben helles, kaltes Licht. Alles sicher kein Motiv für *Schöner Wohnen*, aber immerhin noch besser als meine Vision in Miri von einer städtischen Notunterkunft mit nackter Sechzig-Watt-Funzel an der Decke. Es hätte schlimmer kommen können.

Was uns am meisten fehlte, war eine Dusche. Gleich in der Nähe hatte ich ein Fitnessstudio entdeckt und beschlossen, Chef und mich dort anzumelden. Per Lift ging's in die dritte Etage, und als sich die Aufzugstür öffnete, stand ich in einer Mischung aus Muckibude und Aerobic-Studio. Dröhnende Popmusik schlug mir entgegen, dazu ein Duftcocktail aus Schweiß, Desinfektionsmittel und Bodylotion.

Links standen in vier Reihen Trimmräder, momentan alle besetzt. In der ersten Reihe strampelte eine Trainerin, die immer wieder anfeuernde Befehle rief. Ihr Anblick verschlug mir die Sprache. Sie trug knallenge, pinkfarbene Radlerhosen mit schwarzen Seitenstreifen zu einer Art verlängertem Bikini-Oberteil mit Arm. Die toupierten, wasserstoffblond gefärbten Haare reichten fast bis zur Taille, an den Augen klebten lange, pechschwarze künstliche Wimpern, die aufgespritzten Lippen waren hellrosa geschminkt. Als mich die Barbie-Kopie aus den Augenwinkeln wahrnahm, deutete sie auf einen Schreibtisch. Ich setzte mich schon mal. Kurz danach kam auch Barbie.

»Hallo, ich bin die Angie«, begrüßte sie mich. »Mir gehört der Laden.«

»Ich bin die Hanne-Lore«, antwortete ich. »Mein Mann und ich wollen bei euch Mitglied werden. Was kostet das denn so?«

»Kommt drauf an, was ihr machen wollt. Kurse wie Aerobic und Stretching, nur Geräte oder alles?«

Angie zog schon mal Aufnahmeformulare aus der Schublade, was für sie keine leichte Angelegenheit war. Denn das absolut Besondere an Angie waren ihre Fingernägel. Sie krümmten sich zu etwa zehn Zentimeter langen Haken, grellpink lackiert. Umständlich bemühte sie sich, einen Stift zwischen die Finger zu kriegen, und ich wunderte mich, dass sie sich dabei nicht die langen Krallen in die Handballen bohrte. Schließlich hatte sie es geschafft und hielt den Kuli triumphierend hoch.

»Also, was wollt ihr machen?«, fragte Angie noch einmal. »Geräte, Aerobic, Stretching?«

»Uns würde eigentlich eine Dusche reichen«, antwortete ich.

»Eine Dusche«, echote Angie, ohne mit der Kunstwimper zu zucken. »Von mir aus. Das ist die günstigste Variante. Kostet achtzig Mark für jeden im Monat, und ihr könnt auch noch an die Geräte.«

»Weißt du«, beeilte ich mich zu erklären. »Wir wohnen in der Nähe, und unser Bad wird gerade renoviert.«

Ich hatte einfach keine Lust, Angie unsere verkorksten Umstände näher zu erklären. Aber vielleicht hätte ich das ruhig tun sollen. Wahrscheinlich wäre sie nicht einmal erstaunt gewesen. Sie hatte noch den Geruch der Gosse an sich, der sie entstiegen war. Sicher kannte sie ganz andere Katastrophen als eine Pleite. Zehn Zentimeter lange Krallen müssen nicht zwingend ein Zeichen schlechten Geschmacks sein, sie sind oft Ausdruck einer bestimmten Lebenserfahrung.

In den wenigen Tagen, die mir noch bis zum Antritt meines Jobs bei der *Bild*-Zeitung in Stuttgart blieben, mussten wir eine Wohnung finden. Wir schauten uns mehrere an und mieteten kurz entschlossen eine geräumige Wohnung in einem kleinen Nest vor den Toren Stuttgarts. Am 1. April konnten wir einziehen.

Mit Beginn meiner Arbeit wurde das Leben für Chef zur Hölle. Ziellos schob er Bidaya im Kinderwagen durch Ludwigsburg. Weit und breit keine Menschenseele, mit der er sprechen konnte. Wir kauften einen Fernseher, damit er wenigstens etwas Unterhaltung hatte, auch wenn er kein Wort verstand. Bald dämmerte es mir, dass Chef hier auf Dauer wahnsinnig werden würde, eingesperrt in eine Wohnung in einem schwäbischen Provinznest.

Fast jeden Abend besuchten wir meine Mutter im Krankenhaus. Meist fantasierte sie: Mal sah sie jede Menge schwarzer Spinnen an der Zimmerdecke; mal glaubte sie,

sie sei auf einem Bauernhof. Ich ahnte, dass schwere Zeiten auf uns zukommen würden.

Nach und nach rief ich aus unserer Büroetage all meine Bekannten in Deutschland an, um mich zurückzumelden. Unter ihnen war auch der Journalist und Autor Josef Nyary, mit dem ich seit über zehn Jahren in Kontakt stand.

»Was machst du denn in Stuttgart?«, rief Josef verwundert aus, als ich ihm erzählte, wo ich gelandet war. »Bist du verrückt geworden? Komm doch nach Hamburg!«

»Aber da habe ich keinen Job«, antwortete ich.

»Das dürfte kein Problem sein. Die ›Neue Revue‹ wird gerade in ein People-Magazin umgewandelt, die suchen dringend Leute. Ich rufe gleich morgen den Chefredakteur an.«

Ich war einverstanden. Hamburg wäre sicher der bessere Ort für Chef.

Josef Nyary hielt Wort. Schon eine Woche später hatte ich einen Termin bei Chefredakteur Peter Bartels und verließ sein Büro mit einem Vorvertrag. Ich würde am 1. April anfangen.

Und wieder half uns der Bekannte, der uns die Büroetage in Ludwigsburg zur Verfügung gestellt hatte. Er besaß in Hamburg mehrere Immobilien, darunter ein Jugendstilhaus im schönen Stadtteil Winterhude. Hier war gerade eine Wohnung frei geworden. Als ich sie sah, wusste ich: Das war genau das, was wir brauchten. Sie hatte über zweihundert Quadratmeter, ein Teil war durch eine separate Dielentür abgetrennt. Dort befanden sich Küche, Bad und zwei Zimmer. Die könnte meine Mutter beziehen, wir würden die drei Räume im anderen Teil der Wohnung nehmen. So hätten alle noch ein wenig Privatsphäre. Denn eines war mir klar: Meine Mutter und Chef, die sich kaum kannten, konnte ich nicht zu nah aufeinanderhocken lassen. Das würde in einer Katastrophe enden.

Ich kündigte bei der *Bild*-Zeitung, und man zeigte Verständnis für meine Entscheidung. Genauso war es mit unserer gerade angemieteten Wohnung. Und wieder fuhr der Umzugswagen vor.

Die Wohnung war bei unserem Einzug zwar in einem katastrophalen Zustand, da eine zehnköpfige Wohngemeinschaft über Jahre hinweg ihre Spuren hinterlassen hatte. Doch Chef machte sich sofort ans Renovieren. Als Erstes wurden die beiden Zimmer für meine Mutter in Ordnung gebracht. Als sie nach mehreren Wochen aus der Rehaklinik entlassen wurde, fand sie sich in einer vertrauten Umgebung wieder. All ihre Möbel waren aufgebaut, und ihre Kleider hingen wohlgeordnet im Schrank. Sie war glücklich.

Auch unser Container war eingetroffen, und ein paar Wochen später war unser neues Heim perfekt. Doch unser Leben verlief wie auf einer Achterbahn. Chef fand sich nur schwer in das Leben in Deutschland ein. Er vermisste die Sonne, seine Familie, seine Freunde, seine Sprache. Immer wieder fiel er in tiefe Depressionen und schloss sich manchmal Abende lang ein. Er wollte niemanden sehen, mit niemandem reden. Nur Bidaya gab ihm Halt. Um sie kümmerte er sich mit solch rührender Sorge, mit so viel Liebe, dass ich ihm seine Verschlossenheit mir gegenüber verzieh. Wenn er sich besser fühlte, nahm er mich in den Arm und sagte: »Verzeih mir, ich bin so unglücklich. Ich habe keine Arbeit, ich bin so unnütz.« Ich versuchte ihn aufzuheitern, lud Freunde ein, aber nur für kurze Perioden fühlte er sich scheinbar wohl.

Wenn ich in der Redaktion war, kümmerte sich Chef

auch um meine Mutter. Er kochte für sie, unternahm mit ihr und Bidaya kurze Spaziergänge und unterhielt sich mit ihr mit den wenigen Brocken Deutsch, die er konnte. Nicht immer wusste meine Mutter, wer er war. Oft sagte sie zu mir: »Der Mann, der in diesem Heim hier arbeitet, ist sehr nett.«

Eines Abends kam ich nach Hause und sah sofort, dass etwas Furchtbares passiert sein musste. Chef lag auf einer Decke auf dem Fußboden, zusammengekrümmt, mit dem Gesicht zur Wand. Ich lief zu ihm.

»Was ist los? Ist dir nicht gut?«, fragte ich ihn besorgt.

Als Antwort kam nur ein Schluchzen. Dann stammelte er: »Meine Großmutter ist gestorben.«

Ich strich ihm über das Haar, immer wieder, obwohl ich wusste, dass man niemanden trösten kann, der einen geliebten Menschen zehntausend Kilometer entfernt verloren hat.

Wir lebten nun fast ein Jahr in Hamburg. Eines Samstagmorgens saßen wir in der Küche, und wieder einmal gingen mir die vielen leeren Wände in unserer Wohnung auf die Nerven. Da fiel mir der Stock ein, in dessen Rinde Chef damals im Camp 5 so schöne Muster geritzt hatte. Wer das konnte, würde doch vielleicht auch ein Bild malen können!

Vorsichtig trug ich ihm meine Idee vor. »Das ist bestimmt gar nicht so schwer. Einfach ein bisschen bunte Ölfarbe auf Leinwand klecksen, und die Wohnung sieht gleich viel freundlicher aus. Was meinst du?«

Chef grinste. »Warum nicht? Ich kann es ja mal probieren.«

Wir fuhren sofort in die Stadt, um die notwendigen Utensilien zu erstehen. Chef betrachtete die Tuben mit Ölfarben, die Pinsel und kleinen Schaber, die wie Skalpelle aufgereiht waren. Dann wählte er so zielsicher das Material aus, als hätte er in seinem Leben nichts anderes gemacht, als zu malen. Wir nahmen noch eine auf einen Keilrahmen gespannte Leinwand und einen großen Zeichenblock mit.

Zu Hause machte er sich sofort an die Arbeit. Am Abend war das erste Bild fertig. Chef hatte Bambus gemalt, die Pflanze, die in seiner Heimat das Überleben sichern kann.

Von jenem Tag an malte er wie im Rausch. Fantastische, manchmal unheimliche Gesichter, die aus dem Dschungel auftauchten, Pflanzen, Blumen, Tiere, den Hamburger Hafen, Miri, die Petronas Towers in Kuala Lumpur und immer wieder Dayaks. Abstrakt, in herrlichen, berauschenden Farben. Wenn ich abends heimkam, war der Fußboden oft mit Bildern bedeckt, die er zum Trocknen ausgelegt hatte, dazwischen war nur noch eine schmale Gasse frei gelassen.

Irgendwann erzählte ich einem Bekannten, der sich mit Kunst und Malerei auskannte, von Chefs Bilderrausch und bat ihn, sich seine Werke anzuschauen. Denn ich hatte wenig Ahnung von Malerei und konnte die Qualität von Chefs Gemälden nicht einschätzen. Das Einzige, was ich sagen konnte, war, dass sie mir gefielen.

Unser Bekannter kam aus dem Staunen nicht heraus. »Es ist komplett unmöglich, dass Ihr Mann noch nie zuvor gemalt hat. Er beherrscht alle Techniken. Das geht nur, wenn man jahrelang geübt hat.«

Doch Chef lachte, winkte ab und meinte lediglich: »Piece of cake.«

Einige Monate später traf ich meinen Freund Udo Walz in Hamburg, mit dem ich seit unserer Rückkehr wieder regelmäßig telefonierte. Ich zeigte ihm einige Fotos von Chefs Bildern, und er war begeistert.

»Die stellen wir aus!«, erklärte er spontan. »Der Laden neben meinem Geschäft in Berlin steht gerade leer. Ich spreche mit dem Vermieter, dass wir da kostenlos eine Ausstellung machen können.«

Udo kümmerte sich um alles. Schon drei Monate später hatte Chef seine erste Ausstellung, weitere folgten in den nächsten Jahren. Das große Interesse, das ihm entgegengebracht wurde, war Balsam für seine Seele. Zwar stürzte er auch danach immer wieder in Abgründe von Verzweiflung, doch das Malen gab seinem Leben einen neuen Sinn. Und es war Bilder gewordene Verbundenheit mit seiner Heimat. Manchmal dachte ich, dass Chef vielleicht nach Deutschland kommen musste, um sein Talent – aus der Not geboren – hier zu entdecken.

Wir waren schon fast drei Jahre in Hamburg, als bei meiner Mutter Alzheimer festgestellt wurde. Sofort brachte ich sie zur weiteren Untersuchung in eine Spezialklinik in Hamburg. Die Diagnose der Ärzte war niederschmetternd: Meine Mutter litt nicht nur an einer vaskulären Demenz, sondern auch an Alzheimer im fortgeschrittenen Stadium. Ein Arzt zeichnete mir eine steil abfallende Kurve auf.

»Das ist der Verlauf der Krankheit«, sagte er. »Ihre Mutter ist in der Mitte der Kurve. Der Abbau des Gehirns ist im Wesentlichen abgeschlossen, als Nächstes folgt der Abbau der Muskulatur. Es gibt ein neues Alzheimer-Medikament. Das wird den Fortgang der Krankheit für ein Jahr abbremsen, danach geht es dafür umso steiler bergab. Aber so hat Ihre Mutter zumindest noch ein lebenswertes Jahr.«

Als ich nach Hause kam, weinte ich. Chef nahm mich in den Arm und sagte tröstend: »Wir werden deiner Mutter eine schöne letzte Zeit bereiten.« Dann begann er zu malen: dunkle, schmerzverzerrte Gesichter, in denen der Irrsinn stand. Chef malte sich die Trauer über die Krankheit meiner Mutter von der Seele.

Wenige Wochen später bekam ich einen neuen Job angeboten. Der Pabel Moewig Verlag in Rastatt suchte für seine Zeitschrift *Schöne Woche* eine Ressortleiterin.

»Mach das«, erklärte Chef. »So kommst du beruflich wieder weiter. Außerdem ist die Gegend dort schön. Ich habe sie mir schon im Internet angesehen. Da sind viele Wälder.«

Also nahm ich die Stelle an. Wir zogen in das Dorf Schwarzach an der Grenze zum Elsass, in ein hübsches Reihenhaus mit großem Garten. Hier würde Bidaya draußen spielen können, und auch meine Mutter würde sich an warmen Tagen an der frischen Luft erholen. Zur Redaktion waren es knapp zwanzig Kilometer, und in einer halben Stunde waren wir sogar in Straßburg.

Doch nach einem Vierteljahr in Schwarzach litt Chef so stark an Heimweh, dass er es nicht mehr aushielt und dringend nach Borneo fliegen musste. Mehr als drei Jahre hatte er sein Land und seine Familie nicht mehr gesehen. Ich konnte es gut verstehen. Für drei Monate reiste er nach Miri und nahm Bidaya mit.

Während dieser Wochen verschlechterte sich der Zustand meiner Mutter rapide. Das Alzheimer-Medikament griff nicht mehr, und der Abbau der Muskulatur setzte ein. Sie wurde inkontinent, konnte nur noch mit Hilfe laufen und lag die meiste Zeit schlafend im Bett. Wir hatten einen hervorragenden Arzt in Rastatt gefunden, der regelmäßig zu Hausbesuchen kam. Meine Mutter musste gefüttert werden, ihre Augen waren trüb, und ihr Blick schien nur noch von ganz weit her aus einer anderen Welt zu kommen. Ohne meine enge Freundin Erika, die in der Nachbarschaft wohnte und tagsüber bei meiner Mutter blieb, hätte ich diese Zeit wohl kaum überstanden.

Als Chef mit Bidaya aus Borneo zurückkehrte, wussten wir, dass sie nicht mehr lange zu leben hatte.

»Sie hat auf Bidaya und mich gewartet«, sagte Chef. »Sie wollte uns noch einmal sehen.«

Als Nächstes setzten Schluckbeschwerden ein. Meine Mutter konnte nur noch Astronautenkost zu sich nehmen, und auch davon nur wenig.

Eines Abends saß ich auf einem Hocker vor ihr und fütterte sie. Wir blickten uns lange in die Augen.

»Ich liebe dich«, sagte ich leise zu ihr.

»Ich dich auch«, antwortete meine Mutter mit einem traurigen, Abschied nehmenden Lächeln. Wenige Tage später starb sie in meinen Armen.

Es war der 27. November 2003, ein regnerischer, trüber Tag. Nur in unserem Vorgarten blühten plötzlich gelbe Rosen. Ich schnitt sie ab und stellte sie in eine Vase auf das Nachtkästchen neben das leere Bett meiner Mutter. Ihre Urne ließen wir in unser Familiengrab in Essen überführen, wo auch mein Vater beerdigt ist.

Mit dem Tod meiner Mutter waren auch unsere Tage in Schwarzach gezählt. Die Zeitschrift *mach mal Pause,* ein unterhaltendes Frauenmagazin des Heinrich Bauer Verlags in Hamburg, hatte mir die Stelle einer Leitenden Redakteurin angeboten, und ich nahm den Job an. Auch Chef war froh, dass er nach Hamburg zurückkonnte. Die Abgeschiedenheit des Schwarzwalddorfs war ihm doch ein bisschen zu viel geworden.

Wir zogen in die Nordheide und hatten wieder Glück bei

der Wohnungssuche: Schon das erste Mietobjekt, das wir uns ansahen, entsprach hundertprozentig unseren Vorstellungen. Eine Doppelhaushälfte mit Garten, Neubau, Erstbezug. Gleich in der Nähe fanden wir für Bidaya einen Kindergartenplatz. Es sah ganz so aus, als würden wir endlich zur Ruhe kommen.

Es war an einem Samstag im September 2004, wir kamen gerade vom Einkaufen zurück. Da läutete das Telefon, und Chef nahm ab. Ich hörte, wie er Bahasa Melayu sprach, und wusste gleich, dass das nichts Gutes zu bedeuten hatte. Denn seine Familie rief nur an, wenn etwas passiert war. Ich versuchte zu verstehen, was Chef sagte. Offenbar stimmte etwas mit seinem Vater nicht.

»Mein Vater liegt im Sterben«, erklärte mir Chef erschüttert, als er aufgelegt hatte. »Die Ärzte geben ihm noch eine Woche. Es ist das Herz. Er war in Kuala Lumpur im Krankenhaus, aber dort konnte man nichts mehr für ihn tun. Gestern ist er mit meiner Mutter zurück nach Miri geflogen. Ich muss sofort zu ihm.«

»Wir buchen gleich Montag einen Flug. Dann bist du am Mittwoch in Miri. Bidaya kommt mit«, entschied ich.

»Ja«, antwortete Chef. »Mein Vater will auch Bidaya sehen.« Und nach einer Weile fügte er hinzu: »Hoffentlich komme ich nicht zu spät. Das wäre furchtbar. Ich muss meinen Vater unbedingt noch einmal treffen.«

»Das klingt, als hättet ihr noch irgendetwas Wichtiges zu besprechen.« Ich hatte das Gefühl, dass Chef mir etwas sagen wollte.

»Mein Vater ist Schamane«, eröffnete mir mein Mann. »Er ist der Schamane seines Langhauses. Und seine Kräfte werden wohl auf mich übergehen.«

»Dein Vater ist Schamane?«, fragte ich fassungslos. »Aber davon hast du mir nie etwas erzählt!«

Jetzt fügte sich für mich alles wie ein Bild aus kleinen Mosaiksteinen zusammen. Die Tongkat Ali, die Chef am Camp 5 aus dem Boden gezogen hatte. Natürlich wusste, Murang, dass Chef aus einer Schamanenfamilie stammte, und hatte ihm deshalb den Vortritt gelassen. Die Ananas, die ich während meiner Schwangerschaft nicht essen sollte. Die unerklärliche Fertigkeit beim Malen. Und auch warum mich Chef nie in das Langhaus seiner Familie mitgenommen hatte. Man wollte mich als Europäerin von all dem fernhalten.

»Brauchten wir deshalb keinen Bumo in Miri, um unser Haus untersuchen zu lassen?«, fragte ich.

»Genau«, antwortete Chef. »Das haben mein Vater und ich selbst gemacht. Ich bin bereits als Kind in alles eingewiesen worden. Schon mein Großvater und mein Urgroßvater waren Schamanen. Wenn ich mit meinem Vater als Kind im Langhaus unserer Familie war, angelte ich so gerne im Fluss, doch dazu hatte ich nie viel Zeit. Mein Großvater holte mich immer weg. Ich musste bei den Ritualen dabei sein, um alles über die Kunst eines Schamanen zu lernen. Meiner Großmutter musste ich außerdem beim Zubereiten der Medizin helfen. So wurde mir die Heilwirkung der Pflanzen beigebracht.«

Chef und Bidaya kamen noch früh genug in Miri an. Mein Schwiegervater lebte, und Chef bereitete ihm eine bittere Medizin zu. Die musste er morgens und abends trinken. Schon nach einigen Tagen ging es ihm besser, und nach einer Woche verließ er das Bett, machte kleine Spaziergänge mit Chef und fuhr sogar mit ihm in die Stadt.

Sechs Wochen blieb Chef in Miri. Er war immer an der

Seite seines Vaters, und die beiden redeten viel miteinander, wie er mir später erzählte. Oft unter vier Augen. Chef erhielt seine letzten Einweisungen in die Schamanenschaft.

Als Chef nach Deutschland zurückkam, war er beruhigt. Sein Vater, dessen war er sich ganz sicher, würde noch eine Weile leben. Wie lange, konnte jedoch niemand sagen.

Acht Monate später, am 25. Mai 2005, erhielten wir wieder einen Anruf der Familie. Ich wusste sofort, dass mein Schwiegervater gestorben war. Als Chef auflegte, stand in seinem Gesicht eine solch große Trauer, wie ich sie noch nie bei ihm gesehen hatte.

»Mein Vater ist schon seit zwei Tagen tot. Aber meine Familie hatte unsere Telefonnummer verlegt. Er wollte unbedingt noch einmal mit mir sprechen. Und auch mit dir«, sagte Chef, während ihm Tränen über das Gesicht liefen. »Er hat auf dem Sterbebett gesagt: ›Fatimah ist eine gute Frau.‹«

Auch mir kamen die Tränen. Mein Schwiegervater und ich hatten nie viel miteinander geredet. Er war ein schweigsamer Mann gewesen. Aber ich hatte immer gespürt, dass er mich schätzte und respektierte, so wie ich ihn. Wir waren uns fremd und nah zugleich gewesen.

Ich läutete bei unseren Nachbarn, einem Pastorenehepaar, gute und liebenswerte Menschen, und bat sie, zu uns rüberzukommen. Denn in Asien lässt man Trauernde nicht allein. Dort finden sich Nachbarn, Freunde und Verwandte ein, um Trost zu spenden. Ich wollte, dass sich Chef in diesen schweren Stunden ein wenig wie in seiner Heimat fühlte.

Hertha und Fred blieben bis lange nach Mitternacht. Sie hörten Chef aufmerksam zu, als er von seinem Vater erzählte und davon, wie er mit ihm die letzten Wochen in

Miri verbracht hatte. Nach dem Adat, dem Stammesrecht, war Chef jetzt als ältester Sohn das Oberhaupt der Familie, und das machte ihm Sorgen. Wie sollte er aus der Entfernung dieser Verpflichtung nachkommen? Er würde immer viel mit seiner Mutter telefonieren müssen, um zu erfahren, ob wichtige Entscheidungen anstanden oder etwas innerhalb der Familie zu regeln war.

Bevor wir in dieser Nacht schlafen gingen, sagte Chef: »Meine Träume werden mir zeigen, ob ich die Nachfolge meines Vaters als Schamane antreten muss, ob er mir seine Kraft vermacht. Hoffentlich geschieht das nicht.«

»Wieso?«, fragte ich verwundert. »Ist es denn nicht gut, ein Schamane zu sein? Du kannst heilen, in die Seelen von Menschen blicken und sogar die Zukunft voraussagen.«

»Schamane zu sein bedeutet, dass man ein schweres Leben hat. Es kostet unendlich viel Kraft, und es macht sehr, sehr viel Arbeit.«

Noch verstand ich nicht, was er damit meinte.

Am nächsten Morgen fragte ich ihn, was er geträumt hatte.

»Mein Vater ist im Traum zu mir gekommen«, eröffnete er mir. »Ich bin zum Schamanen berufen worden.«

Eine Weile saßen wir schweigend beisammen. Ich spürte, dass sich in Chefs Leben etwas Grundlegendes ereignet hatte. Und ich fragte mich besorgt, was das für uns bedeuten würde. Ich dachte an Panchs Schwiegervater, den ich im Langhaus getroffen hatte, und an den tiefen Eindruck, den dieser alte Mann auf mich gemacht hatte. Er hatte etwas Ehrfurchtgebietendes an sich, und er strahlte eine tiefe Weisheit aus, die nicht von dieser Welt zu sein schien.

Würde Chef sich jetzt auch verändern? Würde er sich

mehr und mehr in eine Welt zurückziehen, zu der ich keinen Zugang hatte? Würde er womöglich weniger Zeit für Bidaya und mich haben, weil nicht nur in seiner Heimat, sondern auch bei uns fremde Menschen seine Hilfe und seinen Rat suchten?

»Wirst du jetzt ein anderes Leben führen?«, fragte ich ihn etwas verunsichert. »Werden jetzt ständig Menschen zu dir kommen, denen du helfen musst?«

»Nein«, erwiderte Chef und schüttelte lächelnd den Kopf. »Das ist unmöglich. Nur in ganz seltenen Fällen werde ich hier jemandem helfen, und auch nur dann, wenn ich eine innere Verbindung zu der Person finde. Schließlich habe ich eine Familie und darf nicht meine ganze Energie an andere weggeben. Nur in meiner Heimat kann ich intensiver als Schamane arbeiten. Denn nur dort kann ich mich schnell erholen, wenn mich meine Tätigkeit erschöpft hat. Hier in Europa muss ich meine Kräfte sehr vorsichtig einteilen.«

In den nächsten Tagen erfuhr ich im Kleinen, was es heißt, ein Schamane zu sein. Chef kaufte kleine Räucherkegel und verschiedene Halbedelsteine. Aus Borneo hatte er von seinem letzten Besuch außerdem einen Pinsel mit Löwenhaaren mitgebracht und eine Tasche aus zwei Kokosnusshälften, die von einem Reißverschluss zusammengehalten wurden. In einem kleinen Beutel bewahrte er noch andere Dinge auf, die er aus seiner Heimat mitgebracht hatte, die ich aber nicht zu sehen bekam.

Er schloss sich von nun an öfter abends für mehrere Stunden in seinem Atelier ein, und ich durfte ihn nicht stören.

»Was machst du da eigentlich?«, fragte ich ihn irgendwann.

»Ich muss in Kontakt mit meinen Helfern bleiben«, erklärte er. »Ich habe drei Helfer: meinen Vater, meinen Großvater und meine verstorbene Tante. Auch sie war Schamanin.«

Mir war das alles unbegreiflich. Um ein wenig besser zu verstehen, was um mich herum passierte, begann ich, über Schamanismus zu lesen. Zwar war es meist so, als würden Blinde über Farben schreiben. Aber immerhin fand ich in den Büchern einige Angaben, die sich bei den oft widersprüchlichen Aussagen deckten: Die Forscher sind sich weitgehend darin einig, dass der Schamane seine Berufung durch Vererbung erhält. Zugleich bedeutet diese Vererbung, dass die Seele des toten Schamanen in den Lebenden einzieht. Die Übertragung der schamanischen Kräfte geschieht meist im Traum, so wie Chef es auch geschildert hatte. Das äußert sich häufig in Form einer Krankheit. Die sogenannte Schamanenkrankheit ist ein sicheres Zeichen für das Auserwähltsein durch die Geister und gehört zum Initiationsprozess. Dies wird weniger als freudiges Ereignis, sondern als tragische Schicksalshaftigkeit gesehen. Vielfach will der Auserwählte die Schamanenschaft nicht übernehmen und wehrt sich dagegen. Doch die Geister quälen ihn und zwingen ihn dazu. Es folgen oft Jahre des Leidens, an dessen Ende die Heilung, die auch eine Selbstheilung sein kann, steht.

Das deckte sich mit dem, was ich erlebte: Auch Chef sträubte sich anfangs gegen seine Berufung. Und immer erkrankte er danach. Er musste sich ständig übergeben oder hatte höllische Kopfschmerzen.

Einmal wurde es so schlimm, dass ich mir größte Sorgen machte. Er konnte nicht mehr essen und übergab sich immer wieder.

»Du musst zum Arzt«, erklärte ich kategorisch.

»Das hat keinen Sinn. Mir kann kein Arzt helfen«, war alles, was er sagte.

Nach vier Tagen hatte sich sein Zustand nicht weiter verbessert.

»Wenn du nicht zum Arzt gehst, kann ich bald den Leichenwagen bestellen!«, schrie ich ihn an. »Du musst etwas tun!«

Chef schüttelte nur den Kopf und schloss sich für den Rest des Tages und die folgende Nacht in seinem Zimmer ein.

Als ich ihn am nächsten Morgen sah, ging es ihm viel besser. Sein Magen rebellierte nicht mehr, und sein Gesicht wirkte schon wieder ein wenig voller.

»Ich habe meine Bestimmung angenommen«, erklärte er mir. »Ich muss Schamane sein. Sonst sterbe ich.«

Seit diesem Zeitpunkt schien er seinen inneren Frieden gefunden zu haben. Das Leben in Deutschland war ihm keine Last mehr. »Je weniger wir verstehen, wonach unsere Väter und Vorväter gesucht haben, desto weniger verstehen wir uns selbst und helfen mit allen Kräften, die Instinkt- und Wurzellosigkeit des Einzelmenschen zu vermehren, sodass er als Massenpartikel nur noch dem ›Geist der Schwere‹ folgt«, schrieb Carl Gustav Jung in *Erinnerungen, Träume, Gedanken*.

Vielleicht war es genau das, was mit Chef passiert war: Dadurch, dass er in der Fremde zum Schamanen wurde, hatte er zu den Wurzeln seiner zehntausend Kilometer entfernten Heimat zurückgefunden.

Der Schamane erhält bei seiner Berufung durch den Traum persönliche Schutzgeister. Sie sind seine wichtigsten Helfer. Oft ist einer der Geister der schamanische Vorgänger, dessen Funktion er übernehmen muss. Außerdem gibt es bestimmte Vorerscheinungen, die die Berufung zum Schamanen ankündigen. Der Betroffene zieht sich in die Einsamkeit zurück, meditiert viel und wirkt auf andere Menschen geistesabwesend oder wie in Trance. Auch das kannte ich von Chef.

Bei der Tätigkeit des Schamanen kommt Räucherung zur Anwendung: Durch Inhalation von Rauch in Kombination mit einer bestimmten Atemtechnik kann sich der Schamane innerhalb kurzer Zeit bewusst in Trance versetzen. Ich fragte Chef, ob er das auch machte, und er bestätigte es.

Die Aufgaben eines Schamanen sind vielfältig: Er ist Heiler, Unheilverkünder, Wahrsager, Leiter ritueller Zeremonien und auch Seelenführer, der die Seele eines Verstorbenen ins Jenseits geleitet. Nur er ist in der Lage, zwischen den Welten zu verkehren.

Es wird deshalb kein Zufall sein, dass das Wort »Schamane«, das sich aus der tungusischen Sprache ableitet, so viel wie »Wissen« oder »Wissender« bedeutet. Denn *scha* heißt dort »wissen«, *schaman* der »Wissende«.

Nur wenige unserer Freunde wussten von Chefs Berufung. Eines Tages meldete sich einer von ihnen und bat Chef, eine Bekannte zu ihm bringen zu dürfen. Es war eine junge Frau, achtundzwanzig Jahre alt, zwei Kinder. Kürzlich hatte ihr Mann sie verlassen. Bei ihr war Gebärmutterkrebs festgestellt worden. In zwei Wochen sollte sie operiert werden, sie hatte Todesangst. Schon ihre Schwester war wenige Jahre zuvor an Krebs gestorben.

Chef erklärte sich bereit, die Frau zu sehen, und bat mich, dabeizubleiben. Er fuhr mit den Händen im Abstand von etwa drei Zentimetern über ihren Körper. Hoch konzentriert. Dann sagte er zu ihr: »Lass dich operieren. Du wirst gesund werden.«

»Aber ich habe jeden Tag so schreckliche Schmerzen, dass ich fast ohnmächtig werde«, sagte die Frau.

Chef holte aus seinem Zimmer ein paar Tüten mit Kräutern. Er wies mich an, Wasser heiß zu machen und einen großen Topf auf den Tisch zu stellen. Dann schüttete er in genau dosierten Mengen verschiedene Kräuter in den Topf und goss alles mit dem kochenden Wasser auf.

»Rühr das um, bis ich ›halt‹ sage«, befahl er mir. Danach schob er den Topf zu der Frau hinüber. »Nimm das mit, und trink davon jeden Morgen eine Suppenschale voll. Dann wird es dir besser gehen.«

Eine Woche später rief mich die junge Frau an.

»Vom ersten Tag an, als ich diese bittere Suppe getrunken habe, sind meine Schmerzen verschwunden«, erzählte sie. »Bitte sagen Sie Ihrem Mann, dass ich ihm über alles danke!«

Wochen später meldete sie sich noch einmal. Sie hatte die Operation gut überstanden. Der Krebs hatte nicht metastasiert. Sie war geheilt.

Einerseits hatte ich mit Interesse verfolgt, wie Chef die Frau behandelte. Andererseits war mir das alles ziemlich unheimlich. Ich hatte das Gefühl, dass ich mich nicht in die schamanische Welt hineinziehen lassen durfte.

»Ich will in Zukunft nicht mehr dabei sein, wenn du jemanden behandelst«, erklärte ich ihm deshalb. »Das ist nicht meine Welt, ich habe dazu keinen Zugang. Ich gehöre da nicht hin.«

Chef hatte dafür Verständnis. Von nun an hielt er alles von mir fern.

In den nächsten Monaten flog er oft nach Österreich, in die Nähe von Linz. Ein anderer Freund von uns hatte ihn mit einem Bekannten in Verbindung gebracht, einem Geschäftsmann, der in Schwierigkeiten steckte. Er bat Chef, Verträge zu untersuchen, bei denen er nicht wusste, ob er sie unterschreiben sollte. Seine Existenz hing davon ab.

Chef mochte diesen Mann, die beiden freundeten sich an. Einmal kam er uns besuchen, und so lernte auch ich ihn kennen. Doch weiter wollte ich nichts von dem wissen, was Chef für ihn machte. Und auch Chef schwieg sich darüber aus.

Eines Abends rief der Österreicher wieder bei uns an. Chef erkannte seine Nummer auf dem Display und bat mich, statt seiner ans Telefon zu gehen.

»Ich weiß, was er von mir will«, sagte er, »aber ich kann ihm nicht helfen.«

»Ich muss unbedingt mit Chef sprechen«, flehte mich der Mann an. »Meine Ex-Freundin liegt im Krankenhaus. Es geht um Leben und Tod!«

»Chef ist für ein paar Tage weggefahren«, log ich. »Ich kann ihn auch nicht erreichen.«

Als ich aufgelegt hatte, sah Chef mich ernst an.

»Ich weiß, dass seine Ex-Freundin sehr krank ist«, sagte er. »Aber ich kann nichts für sie tun. Sie wird in zwei Wochen sterben. Ihr Körper wird anschwellen, ihr Kopf wird doppelt so dick werden, und sie wird einen qualvollen Tod haben.«

Ich hielt das alles für Humbug.

Der Österreicher rief immer wieder verzweifelt bei uns an. Doch Chef weigerte sich beharrlich, mit ihm zu reden.

Dann hörten wir mehrere Tage nichts mehr von dem

Mann. Erst zwei Wochen nach dem ersten Anruf meldete er sich wieder.

»Meine Ex-Freundin ist heute gestorben«, sagte er erschüttert.

»Wie?«, fragte ich nur.

»Ihr ganzer Körper war angeschwollen, der Kopf war doppelt so dick. Ihr Tod war grauenhaft.«

Mir wurde ganz mulmig; ich konnte kaum glauben, was ich hörte.

Chef flog noch einmal nach Linz. Der Österreicher hatte ihn darum gebeten. Seit dem Tod der Frau konnte niemand ihr Haus betreten, in dem sie mit ihrem kleinen Sohn aus einer früheren Beziehung gelebt hatte. Jedem, der es versuchte, wurde übel, und er musste es schleunigst wieder verlassen.

Chef blieb zwei Tage im Haus der Verstorbenen. Als er zurückkam, war er vollkommen erschöpft. Aber er erzählte mir nicht, was passiert war. Und ich fragte auch nicht.

Doch die Sache ließ mir keine Ruhe. Als der Österreicher sich einige Wochen später wieder bei uns meldete, fragte ich ihn: »Was hat Chef eigentlich mit den Verträgen gemacht, die du ihm gezeigt hast?«

»Ich musste ihm erklären, was darin stand, dann die Namen und Adressen der Vertragspartner nennen. Chef zog sich dann mit den Verträgen zurück. Danach sagte er mir genau, welche ich unterschreiben sollte und welche nicht. Er warnte mich auch vor bestimmten Geschäftspartnern. Bei allem behielt er recht. Wenn ich seinem Rat gefolgt bin, war ich immer erfolgreich.«

»Und was war mit deiner Ex-Freundin?«, wollte ich weiter wissen.

»Das ist eine lange Geschichte«, antwortete der Mann.

»Chef hatte einen schamanischen Schutzschild um meine Familie errichtet, auch meine Ex-Freundin war darin einbezogen. Als ich mich von meiner Freundin trennte, war sie voller Hass.

Kurz danach lernte ich eine andere Frau kennen und heiratete sie schon bald. Auch meine Ex-Freundin war mit einem neuen Mann zusammen. Doch ihre Wut auf mich war nicht verraucht. Sie suchte einen Reiki-Meister auf, einen Österreicher, der über große energetische Kräfte verfügen soll, und bat ihn, Unglück über mich und meine Familie zu bringen. Doch der Mann weigerte sich, meiner Ex-Freundin zu helfen. ›Der Schamane aus Borneo ist zu mächtig‹, sagte er. ›Ich kann nicht gegen eine jahrtausendealte schamanische Kultur antreten. Und auch du solltest vorsichtig sein. Deine schlechten Wünsche könnten auf dich zurückfallen.‹«

Der Österreicher schwieg einen Moment, dann fuhr er fort: »Meine Freundin wandte sich dann an einen anderen, selbsternannten Schamanen aus Österreich. Er machte sich tatsächlich an die Arbeit. Und auch der neue Mann an ihrer Seite, der über bestimmte Kräfte verfügte, half mit. Tatsächlich erlebte ich mehrere unangenehme Dinge: Ich hatte einen Autounfall, wurde aber zum Glück nicht verletzt. Bei meiner Frau bestand der Verdacht, dass sie an Krebs erkrankt sei. Aber wenig später war alles wieder in Ordnung. Und Chefs Schutz war wirklich so stark, dass die schlechten Wünsche auf meine Ex-Freundin zurückfielen.

Dann wurde sie krank. Ein Pilz hatte ihre Lunge befallen, sie funktionierte kaum mehr. Außerdem brach ihr ganzes Immunsystem zusammen, und ihr Körper schwoll an. Schließlich kam es zum Herzstillstand, sie wurde wiederbelebt, lag noch einige Tage auf der Intensivstation und starb dann. Die Dinge mit den Schamanen erzählte mir ihr Freund in ihrer Todesnacht.«

»Und was war mit dem Haus?«, wollte ich weiter wissen.

»Nach dem Tod meiner Ex-Freundin kam ihr kleiner Sohn erst einmal zu uns. Er liebte mich wie einen Vater und durfte mich auch nach der Trennung weiter besuchen. Ich musste deshalb ab und zu in das Haus seiner Mutter, um nach ihrem Tod ein paar Sachen für das Kind zu holen. Dann passierten diese unheimlichen Dinge.

Als ich Chef dorthin brachte, wies er mich an, das Haus durch die Hintertür zu betreten. Er selbst ging vorne rein. Er war noch nie in diesem Haus gewesen. Er ging durch die Räume und fand dann zielsicher kleine Teile, die überall versteckt waren. Zum Beispiel Puppen, in denen Nadeln steckten. Die hatte der Schamane meiner Ex-Freundin gegeben, damit sie Unglück über mich und meine Familie bringen sollten. Chef erklärte mir, wie ich die Sachen zu entfernen hätte. Dann blieb er für zwei Tage und Nächte in dem Haus. Er nahm Kontakt zu meiner verstorbenen Ex-Freundin auf und geleitete sie ins Paradies. So befreite er ihre Seele von dem Hass.«

Wir schwiegen beide eine Weile. Dann fuhr der Österreicher fort: »Aber das ist längst noch nicht alles, was ich mit Chef erlebt habe. Manchmal ruft er mich an, weil er genau weiß, was ich gerade mache. So auch vor ein paar Tagen. ›Hör sofort auf, dich mit deiner Mutter zu streiten‹, schimpfte er mit mir. ›Du hast nur eine Mutter.‹ Es war gerade erst zehn Minuten her, dass ich mit meiner Mutter eine heftige Auseinandersetzung hatte.«

Nach einer Pause sagte der Mann: »Chef ist für mich zum Lehrer meines Lebens geworden. Er hat mir gesagt, dass ich mich ändern müsse. Ich darf nicht zu gierig sein, nicht mein ganzes Leben vom Geld abhängig machen, und ich darf auch nicht mehr schlecht über andere sprechen. Er hat einen besseren Menschen aus mir gemacht.«

Das deckte sich mit dem, was ich in Clemens Kubys Buch *Unterwegs in die nächste Dimension* gelesen hatte. Der Dokumentarfilmer hatte Heiler und Schamanen auf der ganzen Welt aufgesucht und festgestellt, dass Schamanen auch immer eine Änderung des Lebenswandels von ihren Patienten forderten.

»Dein Mann ist ein wunderbarer Mensch. Und er ist sehr mächtig«, sagte der Österreicher. »Ich möchte ihn nicht zum Feind haben.«

Wenn man mich fragt, ob ich an all diese Dinge glaube, weiß ich nie, was ich antworten soll. Ich weiß nur eines: Es gibt Dinge zwischen Himmel und Erde, die der Mensch nicht verstehen kann. Oder wie Carl Gustav Jung es ausdrückt: »Endliches kann Unendliches nicht begreifen.«

Und wenn ich auf die hinter uns liegenden Jahre zurückblicke, glaube ich, dass ich recht viele Wunder erlebt habe. Angefangen von meiner Begegnung mit Chef über die Voraussagen des alten Chinesen bis zu den Dächern über unseren Köpfen, die sich immer genau dann fanden, wenn wir sie am dringendsten brauchten.

Unser Leben ist heute ruhig und friedvoll. Ich weiß, dass ich einen Mann liebe, der zwischen den Kulturen und den Zeiten steht. Er pflegt alte Stammesrituale der Iban und spielt am Wochenende Golf. Er lebt am Rand einer Großstadt und riecht im Dschungel die Spur einer Schlange.

Ehen über die Grenzen von Kulturen hinweg sind immer großen Belastungen ausgesetzt. Dass wir es schafften, trotz aller Schwierigkeiten zusammenzubleiben, liegt daran, dass uns vieles tief verbindet. Die Liebe zu unserer Tochter und die Liebe zum Dschungel. Bis heute vergeht kein Tag, an dem ich nicht an Mulu denke. Der Dschungel ist immer in meinem Kopf. Und das Heimweh nach ihm. Vor allem aber haben Chef und ich immer die Identität des anderen respektiert. Keiner versuchte, den anderen zu verändern.

Chef und der Dschungel haben mein Leben in andere Bahnen gelenkt. Von den früheren Freunden sind nur drei übrig geblieben: Gabi, die mir immer zur Seite stand und selbst in schweren Zeiten Verständnis für Chef hatte. Udo Walz, der jedesmal, wenn er meine Stimme am Telefon hört, als Erstes fragt: »Wie geht es Chef, wie geht es Bidaya?« Er freute sich mit uns über jeden kleinen Schritt, mit dem es bergauf ging. Und Steffen Jacob, der Rotlicht-König von Berlin. Auch er blieb ein treuer Freund.

Was ich mir heute wünsche? Ich will Menschen um mich haben, für die eine einmal eingegangene Beziehung ein Leben lang währt, wie bei den Orang-Utans. Ich wünsche mir Freunde im Sinne von Konfuzius: taktvoll, loyal und absolut zuverlässig. Für andere ist in meinem Leben kein Platz mehr.

Doch das Wichtigste für mich sind Chef und Bidaya. Als ich an diesem Buch schrieb, bestand der Verdacht, dass ich an Krebs erkrankt sein könnte. Während des Telefonats mit dem Arzt, der mir das Ergebnis der Untersuchung mitteilte, hatte ich keine Angst vor dem Tod. Ich dachte nur: ›Nein, ich will noch nicht weg von Chef und Bidaya.‹

Nach der Diagnose ging ich sofort zu einem Spezialisten, der eine Kontrolluntersuchung machte. Drei Tage später stand fest: Ich hatte nichts, ich war völlig gesund.

Erleichtert teilte ich meinem Mann das Ergebnis mit,

konnte aber nicht umhin, ihn zu fragen: »Hast du da etwas gemacht?«

Chef schaute mich an und nickte.

Für die scheinbare Fehldiagnose bin ich trotzdem dankbar: Es ist gut, wenn man weiß, was der Sinn des eigenen Lebens ist. Erkenntnis ist meist auch mit Erschrecken verbunden. Das lesen wir schon in der Bibel, wenn Engel erscheinen, um den Menschen eine Botschaft zu überbringen. Seit dem Krebsverdacht weiß ich genau, dass der Weg, den ich eingeschlagen habe, der richtige war.

Eines Abends zappte ich noch spät durch die Fernsehkanäle. An einer Sendung blieb ich hängen. Eine Frau mit feuerroten Haaren und einem Gesicht, in dem das Leben tiefe Spure hinterlassen hatte, sang das Lied »It's Only Love«.

›Das ist doch ein Song von Tania Maria‹, dachte ich. ›Aber diese Frau da singt zwar wie Tania Maria, doch das kann sie nicht sein. Die sieht ganz anders aus.‹

Dann wurde ein Interview eingeblendet. Es war tatsächlich die brasilianische Sängerin Tania Maria, vor zwanzig Jahren eine meiner Lieblingsinterpretinnen. In der Hamburger »Fabrik« hatte ich sie live erlebt.

›Damals warst du schwarzhaarig, und ich war brünett, und beide hatten wir glatte Gesichter‹, sagte ich in Gedanken zu ihr. ›Jetzt bist du rothaarig, und ich bin blond. Wir haben beide vom Leben richtig eins reingekriegt, und das sieht man uns auch an. Aber heute gefällst du mir besser als vor zwanzig Jahren.‹

Und dann sagte Tania Maria in dem Interview: »Mich interessieren nicht die Menschen, die irgendwie leben. Mich interessieren die, die überlebt haben: Es ist ein Zeichen von Mut und Durchhaltevermögen.«

Das ist etwas, was ich auch unserer Tochter mit auf den Weg geben möchte: Lebe nicht irgendwie, gehe deinen eigenen Weg und riskiere, zu scheitern. Und dann steh wieder auf und gehe weiter. Frage nicht danach, was andere sagen. Du hast nur dieses eine Leben. Es ist ein wunderbares, großes Geschenk, voller Geheimnisse, Überraschungen und auch Tränen. Nimm es an, damit du einmal gut sterben kannst.

Bidaya ist ein hellwaches kleines Mädchen, das größte Glück unseres Lebens. Sie spricht mit Chef Malaysisch, dreht sich zu mir um und redet mit mir weiter auf Deutsch.

Wenn ich mitbekomme, wie leicht sie sich bei ihren Besuchen in Miri in das Leben dort einfindet, weiß ich, dass sie kein Abklatsch von mir ist. Als Eurasierin ist sie in beiden Kulturen verankert, in der europäischen und der asiatischen. Beide müssen, davon sind wir überzeugt, gleichermaßen zu ihrem Recht kommen.

Seit einiger Zeit erhält sie Unterricht in Mandarin, der chinesischen Hochsprache. Wir glauben, dass in zwanzig Jahren die wichtigsten beruflichen Partner weltweit Chinesen sein werden. Da ist es gut, deren Sprache zu können.

»Bidaya ist ein sehr schöner Name«, sagte ihre Lehrerin in der ersten Unterrichtsstunde. »Er hat im Chinesischen folgende Bedeutungen: *Bi* heißt ›grüne Jade‹, *da* bedeutet ›immer optimistisch‹ und *ya* heißt ›elegant‹.«

»Und wofür steht grüne Jade?«, fragte ich die Chinesin.

»Für lang anhaltende Schönheit und Glück.«

Eines Tages werden wir alle drei gemeinsam nach Miri fliegen. Chef und ich werden mit Bidaya nach Mulu reisen und ihr zeigen, wo ihre Eltern sich kennengelernt haben. Natürlich werden wir auch wieder in den Dschungel gehen.

Aber mein Mann will mir noch etwas anderes zeigen: Er will mich mit großen Schamanen auf Borneo zusammenbringen und mit Bidaya und mir das Langhaus seiner Familie besuchen.

Er wusste immer genau, wann ich so weit war, um etwas von mir verborgenen Welten zu sehen.

»Du wirst dich mit dem, was ich mache, beschäftigen müssen«, erklärte er mir. »Denn nach meinem Tod wird Bidaya mein Erbe antreten.«

Es wird die Zeit kommen, da du glaubst,
alles sei geschafft. Das ist der Anfang.

Louis d'Amour

Erläuterungen

Adat

Unter Adat (Gewohnheitsrecht) versteht man auf Borneo das ungeschriebene Gesetz der Dayak-Stämme. Es regelt unter anderem das soziale Zusammenleben wie Familienordnung und Erbsitten sowie Besitz- und Nutzungsrechte der Ureinwohner. Adat kann deshalb auch als Tradition, Sitte oder Brauchtum verstanden werden. Dieses Recht ist, nach dem Urteilsspruch eines Gerichts in Sarawak vom 12. Mai 2003, auch heute noch gültig. Bei dem Urteil ging es um Landansprüche der Iban. Nach Auffassung des Gerichts existierte das Rechtssystem der Ureinwohner schon, als noch keine Fremden die Herrschaft in Sarawak ausübten. Es handle sich somit um natürliche Rechte, die nicht im Nachhinein durch Gesetze beschnitten werden könnten.

Abu Sayyaf

Bei den Abu Sayyaf (deutsch: Schwertträger oder Schwertkämpfer) handelt es sich um eine militante Muslimgruppe, die für einen unabhängigen islamischen Staat im Süden der Philippinen kämpft. Sie entstand 1991 als Abspaltung der gemäßigt-islamischen Moro-Befreiungsfront. Als Leitbilder gelten Ayatollah Khomeini und die ehemals in Afghanistan herrschenden Taliban. Einige Mitglieder der Abu

Sayyaf erhielten dort eine militärische Ausbildung. Die Hauptstützpunkte der Organisation sind die Inseln Jolo, Basilan und Mindanao. Abu Sayyaf finanziert sich überwiegend mit Geld aus Entführungen und Erpressungen. Die Gruppe soll intensive Kontakte zu anderen extremistisch islamischen Bewegungen und Terrororganisationen wie der al-Qaida haben. Der Kern der Gruppe soll aus 200 Mitgliedern bestehen, dazu kommen schätzungsweise 2000 Unterstützer.

Bahasa Melayu
Bahasa Melayu ist die Amtssprache Malaysias. Sie ist nahezu identisch mit Indonesisch. Neben Bahasa Melayu wird auch viel Englisch und Chinesisch gesprochen. In Ostmalaysia sind indigene Sprachen weit verbreitet, an erster Stelle Iban und Kadazan.

Dayak (Dajak)
»Dayak« ist die Sammelbezeichnung für die Ureinwohner Borneos. Sie leben traditionell in Flussnähe, sind mittelgroß, schmächtig, aber dabei kräftig und ausdauernd. Ihr Hauptnahrungsmittel ist Reis, bei Festen werden auch Schweine, Hühner, Affen und Krokodile verzehrt. An der Spitze der verschiedenen Stämme stehen gewählte Häuptlinge. Hauptwaffen der Dayak sind Parang (siehe dort) und Mandan, ein großes, säbelartiges Messer. Ursprünglich waren die meisten Dayak Animisten. Heute sind durch Missionierung etwa sechzig Prozent Christen und dreißig Prozent Muslime. Vielfach mischen sich die Religionen noch mit alten Stammeskulten.

Halal

Halal ist arabisch und bedeutet »rein, erlaubt«, im Gegensatz zu *haram* (»verboten«). Mit dem Begriff *halal* werden im Islam alle Sachen und Taten bezeichnet, die nach islamischem Recht erlaubt oder zulässig sind. Bei der Ernährung gelten besondere Speisevorschriften. Muslime dürfen keinen Alkohol trinken und kein Schweinefleisch essen. Verboten sind auch Tiere, die selbst Fleischfresser sind, wie beispielsweise Katzen oder Hunde. Beim Verzehr von Fleisch müssen die Tiere korrekt geschlachtet, nämlich geschächtet sein. Dabei ist das Schächten mit der koscheren Schlachtung im Judentum identisch. Dem Tier werden Kehle, Luftröhre und Arterien am Hals durchschnitten, damit es schnell ausbluten kann.

Hari Raya id al-fitr

Am Abend des 28. oder 29. Tages des Ramadan (siehe dort) warten Muslime gespannt auf die Sichtung des Neumonds, die das Ende des Ramadan und den Beginn eines der wichtigsten Feste des Islam markiert: Id al-fitr, das Fest des Fastenbrechens. In Malaysia wird es auch »Hari Raya Puasa« oder kurz »Hari Raya« genannt. Es ist ein dreitägiges Fest der Freude, bei dem man nach dem gemeinsamen Gebet neu eingekleidet Freunde besucht und empfängt, kleinere Geschenke austauscht, alten Streit beendet und für Bedürftige spendet.

Konfuzius

Konfuzius lebte vermutlich von 551 v. Chr. bis 479 v. Chr. Er wurde unter dem Namen Kong Qiu in Qufu im chinesischen Fürstentum Lu im Kerngebiet der heutigen Provinz Shandong geboren, wo er auch starb. Er gründete eine

Schule für Philosophie. Im Mittelpunkt seines Denkens steht die Frage, wie man die Gesellschaft und das politische Gemeinwesen der Menschen am besten organisieren kann. Deshalb kann man ihn eher als einen politischen Philosophen denn als einen Metaphysiker bezeichnen. Im Zentrum seiner Lehre steht der »Junzi«, der »Edle«. In vielfältiger Auseinandersetzung mit diesem Begriff schuf Konfuzius seine Vorstellungen von Ordnung, Herrschaft, Harmonie und Autonomie. Er schrieb seine Lehre nicht selbst nieder. Authentischste Quelle ist das Werk *Lunyu*, eine Sammlung von Aussprüchen, Anekdoten, Zitaten und Gesprächen des Konfuzius. Es entstand erst nach seinem Tod und wurde von seinen direkten und indirekten Schülern herausgegeben. Das *Lunyu* umfasst 20 Bücher mit insgesamt rund 500 Abschnitten.

Kota Kinabalu
Die Hauptstadt des malaysischen Bundesstaats Sabah auf Borneo ist Kota Kinabalu (oft mit KK abgekürzt) mit rund 350 000 Einwohnern (ca. 900 000 inklusive der Vorstadtgebiete). Der Name setzt sich aus *kota*, dem malaysischen Wort für »Stadt«, und *kinabalu*, dem 45 Kilometer östlich gelegenen höchsten Berg Südostasiens, zusammen. Im Zweiten Weltkrieg wurde die Stadt von den Japanern besetzt und von den Alliierten durch Bombenangriffe fast komplett zerstört. Nur drei Gebäude blieben stehen. Nach dem Krieg löste das wiederaufgebaute Kota Kinabalu Sandakan als Hauptstadt Sabahs ab.

Kris
Der Kris ist ein asymmetrischer Dolch mit unterschiedlich langer Klinge, der als Stoßwaffe eingesetzt wird und beson-

ders in Malaysia und Indonesien verbreitet ist. Die Klinge ist gewellt, damit sie eine gezackte, tiefe Wunde reißt. Sie wird aus Eisenerzen und Nickel hergestellt, sodass sie eine poröse Struktur *(pamor)* erhält, die durch Säure noch stärker herausgearbeitet wird. Zur absolut gefährlichen Waffe wurde früher der Kris, indem die Klinge mit Arsen oder Schlangengift bearbeitet wurde. Eine andere Variante war, die Klinge tief in den Schlund einer hochgiftigen Froschart zu stecken. Das Gift setzt sich so in den feinen Metallporen fest. Ein Stich mit einer derart präparierten Klinge endet meist tödlich. Die einzelnen konkaven Bögen der geflammten Klinge werden *luk* genannt und ergeben zusammengezählt immer eine ungerade Zahl. Die üblichen Varianten sind sieben oder dreizehn *luk*. Griff und Scheide bestehen meist aus verziertem Holz, aber auch aus Elfenbein und Horn mit kunstvollen Einlegearbeiten. Der Kris hat außerdem eine spirituelle Bedeutung. Ihm wird ein Eigenleben nachgesagt, und man erzählt sich, dass diese Dolche sprechen, fliegen oder sich in Schlangen verwandeln können. Der Kris gehört damit zu den als *pusaka* bezeichneten Gegenständen. Ihnen werden magische Kräfte zugesprochen, und sie kehren angeblich immer wieder in den Besitz ihres rechtmäßigen Eigentümers zurück. In Indonesien gehört der Kris bis heute zur Festkleidung. Er wird dabei traditionell hinten am Rücken getragen. So wird dem Gegenüber signalisiert: »Ich trete dir friedfertig gegenüber, aber ich habe die Macht im Rücken.«

Kuching

Kuching ist mit rund 570 600 Einwohnern die Hauptstadt des malaysischen Bundesstaats Sarawak auf Borneo und war in früheren Zeiten der Sitz der Weißen Rajahs. Unter dem zweiten Weißen Rajah, Charles Brooke, wurden die meisten der historischen Gebäude der Stadt errichtet, darunter 1891 das alte Sarawak-Museum im Stil eines französischen Rathauses. Das Fort Margherita wurde nach seiner Frau, der Rani Margaret Alice Lili de Windt, benannt. Im Lauf des 20. Jahrhunderts haben sich in Kuching hauptsächlich Malaien, Dayak, Chinesen und Inder niedergelassen. Kuching wird durch den Sarawak River geteilt, wobei der nördliche Teil von malaysischer Ansiedlung geprägt ist, während der Süden im Wesentlichen chinesischen Einfluss zeigt.

Über die Entstehung des Namens der Stadt, der übersetzt »Katze« bedeutet, gibt es verschiedene Theorien. Die geläufigste ist, dass James Brooke, später der erste Weiße Rajah, bei seiner Ankunft auf seinem Schiff stehend auf den Ort zeigte und nach dem Namen fragte. Genau in dem Moment tauchte eine Katze am Ufer auf, und der Dolmetscher missverstand die Frage. Dieser Version wird in der Stadt vielerorts mit Katzenstatuen gehuldigt.

Mah-Jongg

Obwohl vielfach behauptet wird, dass Mah-Jongg ein sehr altes Spiel sei und schon vor viertausend Jahren zur Zeit der Shang-Dynastie existiert habe, entstand es tatsächlich wohl erst in der zweiten Hälfte des 19. Jahrhunderts. Es verbreitete sich rasch in China und Japan. In den zwanziger Jahren des 20. Jahrhunderts verfasste Joseph Park Babcock (1893–1949), ein amerikanischer China-Reisender, ein Regelwerk, das sich auf die verschiedenen Varianten stützte, die er angetroffen hatte. Er brachte das Spiel in die USA und gab ihm den Namen Mah-Jongg, der eigentlich den auf dem Spielstein Bambus-Eins abgebildeten Hanfsperling bezeichnet. Von Amerika aus gelangte Mah-Jongg zu weltweiter Popularität. Doch so schnell, wie es in Mode gekommen war, erlosch wenige Jahre später das Interesse an dem Spiel. In China und Japan ist es dagegen bis heute noch sehr populär.

Ein Mah-Jongg-Spiel besteht aus 144 Spielsteinen, Ziegel genannt. Sie sind bei den schöneren Ausgaben aus zwei Teilen gearbeitet. Die Vorderseiten zeigen Bilder, die in einen kleinen Block aus Bein – früher Elfenbein – eingraviert und koloriert wurden. Die Rückseiten sind aus Bambus. Die beiden Teile sind nicht verklebt, sondern verzinkt. Günstigere Spiele gibt es auch aus Holz oder Plastik.

Mahathir Mohamad

Tun Mahathir bin Mohamad, kurz (Doktor) Mahathir oder einfach Dr. M genannt, wurde am 20. Dezember 1925 in Alor Setar als jüngstes von zehn Kindern geboren. Während seines Medizinstudiums in Singapur lernte er seine Frau Siti Hasmah Mod Ali kennen. Sie war die zweite Malaiin überhaupt, die Medizin studierte. Das Ehepaar zog später sieben Kinder groß, darunter drei adoptierte. Von Beruf Kinderarzt, praktizierte Mahathir jahrelang auf der in der Andamanensee gelegenen Inselgruppe Langkawi, bevor er in der ständig an der Regierung beteiligten Partei UMNO aktiv wurde. Im Alter von neununddreißig Jahren wurde er 1964 Parlamentsmitglied. 1974 wurde er Minister, 1976 stellvertretender Premierminister. Von 1981 bis 2003 war Mahathir Premierminister von Malaysia. Unter seiner Führung entwickelte sich das Land zu einer aufstrebenden Industrienation, außerdem baute er das Bildungswesen und das Gesundheitssystem aus. Dabei propagierte er immer ein friedliches Miteinander

der verschiedenen ethnischen Gruppen und ihrer Religionen.

Malaysia
Malaysia, einer der so genannten Tigerstaaten, liegt genau in der Mitte von Südostasien und umfasst 243 000 Quadratkilometer. Dabei hat Malaysia etwa die gleiche Größe wie Japan, allerdings mit knapp 24 Millionen wesentlich weniger Einwohner als Japan (ca. 127 Millionen). Malaysia ist eine konstitutionelle, parlamentarisch-demokratische Wahlmonarchie. Das repräsentative Staatsoberhaupt ist der König, der alle fünf Jahre aus den Reihen der Herrscher der neun Sultanate nach dem Rotationsprinzip ausgewählt wird. In den 11 Bundesstaaten auf der Malaysischen Halbinsel, die 40 Prozent der Gesamtfläche ausmacht, leben rund 86 Prozent der Bevölkerung, der Rest in den Bundesstaaten Sarawak und Sabah auf Borneo, 640 Kilometer entfernt und durch das Südchinesische Meer vom Mutterland getrennt. Malaien und die Stämme der Ureinwohner bilden etwa die Hälfte der Bevölkerung Malaysias, die andere Hälfte setzt sich hauptsächlich aus Chinesen und Indern zusammen.

Malaysia gehört zu den weltgrößten Zinn-, Palmöl- und Gummiproduzenten. Seit Beginn der neunziger Jahre des 20. Jahrhunderts erfolgte zudem eine rasante industrielle Entwicklung. Malaysia gilt ökonomisch und politisch als eines der stabilsten Länder Südostasiens.

Mee Goreng
Beliebtes Nudelgericht mit Chili, Tomaten, Tofu, Garnelen und Eiern.

Parang

Der Begriff *parang* stammt aus der Sprache der Iban und bedeutet »Schwert«. Es ist das malaysische Gegenstück zur Machete, allerdings der Vegetation in Malaysia angepasst. Ein Parang ist deshalb besonders gut für das Schlagen von Holz geeignet. Es hat eine schwere Klinge und eine scharfe Spitze. Die gesamte Klinge ist außerdem so konstruiert, dass sie beim Hieb nicht stecken bleibt. Die meist gerade Klinge eines Parang misst im Allgemeinen 30 Zentimeter und wiegt nicht mehr als 750 Gramm. Ein Parang hat drei unterschiedliche Kanten. Die vordere ist sehr scharf und wird für das Häuten und Schälen benutzt, die mittlere, zum Holzhacken, ist breiter, und die hintere, zum Schneiden und Schnitzen, ist sehr fein. Das Parang ist eines der besten Überlebenswerkzeuge, das je erfunden wurde.

Ramadan

Während der 29 beziehungsweise 30 Tage des Ramadan (deutsch: »große Hitze« oder »der Versengende«), des neunten Monats des islamischen Mondkalenders, sind alle volljährigen und gesunden Muslime zum rituellen Fasten angehalten. Von 20 Minuten vor Sonnenaufgang bis kurz nach Sonnenuntergang dürfen sie nicht essen, trinken, rauchen und keinen Geschlechtsverkehr haben. Schwangere und stillende Frauen, Alte, Kranke und Kinder müssen nicht fasten. Die Abstinenz des Tages wird nachts oft durch üppige Festmahle ausgeglichen.

Sabah

Mit einer Fläche von 73 619 Quadratkilometern ist Sabah nach Sarawak mit 124 450 Quadratkilometern der kleinere malaysische Bundesstaat auf Borneo. Wegen seiner Lage unterhalb des Taifungürtels wird er auch »Land unter dem Wind« genannt. In Sabah leben heute 32 verschiedene Ethnien, vor allem Malaien und Chinesen. Zu den touristischen Attraktionen Sabahs zählen im Südosten bei Sandakan eine Auswilderungsstation für Orang-Utans, der Mount Kinabalu, mit 4101 Metern der höchste Berg Südostasiens, und an der Ostküste gelegene Tauchgründe.

Satay (Saté)
Das wohl bekannteste malaysische Gericht besteht aus Hühnchen- oder Rindfleischstücken auf einem Spieß, die am offenen Holzkohlenfeuer geröstet werden. Dazu werden Gurkenscheiben, Zwiebeln und eine süßliche, stark gewürzte Erdnusssauce zum Eintunken gereicht.

Schahâda
Die Schahâda, das Glaubensbekenntnis, ist die Erste Säule des Islam. Zentrale, alles an Bedeutung überragende Aussage des Bekenntnisses ist der strikte Monotheismus. Wenn jemand vor zwei Zeugen dieses Bekenntnis mit der Absicht *(niyya)* ausspricht, Muslim zu werden, wird er dies tatsächlich – ein Schritt, der aus islamischer Sicht nie mehr rückgängig zu machen ist. Muslime sagen, dass die Person zum Islam »zurückgekehrt« sei. Sie glauben, dass alle Menschen ursprünglich Muslime waren, da sie sich zur Zeit der Schöpfung Adams Gott unterworfen hätten.

Scharia
Die Scharia (deutsch: »Weg zur Wasserstelle«) ist das religiös legitimierte, unabänderliche Gesetz des Islam. Sie wird als zeitlose Offenbarung von Gottes Willen verstanden. Als solche ist sie ein zentrales, alle Gläubigen einigendes Ele-

ment des Islam. Dabei dient sie einerseits dem Zweck, das Gemeinwohl in einer Gesellschaft zu sichern, andererseits soll sie den Menschen helfen, zur Erlösung zu gelangen. So finden sich in der Scharia neben dem Verbot von Wucher *(riba)* und handelsrechtlichen Regelungen auch die Vorschriften zum Familien- und Strafrecht. Zu Letzterem gehören einige strenge koranische Strafen (*hudud*, Einzahl: *hadd*), wie beispielsweise die Todesstrafe für Mord, Amputation einer Hand für Diebstahl oder Auspeitschen für andere Vergehen. Dabei rät die Tradition, eine *hadd*-Bestrafung als Höchstzulässiges, nicht als das stets Gebotene zu betrachten. Außerdem unterliegt die Verhängung dieser Strafen vielen Einschränkungen. Wenn ein Muslim zum Beispiel ohne eigenes Verschulden hungert und deshalb stiehlt, hat es die Gemeinschaft versäumt, seinen Hunger zu lindern, und ist mitschuldig. Die Strafe wird dann nicht verhängt.

Sumpit

Das Sumpit ist ein langes Blasrohr aus Bambus, das die Ureinwohner Borneos teilweise bis heute zur Jagd benutzen. Aus ihm werden hölzerne, mit Fischzähnen oder Eisen versehene, vergiftete Pfeile abgeschossen.

Tongkat Ali

Die Tongkat Ali heißt mit lateinischem Namen *Eurycoma longifolia*. Das *British Journal of Sports Medicine* berichtete, dass bei plazebokontrollierten Doppelblindversuchen die Anwendung von Tongkat Ali bei Männern eine fünfprozentige Zunahme des Muskelzuwachses zur Folge hatte, während in der Plazebogruppe keine signifikante Änderung beobachtet wurde. Die aktiven Wirkstoffe in Tongkat

Ali sind nur in Spuren vorhanden. Man braucht etwa 50 Gramm der Wurzel für eine einzige Dosis. Tongkat Ali ist eines der teuersten Heilkräuter auf dem Markt. Erstens, weil es sehr selten ist, zweitens, weil es extrem langsam wächst. Seine volle Größe kann man erst nach 25 Jahren erwarten. Dabei ist Tongkat Ali ähnlich schwierig zu ziehen wie Orchideen. Es braucht sandigen Boden und schattige Umgebung, muss mehrmals pro Woche bewässert, aber auch gut entwässert werden. Die natürliche Heimat von Tongkat Ali sind tropische Dschungelhänge, durch deren Neigung dennoch Licht die Pflanzen erreicht.

Zibetkatze

Die Zibetkatze oder Civette (lat.: *Viverra civetta*) bildet im weiteren Sinne eine Unterfamilie der Schleichkatzen. Sie ist ein Bodenbewohner. Die asiatische Zibetkatze besitzt ein meist gestreifte oder geflecktes graues oder gelbbraunes Fell. Die gestreckt gebauten Tiere haben eine spitze Schnauze und Nase, kurze breite Ohren und recht hohe Beine. Die asiatische Zibetkatze ist etwas über 70 Zentimeter lang mit einem gut 35 Zentimeter langen Schwanz. Zibetkatzen sind nachtaktive Allesfresser, wobei sie sich nahezu lautlos an ihre Beute heranschleichen und sie durch mehrere Bisse erlegen. Sie ernähren sich von Nagetieren, Vögeln und Insekten, im Notfall fressen sie auch Lurche, Früchte und Wurzeln. Mit ihren scharfen Krallen bewegen sie sich sehr schnell. Zibetkatzen sind sehr reizbar. Im Zorn stoßen sie einen heiseren Ton aus, der dem Knurren eines Hundes ähnelt, und fletschen die Zähne. Dabei glühen die Augen. Den Tag verschlafen Zibetkatzen in Baum- oder Erdhöhlen.

Ihren Namen verdanken die Tiere dem Zibet, einem

weißen, schaumigen und unangenehm riechenden Sekret der Analdrüse. Es dient der Reviermarkierung. Nach entsprechender Verdünnung entfaltet das Zibet einen angenehm moschusartigen, ledrigen Duft, der früher zur Parfümherstellung benutzt wurde. Außerdem wurde es als nervenstärkendes und krampfstillendes Mittel verwendet. Noch heute werden in Asien und Afrika Zibetkatzen in Käfigen gehalten, um sie zu »melken«. Durch das Umstülpen und Ausdrücken der Drüsentasche sondern die männlichen Tiere wöchentlich vier bis neunzehn Gramm des Drüsensekrets ab.

Literaturhinweise

Barbara Watson Andaya, Leonard Y. Andaya: *A History of Malaysia.* London, 1982.

Klaus Bötig, Inge Scherm: *Malaysia, Borneo.* Pforzheim, 1993.

Margaret Brooke, *The Ranee of Sarawak: My Life in Sarawak.* Singapur u. a., 1996.

Lady Silvia Brooke, *The Ranee of Sarawak: Queen of the Head-hunters.* Singapur u. a., 1996.

Chao-Hsiu Chen: *Tao Te King. Das geheimnisvolle Buch des Lao Tse neu interpretiert.* Berlin, 2005.

Benedict S. Chong: *Tales of Borneo.* Pustaka San Ming, 1993.

Mora Dickson: *Longhouse in Sarawak.* Kuala Lumpur, 1995.

Geoffrey Eu (Hrsg.): *Apa Guide Malaysia.* München, 1998.

Derek Freeman: *The Iban of Borneo. Monographs on Social Anthropology.* Kuala Lumpur, 1992.

Birutė M. F. Galdikas: *Meine Orang-Utans. Zwanzig Jahre unter den scheuen »Waldmenschen« im Dschungel Borneos.* Bern, München, Wien, 1995.

W[illiam] R[obert] Geddes: *Nine Dayak Nights. The Story of a Dayak Folk Hero.* Melbourne u. a., 1991.

Penelope Graham: Iban Shamanism. *An Analysis of the Ethnographic Literature.* An Occasional Paper of the De-

partment of Anthropology Research School of Pacific Studies. The Australian National University, 1994.
Xuewu Gu: *Konfuzius zur Einführung.* Hamburg, 1999.
Rudi Haenlein: *Malaysia mit Brunei.* Dreieich, 1995.
Barbara Harrison: *Orang-Utan.* Singapur u. a., 1992.
Mihály Hoppál: *Das Buch der Schamanen. Europa und Asien.* München, 2002.
William T. Hornaday: *The Experiences of a Hunter and Naturalist in the Malay Peninsula and Borneo.* Kuala Lumpur u. a., 1993.
Charles Hose: The *Field-Book of a Jungle-Wallah. Shore, River and Forest Life in Sarawak.* Singapur u. a., 1991.
Alan Kemp: *The Hornbills.* Oxford, New York, Tokio, 1995.
Victor T. King (Hrsg.): *The Best of Borneo Travel.* Singapur u. a., 1992.
Victor T. King: *The Ethnic Groups of Borneo.* Kuala Lumpur, 1994.
Victor T. King: *The Peoples of Borneo.* Oxford/UK & Cambridge/USA, 1993.
Konfuzius: *Gespräche.* Aus dem Chinesischen von Richard Wilhelm. München, 2005.
William O. Krohn: *In Borneo Jungles. Among the Dayak Headhunters.* Singapore u. a., 1991.
Clemens Kuby: *Unterwegs in die nächste Dimension. Meine Reise zu Heilern und Schamanen.* München, 2003.
Joan Lo: *Glimpses from Sarawak's Past.* Kuching, Sarawak, 1986.
Bruno Manser: *Stimmen aus dem Regenwald. Zeugnisse eines bedrohten Volkes.* Bern, 1992.
Mahathir Mohamad: *A New Deal for Asia.* Suban Jaya, 1999.

Heidi Munan: *Culture Shock! Borneo. A Guide to Customs and Etiquette.* Singapur, Kuala Lumpur, 1996.
V.S. Naipaul: *Eine islamische Reise.* München, 1993.
Junaidi Payne, Charles M. Francis, Karen Philipps: *A Field Guide to the Mammals of Borneo.* The Sabah Society with WWF Malaysia, 1985.
Robert Payne: *The White Rajahs of Sarawak.* Singapur u. a., 1997.
Carol Rubinstein: *The Nightbird Sings.* Thornhill, 1990.
T. C. Whitmore: *An Introduction to Tropical Rain Forests.* Oxford, 1997.